高等职业教育"十四五"系列教材 汽

汽车售后服务与经营管理

徐 东 编著

南京大学出版社

内容简介

本书根据教育部"十四五"职业教育国家规划教材编写标准与高等职业学校专业教材编写标准并结合汽车服务企业培训标准编写而成。教材面向高等职业教育技术技能型人才培养,按照工学结合、能力本位的教学思想,培养学生的职业能力和职业素养。教材内容主要有汽车服务企业、汽车售后服务、汽车索赔管理、客户关系管理、汽车维修管理、汽车配件管理、汽车服务企业内部管理七个教学项目。教材内容从职业教育改革的实际出发,按照项目式教学改革模式编写,紧密联系企业实践,注重突出针对性和实用性,每一个任务点的编写体现了以能力本位的教学思想,体现了职业能力、社会能力、方法能力的同步培养。

本书可作为高职院校汽车类专业教材,也可作为汽车售后服务企业相关岗位的培训教材,同时还可供汽车售后服务从业人员学习和参考。

图书在版编目(CIP)数据

汽车售后服务与经营管理 / 徐东编著. —南京:
南京大学出版社,2024.5
 ISBN 978-7-305-28033-7

Ⅰ.①汽… Ⅱ.①徐… Ⅲ.①汽车-售后服务 Ⅳ.
①F407.471.5

中国国家版本馆 CIP 数据核字(2024)第 053801 号

出版发行 南京大学出版社
社　　址 南京市汉口路 22 号　　邮　编 210093
书　　名 **汽车售后服务与经营管理**
　　　　　QICHE SHOUHOU FUWU YU JINGYING GUANLI
编　　著 徐　东
责任编辑 吴　华　　　　　　　编辑热线 025-83596997
照　　排 南京开卷文化传媒有限公司
印　　刷 南京人民印刷厂有限责任公司
开　　本 787 mm×1092 mm　1/16　印张 14.5　字数 353 千
版　　次 2024 年 5 月第 1 版　2024 年 5 月第 1 次印刷
ISBN 978-7-305-28033-7
定　　价 48.00 元

网　　址:http://www.njupco.com
官方微博:http://weibo.com/njupco
微信公众号:njupress
销售咨询:(025)83594756

* 版权所有,侵权必究
* 凡购买南大版图书,如有印装质量问题,请与所购
　图书销售部门联系调换

前　言

　　党的二十大报告指出，构建优质高效的服务业新体系，推动现代服务业同先进制造业深度融合。2023年，我国汽车产销量首次双双突破3 000万辆，创历史新高。随着我国汽车工业的迅速发展和汽车保有量的逐年增加，汽车售后服务业也随之高速发展。品牌售后服务逐渐成为汽车维修业的主要力量，如何做好售后服务，以提高品牌的市场占有率和服务占有率，追求"客户满意度第一"，是每个汽车生产厂家都十分重视的问题。目前，许多高职院校都开设了"汽车技术服务与营销""汽车检测与维修技术"等专业，为汽车售后服务企业培养了大量的管理和技术人员。但由于汽车售后服务企业的服务对象和经营模式发生了新的变化，对从业人员提出了新的要求，学生应具备现代汽车服务管理理念，懂得汽车销售服务店管理模式，熟悉汽车售后服务工作内容和工作流程，成为既懂技术又懂管理的综合性人才。《汽车售后服务与经营管理》正是为了满足这一要求而编写的。

　　本书的编写力求突出高职教育的特色，以企业的实际工作内容为基础，保证教材的前沿性和实用性。介绍汽车售后服务企业的组织机构、汽车售后服务的工作流程和工作标准、维修业务接待、汽车索赔管理、客户关系管理、汽车维修管理、汽车配件管理、汽车服务企业内部管理等。教材内容按照项目式教学改革模式编写，紧密联系企业实践，根据我国汽车售后服务业的最新发展和汽车售后服务管理应用型人才今后的发展方向，结合汽车售后服务职业标准，把教学改革成果和企业实际工作内容融入本教材，注重突出针对性和实用性，可满足高职院校汽车类各专业的教学需求。

　　本书由无锡商业职业技术学院徐东编著。本书在编写的过程中得到了企业专家、同行专家的指点和帮助，在此表示真诚地感谢。限于编者水平有限，在教材内容上可能还存在不足，书中如有错误或遗漏，敬请广大读者批评指正，以便后续改善。

编　者
2024年1月

目 录

项目一 汽车服务企业 1

  1.1 汽车服务企业概况 1

  1.2 汽车售后服务组织机构 6

项目二 汽车售后服务 14

  2.1 汽车售后服务概述 15

  2.2 汽车售后服务流程 21

  2.3 汽车维修接待 41

  2.4 服务礼仪 48

  2.5 优质服务 60

项目三 汽车索赔管理 69

  3.1 汽车产品的质量担保 70

  3.2 汽车产品的保修索赔 75

项目四 客户关系管理 82

  4.1 客户服务 83

  4.2 客户满意度管理 95

项目五 汽车维修管理 114

  5.1 汽车维护与修理概况 115

  5.2 汽车维修质量管理 121

  5.3 汽车维修车间管理 ··· 127

项目六 汽车配件管理 ··· 146

  6.1 汽车配件管理概述 ··· 146
  6.2 配件库存管理 ··· 152
  6.3 配件采购管理 ··· 164

项目七 汽车服务企业内部管理 ··· 180

  7.1 人力资源管理 ··· 181
  7.2 专用工具、设备和资料的管理 ··································· 198
  7.3 信息和计算机管理 ··· 202

参考文献 ··· 212

任务工单1 汽车服务企业 ··· 213
任务工单2 汽车售后服务 ··· 215
任务工单3 汽车索赔管理 ··· 217
任务工单4 客户关系管理 ··· 219
任务工单5 汽车维修管理 ··· 221
任务工单6 汽车配件管理 ··· 223
任务工单7 汽车服务企业内部管理 ····································· 225

项目一 汽车服务企业

扫码可见本项目微课

任务描述

某品牌汽车生产企业拟组建其汽车销售服务店(4S店),学生以 15 人左右为一组,组建 4S 店管理团队,进行 4S 店各岗位工作人员的竞聘。

能力培养目标

专业能力
1. 熟悉汽车服务企业的职能、组织机构、规章制度;
2. 能说出 4S 店内部各岗位间的层次关系;
3. 熟悉 4S 店主要管理岗位的任职条件并能进行岗位竞聘;
4. 了解 4S 店与汽车生产企业的业务关系。

方法能力
1. 自学能力;
2. 制定计划并执行计划的能力;
3. 决策能力;
4. 系统组织工作能力;
5. 分析能力。

社会能力
1. 沟通能力;
2. 团队协作能力;
3. 勇于承担相关责任。

1.1 汽车服务企业概况

一、汽车服务业概况

汽车服务业包括汽车售前、售中、售后三方面的服务。以轿车为例,所谓售前服务是指产品开发、设计、质量控制与市场调查等成品出厂前的服务;售中服务是指促成销售的服务,包括销售咨询、广告宣传、贷款与保险资讯等服务；售后服务是指整车出售后与其使用相关的服务，包括维修保养、车内装饰（或改装）、金融服务、事故保险、索赔咨询、二手车转让、废车回收、事故救援、市场调查与信息反馈等内容。

在一个成熟的汽车市场中，汽车的销售利润占整个汽车业利润的20％左右，零部件供应利润占20％左右，而50％～60％的利润是从服务中产生的。汽车服务业已成为汽车制造商的主要利润来源，也构成了汽车产业可持续发展的重要支柱。汽车不同于其他商品，一旦消费者购买了汽车，就需要定期地加油、保养、保险、维修、缴纳各种费用，直至汽车报废、解体，其消费支出是以连续方式持续支付的。因此，对应于汽车消费的这个特点，汽车服务业涉及的范围相当广泛，其产业链也远较其他产业复杂，发展也越来越迅速。

近年来，我国汽车产业获得快速发展，成为世界第一大汽车生产国，为汽车服务业的发展奠定了良好的产业基础。我国汽车服务行业的发展现状表现在以下几个方面：

1. 市场需求持续增加

汽车服务市场主要包括汽车销售服务市场、汽车维修服务市场、二手车交易市场和汽车金融服务市场。随着我国居民对汽车需求的不断增加，汽车服务市场也快速发展起来。目前，国内汽车市场各环节销售额的比例约为：配件30％、制造商43％、零售8％、服务12％。按照国外成熟汽车市场销售额中服务所占比例超过30％的情况估计，我国汽车服务业销售额仍有近20％的上升空间。

2. 市场需求多样化

汽车服务市场的需求多样化表现在整个汽车消费过程中。在购买、使用、维护和变卖汽车的不同消费阶段，消费者的消费形式不同，可以配套的服务项目也不同。购买渠道、购买方式、购买价格决定消费者的购车行为。早期汽车服务运营商的利润来自汽车维护。据统计，全球汽车服务业50％～60％的利润是从汽车的维护环节中产生的，而汽车服务业的服务领域在不断扩大。汽车金融产品消费、汽车文化消费正在成为汽车服务业新的消费需求。随着我国汽车保有量的快速增长，二手车交易有巨大的潜在需求。

3. 消费者的消费行为日渐成熟

在购买汽车前，消费者在品牌的选择中会考虑价格、产品性能、形象和服务质量等因素。在购买过程中，消费者越来越注重服务质量。预计未来消费者需要更加具体且合理的多种服务选择。消费者消费行为日渐成熟使汽车服务市场的经营者必须依靠良好的服务质量获得消费者的满意。

二、汽车服务企业的类型

汽车服务企业是为了潜在及实际的汽车使用者或消费者提供服务的企业，包括主要从事汽车经销的企业和为汽车使用者或消费者提供备件、维修服务、保养服务以及其他服务的企业。

按业务类型，汽车服务企业可分为：整车销售、配件销售、汽车维修、汽车租赁、汽车金融服务、汽车保险服务、汽车俱乐部等。

按经营方式，汽车服务企业又可分为：汽车品牌专营店、多品牌经销店、二手车交易企业、汽车配件连锁经营企业、汽车配件销售企业、汽车特约维修站、汽车快修店、汽车美容装饰店、汽车租赁企业、汽车金融服务企业、汽车保险服务企业、汽车俱乐部等。

汽车品牌专营店：汽车经销商与某一品牌汽车生产商签订特许专营合同，受合同制约，接受生产商指导、监督、考核，只经销该品牌汽车，并为该品牌汽车的消费者提供技术服务。

多品牌经销店：汽车经销商在同一卖场同时经销多个品牌汽车(汽车超市)。

二手车交易企业：从事为二手车车主和二手车需求者提供交易方便，促进二手汽车交易的企业。二手车不一定是车况不好的汽车，主要是针对二次交易而言，即按车辆管理规定，需要办理车主过户手续的车辆。

汽车配件连锁经营企业：连锁经营是经营汽车配件的若干企业在核心企业或总部的领导下，通过规范化经营实现规模效益的经营形式和组织形态。

汽车配件销售企业：这类企业可大致分为两种类型，一是批发商或代理商；二是汽车配件零售商。

汽车特约维修站：与汽车生产厂商签署特约维修合同，负责某地区某品牌汽车的故障和质量保修工作。

汽车快修店：这类企业主要从事汽车生产厂商质量保修范围以外的故障维修工作，一般是汽车保养、换件修理等无须专业诊断与作业设备的小修业务，俗称"路边店"，是汽车生产厂商售后服务网络的重要补充。

汽车美容与装饰店：这类企业从事的主要业务是在不改变汽车基本使用性能的前提下根据客户要求对汽车进行内部装饰(更换座椅面料、地板胶、内饰等)、外部装饰(粘贴太阳膜、表面光洁养护、婚庆车辆外部装饰等)和局部改装(中控门锁、电动门窗、电动后视镜、加装防盗装置、卡式录音机换 CD 机等)等。

汽车租赁企业：这类企业主要为短期或临时性的汽车使用者提供各类使用车辆，按使用时间或行驶里程收取相应的费用。

汽车金融服务企业：这类企业的主要业务是为汽车消费者提供资金融通服务。汽车金融服务企业以资本经营和资本保值增值为目标，主要提供客户资信调查与评估，提供贷款担保方式和方案，拟订贷款合同和还款计划，发放消费信贷，承担合理的金融风险等服务。

汽车保险服务企业：机动车保险是第一大财产保险，在我国财产保险保费收入中超过 60% 是机动车保险保费收入。汽车保险服务企业的主要业务是合理设计并向汽车使用者或消费者提供汽车保险产品，提供定责、定损、理赔服务等业务。

汽车俱乐部：以会员制形式，向加盟会员提供能够满足会员要求的与汽车相关的各类服务的企业。汽车俱乐部主要从事代办汽车年检年审、代理汽车保险理赔、汽车救援、维修、主题汽车文化活动等业务。汽车俱乐部一般又可分为三种类型：经营型俱乐部，它为会员有偿提供所需的与汽车相关的服务；文化娱乐型俱乐部，它为会员提供一个文化娱乐环境；综合型俱乐部，它集前述两类俱乐部于一体。

现实中，汽车服务企业往往是上述两种或数种类型的综合状态存在。

三、汽车服务企业管理的职能

(1) 计划职能：计划职能是管理的首要职能，是指把企业的各种生产经营活动按照实现企业目标的要求，纳入统一的计划。

(2) 组织职能：组织职能是指按照制定的计划，把企业的劳动力、劳动资料和劳动对象，从生产的分工协作关系上、时间和空间的联结上合理地组织起来，组成一个协调一致的整体，使企业的人、财、物得到最合理的使用。企业组织分为管理机构组织、生产组织和劳动组织三部分。

(3) 指挥职能：为了保证企业的生产经营活动按计划、有组织地运转，企业的一切活动，都必须服从统一的指挥，这是现代社会化大生产的客观要求。指挥职能包括领导、指挥、教育、鼓励、正确处理各种关系等。

(4) 协调职能：指为完成企业计划任务而对企业内外各部门、各环节的活动加以统一调节，使之配合适当的管理活动。它的目的是为了使各种活动不发生矛盾或互相重复，保证相互间建立良好的配合关系，以实现共同的目标。

(5) 控制职能：是指根据经营目标、计划、标准以及经济原则对企业的生产经营活动及其成果进行监督、检查，使之符合计划，以及为消除实际和计划间差异所进行的管理活动。控制的目的和要求，就在于把生产经营活动及其实际成果与计划、标准做比较，发现差异，找出问题，查明原因，并及时采取措施，加以消除，防止再度发生。

以上各种管理职能，并不是独立存在的，是互相密切联系，是在同一管理过程中实施的，这就是管理职能的总体性。管理的整个过程，就是以计划为出发点，按各项具体职能的顺序，依次进行，达到企业目标的活动过程。

四、汽车服务企业管理的内容

(1) 经营管理：经营管理是指为实现企业目标，使企业生产技术经济活动与企业外部环境达成动态平衡的一系列管理活动，是一项战略性、决策性的管理。

(2) 服务管理：服务管理是指对服务的全过程进行管理。它包括以下几个方面：服务质量管理、设备管理、定额管理、备件管理。

(3) 财务管理：是基于企业再生产过程中客观存在的财务活动和财务关系而产生的，是组织企业资金活动、处理企业同各方面的财务关系的一项经济管理工作，是企业管理的重要组成部分。宏观上包括物资管理和成本管理。

(4) 人力资源管理：是指为完成企业的管理工作和总体目标，用以影响员工的行为、态度和绩效的各种组织管理政策、实践及制度安排。

(5) 技术管理：是指合理、有效地组织、指挥、协调、监督和激励本企业所有生产服务的各项技术工作，利用好企业内部和外部的有关技术资源，组织科学研究和技术开发活动，尽快地把最新的技术成果转化为现实的生产力。

(6) 信息管理：是综合采用技术的、经济的、政策的、法律的和人文的方法和手段对信息流（包括非正规信息流和正规信息流）进行控制，以提高信息利用效率、最大限度地实现信息效用价值为目的的一种活动。

(7) 质量管理：是指用最经济最有效的手段进行设计、生产和服务，以生产出用户满意的产品。质量管理的发展大致经历了质量检验、统计质量控制和全面质量管理三个阶段。

五、汽车4S店

1. 汽车4S店的概念

4S店是一种以"四位一体"为核心的汽车特许经营模式,包括整车销售(Sale)、售后服务(Service)、零配件(Spare Part)、信息反馈(Survey)等。

(1) 整车销售

向客户提供汽车生产厂家的品牌新车,为客户介绍车型的性能、结构特点、性价比等优点,并向客户提供试乘试驾、汽车上牌、汽车信贷等服务,树立汽车生产厂家的品牌效应。

(2) 售后服务

汽车售后服务是汽车流通领域的一个重要环节,也是一项非常复杂的工作,它涵盖了汽车的质量保障、索赔、维修保养服务、零部件供应、维修技术培训、技术咨询及指导等与汽车产品和市场有关的一系列内容。

(3) 零配件供应

4S店要为品牌车辆客户提供正品的原厂零配件,并提供质量担保,同时还要为客户提供原厂零配件索赔等业务,及时向汽车生产厂家备件部反馈零配件的使用和质量等信息。

(4) 信息反馈

定期进行客户回访,了解客户的心理及需求,倾听客户的意见,认真做好记录,建立客户档案,收集客户对产品车辆的使用信息、质量信息,并定期向汽车生产企业售后服务管理部门反馈。

2. 汽车4S店的特点

(1) 标准化、系列化的建筑风格。
(2) 统一、标准化的标识系统。
(3) 全新的管理模式。
(4) 现代化的企业计算机管理和网络通信。
(5) 汽车售前、售中、售后一条龙服务。
(6) 规范化的接待服务。
(7) 先进、实用的专用工具、仪器和设备。
(8) 专业化的车辆维护修理。
(9) 全国统一的原厂备件价格。
(10) 最佳的社会效益和经济效益。

六、4S店与汽车生产企业

4S店与汽车生产企业的关系是合作伙伴关系。服务站自主经营、自负盈亏,汽车生产企业不参与服务站的经营管理。服务站开展销售、服务方面的业务必须规范,满足汽车生产企业的标准要求。服务站应接受汽车生产企业的监督指导,汽车生产企业在业务方面给予支持。

1. 4S店的责任

与汽车生产企业共同对所负责区域合同产品的市场进行充分开拓,为提高产品的市场份额和持续增长做出努力。维护汽车生产企业的产品信誉和声誉,树立汽车生产企业的产品形象和服务形象,履行其协议中承担的责任。

2. 生产企业对经销商的支持

(1) 提供统一的建筑标准;
(2) 提供统一的形象建设标准及标识标准;
(3) 贯彻先进的管理模式;
(4) 免费提供技术培训、管理培训、索赔培训、备件培训及计算机业务培训;
(5) 疑难维修技术支持;
(6) 提供技术资料、管理资料;
(7) 统一订购专用工具、仪器设备,指导通用工具订购;
(8) 提供售后服务联网软件及服务站内部管理软件;
(9) 提供原厂备件;
(10) 免费提供产品宣传及服务宣传资料;
(11) 授权开展售前整备、首保及索赔业务;
(12) 指导服务站开展服务营销。

3. 4S店与汽车生产企业的业务关系

4S店与汽车生产企业的业务关系如图1-1所示。

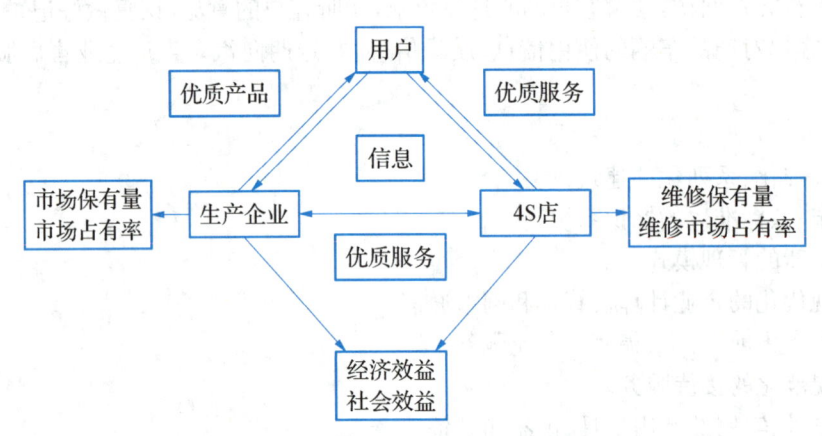

图1-1 4S店与汽车生产企业的业务关系

1.2 汽车售后服务组织机构

组织机构是企业实现战略目标和构造核心竞争力的载体,也是企业员工发挥各自优势获得自身发展的平台。一个完善的组织机构能保障组织内众多人员步调一致、齐心协力,向着同一个目标前进,而一个不合理的组织机构能使企业组织效率降低、内耗增加,影响企业的成功和发展目标的实现。

一、售后服务部组织机构

组织机构建立的目的是帮助企业围绕其核心业务建立起强有力的组织管理体系。组织机构中各部门人员的多少需要按各个岗位工作量安排。

1. 售后服务部的岗位分工

常见的汽车销售企业售后服务部岗位设置如图1-2所示。

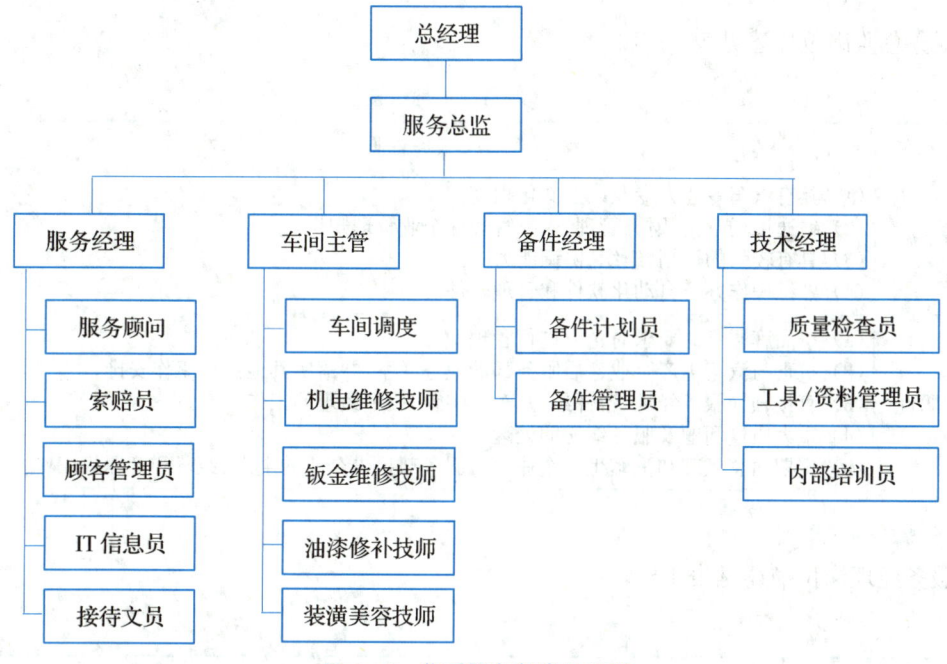

```
                        总经理
                          │
                        服务总监
          ┌───────────┬─────┴─────┬───────────┐
        服务经理     车间主管    备件经理     技术经理
          │           │           │           │
        服务顾问    车间调度   备件计划员   质量检查员
        索赔员    机电维修技师  备件管理员  工具/资料管理员
        顾客管理员  钣金维修技师              内部培训员
        IT信息员   油漆修补技师
        接待文员   装潢美容技师
```

图1-2 售后服务部岗位设置

2. 售后服务部的岗位设置要求

服务总监:1名。

服务经理:1名。

服务顾问:每名服务顾问每天负责接待15～18位客户。

索赔员:1名(年索赔量超过2 000台次,设2名)。

顾客管理员:1名。

IT信息员:1名。

车间主管:1名。

车间调度:1名。

维修技师:每名维修人员平均每天维修车辆3台次。

备件经理:1名。

备件计划员:1名。

备件管理员:1名。

技术经理:1名。

质检员:1名。

工具/资料管理员:1名。

内部培训员:1名(可由技术经理兼任)。

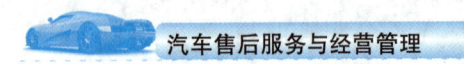

二、售后服务部岗位描述

1. 服务总监

服务总监岗位描述见表1-1。

表1-1 服务总监岗位描述

岗位名称	服务总监
任职条件	(1) 具有汽车专业大专及以上文化程度。 (2) 精通市场营销、财务管理、人事管理等企业管理知识。 (3) 具有较强的计划、组织、协调能力。 (4) 熟练操作办公自动化软件和管理软件。
工作职责	(1) 按品牌服务的要求对企业进行管理。 (2) 负责与汽车生产企业售后服务部的业务联系,并落实其他各项工作安排。 (3) 直接领导服务经理、备件经理、车间主管、技术经理的工作。 (4) 重大质量问题及服务纠纷的处理。 (5) 定期向总经理和汽车生产企业售后服务部报告企业的生产、经营和管理等工作。

2. 服务经理

服务经理岗位描述见表1-2。

表1-2 服务经理岗位描述

岗位名称	服务经理
任职条件	(1) 具有汽车专业大专及以上文化程度。 (2) 具有先进的管理理念。 (3) 有丰富的汽车维修经验和扎实的汽车理论基础。 (4) 有较强的组织能力和表达能力。 (5) 有驾驶执照,能熟练驾车。 (6) 能熟练操作计算机。
工作职责	(1) 制定售后服务管理制度和业务流程工作标准。 (2) 制定售后服务工作计划,保证售后服务月度和年度经营指标的完成。 (3) 售后服务部日常事务的协调管理。 (4) 处理客户投诉。 (5) 制定售后服务内训计划并组织实施。 (6) 售后服务部全体员工的月度和年度考核。 (7) 定期向总经理汇报售后服务工作情况。

3. 服务顾问

服务顾问岗位描述见表1-3。

表1-3 服务顾问岗位描述

岗位名称	服务顾问
任职条件	(1) 具有汽车专业大专及以上文化程度。 (2) 具有一定的语言表达能力、组织能力。 (3) 从事汽车维修工作3年以上,对汽车故障有较强的分析判断能力。 (4) 有驾驶执照,能熟练驾车。

续 表

岗位名称	服务顾问
工作职责	(1) 接待来店顾客,按照相关业务流程和工作标准的要求在整个服务过程中为顾客提供一对一的优质服务。 (2) 及时了解在修车辆的作业进度。 (3) 接听在修车顾客的咨询电话,传递在修车状况信息。 (4) 车辆交接。 (5) 接受顾客预约信息,并做好接待顾客的前期准备工作。

4. 索赔员

索赔员岗位描述见表1-4。

表1-4 索赔员岗位描述

岗位名称	汽车专业索赔员
任职条件	(1) 具有汽车专业大专及以上文化程度。 (2) 熟悉产品结构性能,从事汽车维修行业工作两年以上。 (3) 具有一定的语言表达能力和协调能力。 (4) 具有一定的故障件鉴定能力,掌握本品牌轿车索赔条例。 (5) 有驾驶执照,能熟练驾车。 (6) 能熟练操作计算机。
工作职责	(1) 负责故障件的原因分析,判定是否为索赔范围。 (2) 负责正常索赔及超出权限的索赔申请。 (3) 负责索赔件及索赔件记录的管理,建立索赔件台账。 (4) 负责向汽车厂返还发生索赔的故障件。 (5) 负责索赔件库的管理工作。

5. 顾客管理员

顾客管理员岗位描述见表1-5。

表1-5 顾客管理员岗位描述

岗位名称	顾客管理员
任职条件	(1) 具有汽车专业大专及大专以上文化程度。 (2) 具有较强的与人沟通交流的能力。 (3) 熟练操作办公自动化软件和管理软件。 (4) 一年以上轿车维修或相关经验。
工作职责	(1) 建立、更新、维护顾客和车辆信息档案。 (2) 顾客跟踪回访。 (3) 传播服务信息。 (4) 投诉档案的建立与管理。 (5) 服务预约信息的记录及传递。

6. IT信息员

IT信息员岗位描述见表1-6。

表1-6 IT信息员岗位描述

岗位名称	IT信息员
任职条件	（1）具有计算机或相关专业中专以上学历。 （2）了解汽车构造、汽车维修知识，两年以上工作经验。 （3）具有较好的语言表达能力。 （4）熟悉汽车驾驶，有驾驶执照。
工作职责	（1）负责车辆销售1周内的电话质量跟踪。 （2）负责客户来电记录，来信、来函的收集，并将信息向相关部门传递。 （3）负责来自汽车生产企业售后服务部及其他部门的信息接收、登记、传递及管理，并负责信息反馈工作。 （4）负责R3信息（基础信息、人员信息、培训信息等）的维护、接收与反馈。 （5）负责WEB信箱信息的接收、反馈与存档。 （6）负责企业内部的IT信息管理。

7. 车间主管

车间主管岗位描述见表1-7。

表1-7 车间主管岗位描述

岗位名称	车间主管
任职条件	（1）具有汽车专业大专及以上文化程度。 （2）具有很强的管理、协调和组织能力。 （3）具有现场生产管理方面的工作经验。 （4）熟练操作办公自动化软件和管理软件。 （5）四年以上汽车维修或相关经验。
工作职责	（1）全面负责维修车间的安全、卫生、设备和5S等现场管理工作。 （2）协调监控维修作业进程，确保维修质量和完工交车时间。 （3）维修车间日常工作的指导和监督。 （4）与服务主管共同协调车间业务和前台业务的衔接。 （5）完成服务经理安排的各项临时性工作任务。 （6）所管辖各岗位员工的月度和年度考核。 （7）定期向服务经理汇报维修车间的工作情况。

8. 车间调度

车间调度岗位描述见表1-8。

表1-8 车间调度岗位描述

岗位名称	车间调度
任职条件	（1）具有汽车专业中专及以上文化程度。 （2）具有现场生产管理方面的工作经验。 （3）两年以上轿车维修或相关经验。
工作职责	（1）根据各维修技师的技能水平和业务量饱满程度分配维修作业任务。 （2）维修资源的有效调度，并及时向服务主管反馈维修资源的动态状况。 （3）完工时间可能出现延误时及时通知服务顾问或服务经理。 （4）管理、及时更新《维修作业进度看板》。

9. 维修技师

维修技师岗位描述见表1-9。

表1-9　维修技师岗位描述

岗位名称	维修技师
任职条件	(1) 具有汽车专业中专及以上文化程度。 (2) 认真、有责任心,有良好的团队协作精神。 (3) 具有现场生产管理方面的工作经验。 (4) 有驾驶证,熟练掌握驾驶技能。 (5) 有较强的汽车维修诊断能力。
工作职责	(1) 服从车间调度的维修任务分派安排。 (2) 按照有关工作标准按时完成维修作业。 (3) 向车间调度反馈维修作业进度状况。 (4) 完成维修作业之后进行岗位维修质量自检验。 (5) 完成车间主管安排的各项临时性工作任务。 (6) 负责维修作业场所的5S工作。

10. 备件经理

备件经理岗位描述见表1-10。

表1-10　备件经理岗位描述

岗位名称	备件经理
任职条件	(1) 具有汽车专业大专及以上文化程度。 (2) 有三年以上的汽配供销管理经验。 (3) 有较强的组织协调能力。 (4) 能熟练应用计算机。 (5) 参加并通过汽车厂配件部管理部门组织的培训。
工作职责	(1) 负责备件管理工作。 (2) 根据汽车厂的要求及市场需求合理调整库存,加快资金周转。 (3) 负责对店内有关人员进行配件业务培训。 (4) 负责协调备件供应部门与其他部门的关系,保证一线服务工作需要。 (5) 负责向本品牌轿车厂配件部管理部门传递备件市场信息及本店的业务信息。 (6) 审核、签发配件订单。 (7) 参加本品牌轿车配件部管理部门组织的业务培训。

11. 备件计划员

备件计划员岗位描述见表1-11。

表1-11　备件计划员岗位描述

岗位名称	备件计划员
任职条件	(1) 具有汽车专业大专及以上文化程度。 (2) 有三年以上汽配工作经验。 (3) 具有一定的管理知识及管理经验。 (4) 具备一定的汽车维修常识和营销知识。 (5) 对汽车备件市场信息敏感,工作踏实,责任心强。 (6) 能熟练操作计算机。

岗位名称	备件计划员
工作职责	(1) 根据本店维修保养业务需要,合理安排库存,确保一线服务工作的正常开展。 (2) 根据汽车厂配件管理部门有关配件计划、订购的规定,开展配件计划、订购工作,正确、及时填写和传递备件订单。 (3) 对备件供应的及时性、正确性负责,并保证订购原厂纯正备件。

12. 备件管理员

备件管理员岗位描述见表1-12。

表1-12 备件管理员岗位描述

岗位名称	备件管理员
任职条件	(1) 具有汽车专业中专及以上文化程度。 (2) 有一定的仓库管理经验。 (3) 具有一定的汽车构造及维修常识。 (4) 工作踏实,责任心强。 (5) 能熟练操作计算机。
工作职责	(1) 负责配件的仓储管理及库存盘点。 (2) 负责配件的入库验收及维修配件的发放工作,建立库存账目。 (3) 及时向配件计划员通报配件库存情况。 (4) 负责配件库的环境、安全及防火工作。

13. 技术经理

技术经理岗位描述见表1-13。

表1-13 技术经理岗位描述

岗位名称	技术经理
任职条件	(1) 具有汽车专业大专及以上文化程度。 (2) 从事汽车维修工作5年以上,具有丰富的维修经验,对本品牌汽车故障有较强的分析判断能力。 (3) 具有一定的外语阅读能力,能够熟练操作计算机。 (4) 具有良好的语言和文字表达能力及沟通能力。 (5) 有驾驶执照,能熟练驾车。
工作职责	(1) 培训 ① 参加汽车厂有关培训,负责店内员工的二次培训。 ② 负责店内员工的常规培训。 ③ 负责开展店内技术竞赛等活动。 (2) 故障诊断 ① 负责疑难故障的诊断及维修技术攻关,指导车辆维修及救援。 ② 负责定期收集技术疑难问题及批量出现的质量问题反馈汽车厂。 ③ 负责监督、指导维修人员使用专用工具和仪器。 (3) 质量验收 ① 负责控制、监督维修人员的维修质量。 ② 对大的维修项目和安全部分的维修进行终检。

14. 质检员

质检员岗位描述见表 1-14。

表 1-14 质检员岗位描述

岗位名称	质检员
任职条件	(1) 具有汽车专业中专及以上文化程度。 (2) 具有较强的责任心。 (3) 从事汽车维修工作3年以上,有较丰富的维修经验。 (4) 有驾驶执照,能熟练驾车。
工作职责	(1) 质量检查 ① 负责监督维修人员的维修工作。 ② 负责常规作业项目的质量验收,并在派工单上签字。 ③ 负责参与重大、疑难故障的分析、鉴定。 (2) 参与和协助店内培训 ① 负责培训准备工作。 ② 协助技术总监进行有关课题的讲解。

15. 工具/资料管理员

工具/资料管理员岗位描述见表 1-15。

表 1-15 工具/资料管理员岗位描述

岗位名称	工具/资料管理员
任职条件	(1) 具有高中或中专文化程度。 (2) 熟悉汽车及汽车维修常识。 (3) 具有一定文件资料管理和库房管理知识。 (4) 能够熟练操作计算机。
工作职责	(1) 负责建立工具、设备台账档案。 (2) 负责库存工具借用记录。 (3) 负责库存工具的维护和年检。 (4) 负责维修技术资料的管理。

16. 内部培训员

内部培训员岗位描述见表 1-16。

表 1-16 内部培训员岗位描述

岗位名称	内部培训员
任职条件	(1) 汽车相关专业大专以上文化程度。 (2) 熟悉汽车构造及相关知识,具有较强的汽车维修技能。 (3) 具有较强的语言表达能力。 (4) 能够熟练操作计算机。 (5) 具有一定的英语阅读能力。 (6) 熟悉汽车驾驶,有驾驶执照。
工作职责	负责企业内的各项技术培训工作。

汽车售后服务

项目二

任务描述

某品牌汽车 4S 店的一位客户来店进行车辆定期保养,前台接待人员要详细计划每一个工作过程和步骤,为客户提供优质的服务。

能力培养目标

专业能力

1. 熟悉汽车售后服务的作用及提高售后服务质量的方法;
2. 掌握汽车售后服务的工作内容及核心流程;
3. 能够按照汽车售后服务的工作流程和工作标准为客户提供服务;
4. 满足 4S 店维修接待岗位的素质要求和业务要求;
5. 掌握汽车售后服务人员必备的商务礼仪。

方法能力

1. 自学能力;
2. 制定计划并执行计划能力;
3. 决策能力;
4. 信息收集能力;
5. 工作结果的评价与反思。

社会能力

1. 沟通能力;
2. 团队协作能力;
3. 管理组织协调能力;
4. 勇于承担相关责任。

2.1 汽车售后服务概述

一、汽车售后服务的概念

汽车售后服务是指汽车作为商品销售出去以后,由制造商、销售商、维修商、配件商等服务商为客户及其拥有的汽车提供的全过程、全方位的服务。

售后服务,是现代汽车维修企业服务的重要组成部分。做好售后服务,不仅关系本公司产品的质量、完整性,更关系到客户能否真正、完全地满意。售后服务活动与汽车这一特定产品相关,参与者包括汽车生产商、销售商、维修商、配件供应商和消费者。配件供应商是汽车售后服务的间接参与者,他为汽车售后服务提供汽车零配件支持。汽车生产商除了制造产品外,还为其品牌汽车的售后服务制定相关标准,制定更换零配件价格等。维修商通常是汽车售后服务最直接的提供者。销售商也常常配合当地的维修商联合提供售后服务。消费者是汽车售后服务的接受者,他们是汽车售后服务最直接的参与者。汽车售后服务参与者构成的价值链如图2-1所示。

图2-1 汽车售后服务的价值链

二、汽车售后服务的特点

汽车售后服务需要贴近消费者,因此,汽车售后服务往往服务点众多而且分布广泛,而且汽车售后服务内部分工细致,服务类型多样。汽车售后服务业经过一段较长时间的发展,已经逐步形成了其自身区别于其他行业的特点。

1. 持续性较强,利润空间大

在汽车行业的利润构成比例中,汽车售后服务业已逐渐超越了汽车制造业,成为汽车产业利润的主要来源。这除与消费者对汽车售后服务需求急剧增加关系密切以外,还由于汽车销售往往在固定的供应点被消费者购买,具有一次性特点,而汽车售后服务则是在使用过程中,一直持续不断地,在不同时间和不同地点被消费者重复使用与购买,可贸易性较强。

随着汽车保有量的增加,汽车售后服务概念的深入,汽车售后服务已越来越普及到人们的生活中去,而汽车售后服务具有可以被消费者重复使用和购买的持续性特点,使汽车服务业可以重复多次从消费者获取利润,保证了汽车售后服务业拥有较可观和持续的市场利润。

2. 涉及的行业范围广泛,产业链比较复杂

汽车这一产品的特殊性,决定了其消费也不同于其他商品,消费者购买了汽车以后,需要定期地加油、维修、保养、购买保险等,因此,对于汽车消费的这个特点,汽车售后服务涉及的行业范围相当广泛,比如金融服务机构、维修机构、保险机构等,其产业链也较其他产业更复杂。所以,只有涉及的各个行业共同努力,密切协作,才能把售后服务工作做到位,给消费者提供满意的服务。

3. 服务分工逐渐细化

由于消费者需求越来越趋于个性化和多样化,目前汽车售后服务已不仅仅局限于汽车维修,而是一个拥有汽车配件供应、维修保养、清洁与美容、保险等多种服务功能的服务综合体。消费者需求逐渐细化导致汽车售后服务的分工也逐渐细化。比如,消费者最普遍的需求是对汽车的清洁,因此,出现了大量的追求服务速度的汽车清洗店;汽车维修店对损坏的汽车进行维修;汽车养护店对汽车进行美容保养,延长汽车的使用寿命;汽车改装店则根据消费者的特殊喜好对汽车进行改装。

4. 汽车售后服务体系化,售后服务地位举足轻重

由于汽车售后服务中汽车零配件供应、故障零件索赔、技术培训、服务站管理与考核等业务都需要三流(即资金流、物流、信息流)的良好支持。运用供应链的概念,汽车零配件供应商、汽车生产商、汽车售后服务提供者形成了一个汽车售后服务的服务链。在服务链中,汽车售后服务业处于末端,作为联结汽车生产商与消费者的纽带,既可以从汽车生产商处获得利润,又可从消费者处得到利润。更重要的是,其在信息沟通上具有一定的优势,地位举足轻重,可以把生产商的产品和服务信息传递给消费者,还可以把消费者对产品和服务的感受和意见反馈给汽车生产商,为汽车生产商改进产品和开发新产品提供重要参考。为应对现代汽车售后服务的需要,汽车售后服务提供者、汽车生产商和零配件供应商协作日益密切,已形成一个紧密的汽车售后服务体系。

三、汽车售后服务的作用

(1) 汽车售后服务是买方市场条件下汽车 4S 店或汽车经销商参与市场竞争的尖锐武器。

随着科学技术的飞速发展,几乎所有行业相继都出现了生产能力过剩的状况,从汽车工业到化学工业,从食品制造到日用消费品的生产,从通信业到计算机网络行业,当然汽车 4S 店和汽车经销商的售后服务方面也不例外,都面临强劲的竞争对手。而对于成熟的汽车产品,在功能与品质上也极为接近,汽车品牌竞争质量本身差异性越来越小,价格大战已使许多汽车 4S 店和汽车经销商精疲力竭,款式、品牌、质量以及售后服务等各个方面的差异性成为汽车 4S 店和汽车经销商确立市场地位和赢得市场竞争优势的尖锐利器。汽车售后服务的市场竞争不仅仅靠知名的汽车品牌,更需要优质的品牌售后服务作为保障。

(2) 汽车售后服务是汽车 4S 店或汽车经销商保护汽车产品消费者权益的最后一道防线。

汽车 4S 店或汽车经销商向消费者提供经济实用、优质、安全可靠的汽车产品和售后服务是维护其本身生存和发展的前提条件。虽然科技的进步与发展使得汽车的相关产品以及保养、维修等售后服务的水准越来越高,但是,要做到万无一失目前尚无良策。由于消费者的使用不当或工作人员的疏忽,汽车电器工作不稳定、刹车失灵等各种状况会经常发生。汽车 4S 店和汽车经销商,包括最优秀的企业也不能够保证永远不发生错误和引起顾客的投诉。因而,及时补救失误、改正错误,有效地处理客户的投诉等售后服务措施成了保证汽车消费者权益的最有效途径。因此,可以说,汽车售后服务是保护汽车消费者权益的最后防

线,是解决汽车4S店或汽车经销商的错误和处理顾客投诉的重要有效的补救措施。

(3) 汽车售后服务是保持汽车4S店和汽车经销商的顾客满意度与忠诚度的有效举措。

汽车产品的消费者对汽车产品和服务的利益追求包括功能性和非功能性两个方面。前者更多体现了消费者在物质和服务质量方面的需要,后者则更多地体现在精神、情感等心理方面的需要,如宽松优雅的环境、和谐完善的服务过程、及时周到的服务效果等。随着社会经济的发展和消费者自身收入水平的提高,顾客对非功能性的利益越来越重视,在很多情况下甚至超越了对功能性利益的关注。在现代社会以及市场经济的环境下,企业要想长期盈利,走向强盛,就要赢得长期合作的顾客,保持顾客忠诚度,提高顾客满意度。汽车4S店或汽车经销商在实施这一举措的过程中,使顾客满意的售后服务是企业长期发展,最终走向成熟的有效措施之一。

(4) 汽车售后服务是汽车4S店或汽车经销商摆脱价格战的有效方法。

我国汽车4S店或汽车经销商高速成长期已经结束,汽车产品市场总需求较为稳定,竞争格局已进入白热化的状态。不少汽车4S店或汽车经销商为了求得市场份额的增长,不惜一切代价,连续开展价格大战,不少汽车品牌价格一再大幅度下降,开展各种促销活动,变向下调价格,使得汽车行业平均利润率持续下滑,汽车4S店或汽车经销商增长后劲严重不足。如果要彻底摆脱这一不利的局面,导入服务战略尤为重要,汽车4S店或汽车经销商可以综合运用各种方法和手段,通过差异化的服务来提高产品和服务的质量。

(5) 汽车售后服务是汽车技术进步和科技发展的必然要求。

随着汽车技术的进步和科学技术的飞速发展,汽车产品已走入家庭。面对汽车这样的高科技产品,"坏了怎么办?""我如何去使用它?"等一系列问题总是困扰着客户,这在客观上就要求汽车4S店或汽车经销商为消费者提供更多的服务支持而不仅仅局限于售后服务。比如,建议改售后服务为售前培训、科普引导等。汽车产品不仅仅是单纯的整车产品,还包括配件、保养、维修等售后服务,而且还包括附加的服务,如产品的使用说明书、提供维修站的地址与联系方式等,以及收集客户的回访信息,为改进产品和服务提供借鉴,从而也为汽车的技术进步和提供优质的服务奠定了夯实的基础。

四、提高汽车售后服务质量的方法

汽车4S店或汽车经销商的行业发展前景广阔,具有巨大的商机,而消费者的需求也体现在各个层面上,所以汽车4S店或汽车经销商的服务必须做到专业化、标准化、规范化,只有以优质全面的服务和高精的技术含量才能赢得消费者的信赖和适应市场的发展。汽车4S店或汽车经销商的售后服务档次必须得到提高,服务分工要做到明确而细分,拓展业务广度,发掘服务深度,提高技术高度,并且在资金实力、政策导向、管理、运筹等各个方面存在的问题都必须做一个合理的解决方案。因此,汽车4S店或汽车经销商应做出自己的特色,充分凭借优异的产品质量和完善的售后服务体系取胜。结合现在汽车4S店或汽车经销商在售后服务方面所存在的问题,汽车4S店或汽车经销商要结合自身的不足,尽力做到以下几点:

1. 规范服务标准,提高工作人员的整体素质

随着科学技术的进步,汽车科技的发展也不断地深入,各汽车4S店或汽车经销商也都相应地配置了各种先进的设备和工具,尤其针对品牌车型检验的专用电脑检测设备也都逐

渐引进,而部分汽车4S店或汽车经销商的工作人员之前并不是从事本行业的工作,没有经过专业、系统的培训和专业的技术理论指导。"兵马未动,粮草先行",技术支持不仅是服务上的品质保证,也是提高顾客对日常作业满意度的有力保障。

提高汽车4S店或汽车经销商的售后服务工作人员的整体素质,就要对整个售后部门进行全面、系统的培训。首先,要对与客户接触的所有工作人员进行培训,主要是服务顾问和销售人员,对他们的培训可以形成提升售后服务的突破口。同时,也可以在他们与经销商的合作中做出表率作用和提供指导。其次,对汽车4S店或汽车经销商的管理人员进行提升顾客满意度的培训,从提升售后服务理念和提高顾客服务管理能力入手,帮助其明确提升顾客满意度对提升盈利能力和竞争力具有深远的战略意义。最后,是对汽车4S店或汽车经销商技术工程师和维修人员进行专业技能培训和提升顾客满意度的培训,主要是培训处理汽车故障的技术方法以及客户服务的处理原则、程序和技巧,力争做到目标明确,顺利实施。例如,在这方面做得突出的是沃尔沃公司旗下的各汽车4S店或汽车经销商,他们聘请行业专家,定期对员工进行维修技术和提升顾客满意度的培训和考核,每一位工作人员经过严格的考核后,方能上岗,他们专业化的服务获得了消费者的赞誉。

2. 提供纯正配件,使服务质量和成本成为双重保证

许多配件生产厂商为了扩大生产规模和销售数量而不顾产品的生产质量,生产低质量的伪劣产品,以低价向汽车4S店或汽车经销商销售。而汽车4S店或汽车经销商因贪图利益,引进劣质配件,却以纯正配件的价格出售给顾客或向维修车间提供。这样,不仅降低了汽车使用的安全系数,也增加了消费者的使用成本。

"车在路上跑,毛病知多少"。再好的汽车也需要保养和维修,就像一个人难免会生病一样,车出了问题并不可怕,关键是这些问题的出现会危及人的生命和财产安全。若向顾客提供非纯正配件,汽车的维修质量就得不到保障,从而失去大量的顾客。非纯正配件不仅会影响到汽车的整体工作状况和使用寿命,而且关系人的生命和财产安全。汽车生产企业应向4S店或经销商提供纯正的机油产品和原厂的纯正配件,保证配件的规格、材料、尺寸及容差都与其要更换的配件完全相同,确保新的配件与整车协同工作,消除运行干扰。避免顾客的重复维修成本,保证汽车的正常安全运行,提高车辆的使用率,降低汽车的使用成本,赢得顾客的信赖,使其能多次惠顾。

3. 提供先进的服务设施,提升和完善维修服务质量

汽车4S店或汽车经销商不仅仅是为顾客提供一些表面性的咨询服务和简单的故障处理,其中也包含着高精的技术服务。汽车的发展也随着科技的进步在不断地提升,高科技也在不断向汽车产品领域渗入。例如,卫星定位系统、ECU中央控制单元、先进驾驶辅助系统等高科技的渗入,就不仅仅要求维修人员有过硬的修理技术,更要求汽车4S店或汽车经销商引进高端的硬件维修设施帮助维修人员对这些高科技产品进行故障排除。

4. 定期进行客户回访,建立客户档案

顾客购车对汽车4S店或汽车经销商来说并不是一次性的买卖交易,而是以后长期"合作"的开始。顾客购车后的使用情况怎么样,使用性能如何,是否满意,是否有不满意的地方需要我们改进,或者为顾客的新需求提供哪些帮助,这就需要我们定期地给顾客打个电话,或邮寄一封信函做一个简短却让人暖心的回访,征求顾客的意见或建议,给每一个顾客建立客户档案。

定期给顾客做回访,了解顾客的心理及需求,倾听顾客的意见,认真做好记录,建立客户档案,可以为汽车 4S 店或汽车经销商带来新的商机。同时,为企业服务理念的提升指明了新的发展方向,也给企业的整体发展方向及制定长远的战略目标提供了有利依据。

5. 多设服务网点,并尽力做到精细

汽车 4S 店或汽车经销商在售后服务方面存在的弊端并不是不可以避免的,只要汽车 4S 店或汽车经销商把售后服务做到精细,站在顾客的角度去考虑问题,无论是在服务态度或是服务质量方面都要做到细致入微,开通 24 小时服务热线,以备顾客的不时之需。尽量做到"一切为顾客着想,一切从顾客利益出发",把我们的服务做到精品化、细致化。

6. 加强各行业的沟通,提供完善的保险和信贷业务

随着我国经济体制的发展,各行业的制度也在不断地调整,这也加速了汽车 4S 店或汽车经销商与各行业的合作。汽车行业的快速发展,使得保险公司和银行的各项业务也逐步涉足这个领域。所谓"行有行规",各行业有自己的行业规则与制度,这就使保险公司的保险业务和银行的信贷业务与汽车行业的规定产生了某些方面的冲突,所以我们要尽力地去制定相应的措施来完善这些不足之处。例如提供咨询服务、代办各种手续等,减少一些不必要的业务流程。

另外,保险公司在索赔时也要做到"公平",不损害顾客的利益。总的来说,汽车 4S 店或汽车经销商要与保险公司和银行做好沟通,为顾客提供方便、周全的服务,同时达到各合作行业的共赢,提升各行业的服务,赢得顾客的忠诚度与满意度。

售后服务作为市场营销中一个必不可少的中间环节,不但在各产品市场领域起着至关重要的作用,在汽车售后服务行业中也对汽车产品和服务走向市场化起着过渡作用。热情、真诚地为顾客着想的服务能给顾客带来满意,获取顾客的信赖,从而在市场竞争中占有一席之地,赢得市场。所以汽车 4S 店或汽车经销商要不断完善服务,以便利顾客为原则,以优质的产品与独特的服务所具有的魅力和一切为顾客着想的体贴来感动顾客。提升汽车 4S 店或汽车经销商工作人员的素质,拒绝非纯正配件,提高维修质量,做好客户回访,以及提供方便、完善的信贷业务,提高服务质量,提升顾客的满意度与企业的知名度,以便提高售后服务质量。

五、汽车售后服务的工作内容

1. 建立汽车售后服务网络

由于汽车产品使用的普及性、销售的广泛性以及产品技术的复杂性,单凭汽车厂商自身的力量,是不可能做好售后服务的,必须建立一个覆盖面广、服务功能完善的售后服务网络,才能快捷、高效地满足用户的要求,实现全方位服务。

2. 建立客户档案,进行跟踪服务

(1) 建立客户档案

建立客户档案直接关系到售后服务的正确组织和实施。客户的档案管理是对客户的有关材料以及其他技术资料加以收集、整理、鉴定、保管和对变动情况进行记载的一项专门工作。

档案管理必须做到以下几点:

① 档案内容必须完整、准确；
② 档案内容的增减变动必须及时；
③ 档案的查阅、改动必须遵循有关规章制度；
④ 要确保某些档案及资料的保密性。

客户档案的主要内容：客户名称、地址、邮政编码、联系电话、法定代表人姓名、注册资金、生产经营范围、经营状况、信用状况、与企业建立关系年月、往来银行、历年交易记录、联系记录等。

（2）保持与客户的联络、维持客户关系

建立客户档案的目的在于及时与客户联系，请客户谈谈他们的要求，并对客户的要求做出答复。经常查阅客户档案，了解客户汽车和配件的使用情况，存在什么问题。与客户进行联络应遵循以下准则：

① 请客户谈他的要求；
② 专心听取客户的要求并做出答复；
③ 多提问题，确保完全理解。

3. 汽车产品的质量保证

（1）质量保证的工作内容

① 受理用户的索赔要求，并向企业反馈用户质量信息。
② 汽车召回。所谓召回制度（RECALL），就是已经投放市场的汽车，如果发现由于设计或制造方面的原因，存在缺陷或可能导致安全、环保问题，厂家及时向国家有关部门提出申请召回。一些企业为了树立和维护自己的形象，对于因质量缺陷而导致的质量隐患会积极主动地提出召回。

（2）质量保证的工作要点

① "准确"，即对用户反映的情况，必须先经过核实，然后再做出处理。也只有在此基础上，才能向企业反馈回可靠的质量信息，以利于企业对产品的设计或生产进行迅速改进；
② "快速"，这样可以尽量地缩短客户等待的时间，使客户的损失降到最低，也使客户不快的心理得以缓和，增强对企业和产品的好感；
③ "宽厚"，如果是产品质量缺陷，生产企业有责任帮助客户恢复产品的技术功能，使客户免于承担损失，同时也维护了企业和产品的信誉。

（3）公司产品质量担保的内容

① 质量担保期限。从领取行车证之日起算，为期××月（或××公里）；
② 车辆出现故障，排除。所发生的一切费用，均由特约维修站向××汽车公司结算；
③ 对售出的汽车及配件进行质量担保；
④ 如果出现的故障在非特约维修站修理过，××汽车公司将不承担质量担保。

（4）客户质量索赔及处理

① 对待客户热情、礼貌；
② 对每一辆属于质量保修范围的故障车辆进行检查，并做出质量鉴定；
③ 严格按质量保修条例为客户办理质量保修申请；
④ 严格按有关规定填报技术信息，质量保修有关报表、报告，并按要求提供索赔旧件；
⑤ 主动搜集并反馈有关车辆使用的质量、技术信息；

⑥ 积极向客户宣传质量保修政策，为客户提供使用、技术方面的咨询服务。

受理客户的赔偿应遵照质量保修工作管理条例并按质量保修工作程序开展每一步的工作。

（5）收集产品使用质量信息

故障报告是获得使用质量信息最重要的来源，能准确地反映情况，并且信息反馈速度快。通过维修站获取质量反馈信息是最为简便快捷的方法。这些反馈信息通过分析和总结，将有助于供货厂家对产品设计做出更改或是在售后服务领域内采用新的故障解决办法。所有的质量问题均应要求填写故障报告，并按规定时间与供货厂家联系。

4. 塑造企业形象

售后服务部门是企业的一个窗口，是企业形象的直接体现。在与客户交往上，应该选用有深厚技术功底和良好人际交往能力的人做业务接待。售后服务虽然属于服务性的工作，但它与普通意义上的"服务"不同，因为，它有很高的技术含量。如果一个业务接待员不具备技术知识，就很难赢得客户的信任，也直接影响客户对企业的信任，而这一点对企业是至关重要的。另外还要加强其他售后服务工作人员的教育管理和业务培训，使他们从心理上真正地把顾客作为上帝，为顾客提供及时、快捷、周到、热情的服务，在顾客心中树立一个良好的企业形象。

2.2　汽车售后服务流程

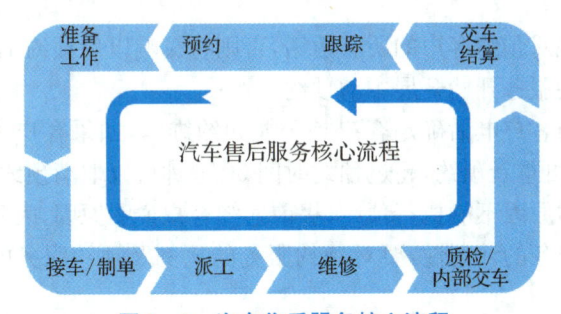

一、汽车售后服务核心流程

售后服务核心流程是将经销商为用户服务的关键工作过程分为八个环节进行管理，即预约、准备工作、接车/制单、派工、维修、质检/内部交车、交车/结算、电话跟踪八个环节，对每个过程提出标准的工作内容及要求。汽车售后服务的核心流程如图2-2所示。

图2-2　汽车售后服务核心流程

1. 预约

有效的预约能使客户在其方便的时候获得服务，也可最大限度地减少客户在接受服务时等待的时间。预约可以避开峰值时间，以便使服务接待有更多的时间与客户接触。预约可以消除客户的疑虑，让他了解将会受到怎样的接待。

（1）预约的形式

预约主要通过电话预约完成，分经销商主动预约和用户主动预约两种形式。

① 经销商主动预约：根据提醒服务系统及客户档案，经销商主动预约客户进行维修保养。

② 客户主动预约：引导客户主动与经销商预约。

(2) 工作内容

① 询问客户及车辆基础信息(核对老客户数据、登记新客户数据)；

② 询问行驶里程；

③ 询问上次维修时间及是不是重复维修；

④ 确认客户的需求、车辆故障问题；

⑤ 询问客户是否需要其他服务(如：接、送或替换车)；

⑥ 确定接待服务顾问的姓名；

⑦ 确定接车时间(留有余地)；

⑧ 暂定交车时间；

⑨ 提供价格信息(既准确又留有余地)；

⑩ 告诉客户带相关的资料(随车文件、收音机密码、维修记录等)。

(3) 如何引导客户做预约

常见的引导客户预约的方法有以下几种：

① 预约窗口；

② 欢迎板；

③ 预约在维修低峰时间享受工时折扣及其他优惠政策；

④ 宣传(资料)；

⑤ 接车及交车时向客户介绍(与客户接触的任何人、任何时间)；

⑥ 电话回访及销车时介绍预约；

⑦ 优惠预约卡；

⑧ 小礼物。

(4) 工作要求

① 一定注意兑现对预约客户的所有承诺，否则将影响以后预约工作的开展；

② 从保养及提醒服务开始开展主动预约工作；

③ 提前一小时与客户电话确定客户是否能如约维修，如果客户不能来，马上取消这次预约(工位、人员等)，可重新预约，超过预约时间30分钟可以取消预约；

④ 如果因服务站原因不能执行预约，提前通知客户说明原因，表示道歉，重新预约；

⑤ 为提高维修服务的计划性，要对预约服务的比例及预约服务的执行情况进行分析，查找原因，不断改进；

⑥ 引导客户预约，通过设立欢迎板等手段加强预约宣传；

⑦ 采用工时折扣等优惠措施刺激客户预约，让客户感到预约比较方便。

2. 准备工作

做好准备工作可以调整维修人员的工作状态，协调车间使用、分配等问题。

(1) 工作内容

① 接车前准备(草拟任务单、三件套准备、个人仪表等)；

② 检查是不是重复维修，如果是，在任务单上做标记以便特别关注；

③ 检查上次维修时发现但没纠正的问题,记录在本次任务单上,以便再次提醒客户;
④ 估计是否需要进一步工作;
⑤ 通知有关人员(车间、备件、接待、资料、工具)做准备;
⑥ 提前一天检查各方能力的准备情况(技师、备件、专用工具、技术资料);
⑦ 如果需要,准备好替代车及租车协议;
⑧ 根据维修项目的难易程度合理安排人员;
⑨ 定好技术方案(对于重复维修、疑难问题);
⑩ 如果是外出服务预约,还要做相应的其他准备;
⑪ 维护环境的整洁(接待厅、接待桌、客户休息室、卫生间、地面、窗户、饮水、报刊、视听设备、通风、停车区域、接车区域、维修车间等)。

(2) 工作要求
① 如准备工作出现问题,尽快告知客户并重新预约;
② 维修车间应实行看板管理;
③ 所有环节都准备好,要让客户到维修站时感觉到预约给他带来的方便;
④ 预约时间前半小时再次与客户沟通,确认是否能准时到达。

3. 接车/制单

在客户来访的最初时刻,最重要的是使他放心,服务接待在客户到来时应报以微笑,以缓解客户的不安情绪,这能让服务接待更容易地和客户进行交流并理解其要求。

(1) 工作内容
① 识别客户需求(客户细分);
② 遵守预约的接车时间(客户无需等待);
③ 预约好的服务顾问要在场;
④ 告诉客户自己是谁(自我介绍);
⑤ 耐心倾听客户陈述;
⑥ 接车时间要充足(足够的时间关照客户);
⑦ 当着客户的面使用保护罩;
⑧ 全面彻底地维修检查;
⑨ 如必要与客户共同试车或利用举升架检查;
⑩ 总结客户需求,与客户共同核实车辆、客户信息,将所有故障、修理项目、客户意见(修或不修)写在任务单上,请客户在任务单上签字;
⑪ 提供详细价格信息;
⑫ 要保护自己,有些费用只有在零部件或总成拆开后才能确定,可以做出声明:"……变速箱修理费用不包括在此报价中,只有在变速箱拆卸之后才能确定";
⑬ 签协议(车辆外观、车内物品)或此内容包括在任务单上;
⑭ 确定交车时间(交车时间避开收银台前的拥挤时间);
⑮ 足够的停车位,停车区域标识明显;
⑯ 向客户承诺工作质量,做质量担保说明和超值服务项目说明;
⑰ 安排客户休息。

(2) 工作要求

① 客户达到一分钟内,以热情有礼的态度迎接;

② 询问客户来访目的,了解车辆状况并登记客户档案;

③ 与客户共同确认维修项目、需要的费用以及可能需要等候的时间;

④ 服务顾问应穿着厂商统一规定的制服,佩戴胸卡;

⑤ 仔细倾听客户的描述,并做好记录,对于不清楚的地方,应在客户叙述完后问清楚;

⑥ 与客户一同确认车辆外观及车内物品,避免日后误会;

⑦ 确保有充分的时间来接待客户;

⑧ 如果遇到疑难或难以解释的问题时,应介绍技术人员来为客户服务;

⑨ 向客户重述服务需求和维修工作内容;

⑩ 服务顾问指引或陪同客户到休息室休息。

4. 派工

(1) 工作内容

① 车间调度按维修班组的施工、技术、预约等情况向维修班组派工;

② 车间主管要按车间利用率及各小组施工状况及时协调;

③ 服务顾问之间应很好地横向沟通与协调;

④ 及时更新维修管理看板。

(2) 工作要求

① 要让车间保持高的资源利用率;

② 合理调配,掌握轻重缓急;

③ 服务顾问带领维修班组应以客户满意为导向;

④ 服务顾问必须全盘掌握维修班组的生产状况;

⑤ 对于返修、预约车辆应优先安排;

⑥ 维修管理看板必须及时更新和维护。

5. 维修

维修工作属于内部流程。

(1) 工作内容

① 全面完成任务单上的内容;

② 各工种和各工序之间的衔接,确保维修时间;

③ 维修技工自检,并在维修工作任务单上签字;

④ 旧件回收。

(2) 工作要求

① 爱护车辆;

② 遵守接车时的安排;

③ 车间分配维修任务,全面完成任务单上的内容;

④ 保证修车时间,如遇特殊情况需延期,提前通知客户;

⑤ 任务单外维修需征得客户签字同意;

⑥ 推荐维修项目应写在任务单上(绝对需要修理的项目如果客户不同意修理必须在任务单上备注);

⑦ 正确使用专用工具、检测仪器、参考技术资料,避免野蛮操作。

6. 质检/内部交车

质检/内部交车也属于内部流程。保证质量是汽车售后服务工作中的重点,其重要性体现在以下几个方面:

① 提高客户满意度;
② 避免投诉的经济损失;
③ 节约时间,减少返工次数。

(1) 工作内容

① 随时控制质量,在客户接车前纠正可能出现的问题,即自检;
② 终检,终检员签字(安全项目、重大维修项目根据行业标准);
③ 路试;
④ 在任务单上写明发现但没去纠正的问题,服务顾问签字;
⑤ 清洁车辆;
⑥ 停车并记录停车位;
⑦ 准备服务包(特色服务介绍等宣传品、资料、礼品、客户意见调查卡等);
⑧ 向服务顾问大致说明维修过程及问题;
⑨ 如果维修质量终检不合格,则遵守有关手续处理。

(2) 工作要求

① 必须清洁车辆;
② 服务顾问验车项目:任务单的完成情况、维修工作的有效性、车辆安全项、各种液面高度、车辆内外清洁程度、外观、遗漏工具等;
③ 停车时车头要朝向客户离去的方向。

7. 交车结算

为了确保和客户的长期关系,服务人员应在交车步骤中紧密合作,确保交车所需的全部信息与文件完全准备好,客户车辆的车况良好,以及客户对交车经历和他在服务流程中所获得的接待感到完全满意。

(1) 工作内容

① 核验任务单项目、材料表、车辆终检状况;
② 向客户解释维修/服务项目,包含修理项目、更换的零件、没有收费的项目、总费用等;
③ 与客户沟通车辆状况或建议,比如告知某些备件的剩余使用寿命(制动/轮胎)、提醒下次保养里程和时间;
④ 向客户讲解必要的维修保养常识,宣传经销商的增值或其他特色服务;
⑤ 向客户宣传预约的好处,解释质量保证等客户疑问;
⑥ 给客户展示旧件;
⑦ 开具发票;
⑧ 当着客户的面取下三件套;
⑨ 陪同客户达到竣工停车位并向客户告别。

(2) 工作要求

① 一定要向客户解释维修/服务项目及费用构成；

② 服务顾问应当陪同客户结算；

③ 收银员应当站立迎接客户；

④ 要有充分的时间交车,并遵守估价和估时。

8. 跟踪

跟踪的目的在于客户关系的持续发展。客户关系发展是否顺利,对于经销商的稳健经营至关重要,这关系到客户是否愿意回来寻求以后的维修服务和购买零部件,以及是否愿意介绍新客户。跟踪可保证双方关系的发展,同时服务部门也能借此确认一些难以发现的客户服务问题。只要经销商反应快速又可以信赖,即使客户有某些抱怨或担忧,双方关系的持续发展仍是有保证的。

(1) 电话跟踪服务的好处

电话跟踪服务是目前很多企业采用的一种方法,其好处有：

① 最有效的销售手段之一；

② 征求满意程度、表达感谢、转达关心；

③ 得到忠实客户,提高了自身形象；

④ 对不满意情况及时沟通,消除分歧,避免客户将不满意告诉别人或不再惠顾；

⑤ 对于有些经销商未意识到但对于客户非常重要的不足之处引起重视。

(2) 工作内容

① 通过电话与客户取得联系并传达对客户的关爱和感谢；

② 了解客户对整个服务流程的反应和是否满意；

③ 记录客户的意见；

④ 把客户的意见及时反馈给售后服务部领导并监督其处理和限期回复；

⑤ 整理回访的结果并做出分析呈报总经理和报送服务经理。

(3) 工作要求

① 打电话时为避免客户觉得他的车辆有问题,建议使用标准语言,发音要自然、友善；

② 不要讲话太快,一方面给没有准备的客户时间和机会回忆细节,另一方面避免客户觉得你很着忙；

③ 不要打断客户,记下客户的评语(批评、表扬)；

④ 维修一周之内打电话询问客户是否满意；

⑤ 打回访电话的人要懂基本维修常识、懂沟通及语言技巧；

⑥ 打电话时间要回避客户休息时间、会议高峰、活动高峰(上午 9:00—11:00 下午 4:00—6:30)；

⑦ 如果客户有抱怨,不要找借口搪塞,告诉客户你已记下他的意见,并让客户相信如果他愿意,有关人员会与他联系并解决问题,有关人员要立即处理,尽快回复客户；

⑧ 定期地对回访结果做出合理分析,发现问题。

二、《车辆维修档案》的建立和顾客回访

1.《车辆维修档案》的要求

对于自行配备"4S店售后服务管理软件"的销售服务店,可以利用管理软件建立《车辆维修档案》;对于尚未配备"4S店售后服务管理软件"的销售服务店,可以利用EXCEL电子表格文件建立《车辆维修档案》,该电子表格的每一行记录一部车辆的全部信息;无论采取何种方式,《车辆维修档案》应包含"车辆信息""顾客信息""维修档案"和"回访"等内容,相关栏目、栏目内容和填写规范如下:

（1）车辆信息

【VIN码】栏:填写完整的17位车辆识别码;

【车型】栏:填写乘用车具体型号;

【牌照号码】栏:填写完整的车辆行驶证上的号码;

【变速箱】栏:填写"AT"或"MT"表示自动变速箱或手动变速箱信息;

【颜色】栏:填写乘用车车身外部颜色,如"富士白、古堡蓝、丝绸灰、沙滩黄、墨石绿"等;

【发动机号】栏:填写完整的8位发动机号码;

【购车日期】栏:填写购买车辆的时间,以购车发票显示的日期为准,格式为"2023-10-10";

【购车里程】栏:填写购买车辆时里程表显示的数值和单位,如"15 km";

【用途】栏:填写"公"表示公务/商务用车,填写"私"表示私人用车,填写"营运"表示出租车等运营用车,填写"特殊"表示赛车等特殊用途;

【销售商】栏:填写售车的销售服务店简称,以《产品质量保证书》"用户登记表"为准。

（2）顾客信息

【车主】栏:填写车辆所有者的姓名,以行驶证显示的信息为准;

【使用者】栏:填写现阶段使用车辆的顾客姓名;

【联系电话】栏:填写使用者或车主的有效联系电话;

【电子邮箱】栏:填写车主或使用者常用的电子邮箱;

【联系地址】栏:填写车主或使用者可以收到信件的详细地址和邮编。

（3）维修档案

【第N次来店日期】栏:根据《维修工单》填写,格式为"2023-10-10";

【第N次维修内容】栏:包含"维修项目",如首保等;建议维修但未修项目;"行驶里程",填写车辆来店维修时的里程数值和单位,如6 000 km;"服务顾问",填写名字或代码;"维修工单号",格式为"月份(2位数)+日期(2位数)+当日顺序号(3位数)",如"1010055"。

（4）回访

【回访日期】栏:填写回访顾客的时间,格式为"2023-11-11";

【回访内容】栏:填写首次售后回访或保养提醒等回访内容,如"首保提醒"等。

2.《车辆维修档案》的建立

对于销售服务店售出的新车,顾客管理员每天根据销售部门转来的新销售车辆顾客资料录入管理软件或EXCEL版《车辆维修档案》;对于其他销售服务店售出、首次来店售后服务的车辆,根据《维修工单》,由服务顾问或专人录入管理软件,或由顾客管理员录入EXCEL版《车辆维修档案》。

3. 售后服务环节的顾客回访工作

售后服务环节的顾客回访有 3 种：首次售后回访、车辆保养提醒和维修跟踪回访，均由顾客管理员进行回访。

"首次售后回访"针对销售服务店售出新车的顾客，以《车辆维修档案》为管理工具，首次售后回访必须在档案建立后的 3 天内进行，回访内容包括关怀新车使用情况和建立售后服务关系。

"车辆保养提醒"针对所有在档顾客，以《车辆维修档案》为管理工具，车辆保养提醒按照预计该车辆的下一次保养时间提前一周进行。

每次完成首次售后回访或车辆保养提醒后，将《车辆维修档案》的"回访日期"和"回访内容"栏更新为下一次回访的时间和内容。

"维修跟踪回访"针对每次来店维修的顾客，以《维修工单》和《维修服务跟踪回访表》为管理工具。

三、顾客预约工作流程和工作标准

（一）顾客预约工作流程

顾客预约工作流程如图 2-3 所示。

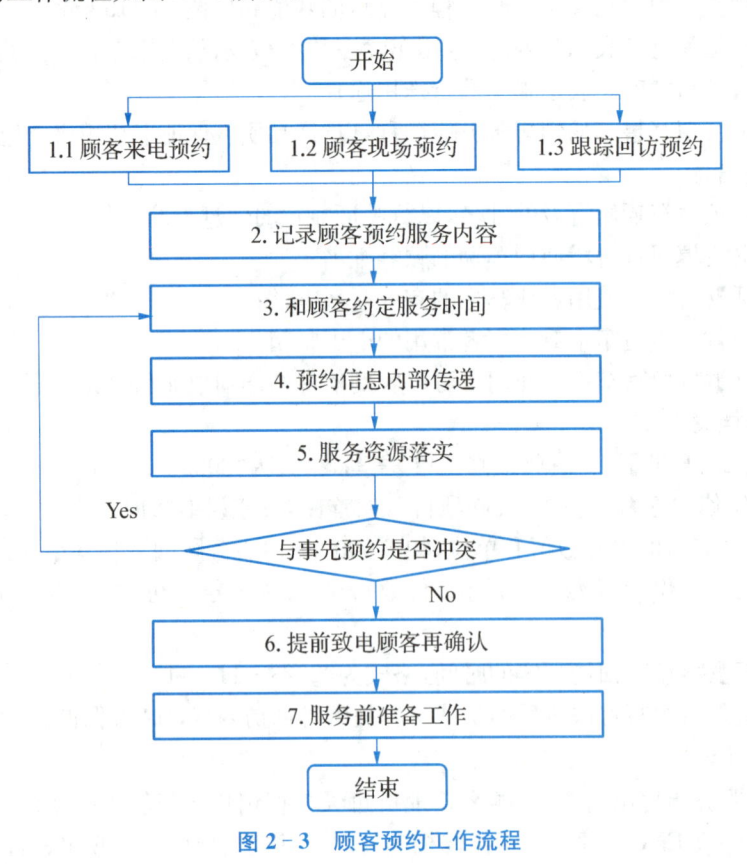

```
                    开始
        ┌─────────────┼─────────────┐
   1.1 顾客来电预约  1.2 顾客现场预约  1.3 跟踪回访预约
        └─────────────┼─────────────┘
                2. 记录顾客预约服务内容
                         │
                3. 和顾客约定服务时间
                         │
                4. 预约信息内部传递
                         │
                5. 服务资源落实
                         │
          Yes      与事先预约是否冲突
        ←──────           │ No
                6. 提前致电顾客再确认
                         │
                7. 服务前准备工作
                         │
                        结束
```

图 2-3 顾客预约工作流程

（二）顾客预约工作标准

1. 预约开始

（1）顾客来电预约

电话铃响3声内接听，先报"＊＊＊4S店"；礼貌问候顾客，进入步骤2。

（2）顾客现场预约

礼貌接待顾客，进入步骤2。

（3）跟踪回访预约

如果在跟踪回访中顾客提出预约服务，则顾客管理员应在《预约信息传递表》（见表2-1）中记录详细"预约内容"并参照《维修工单》，完整地填写《预约信息传递表》，填写完毕，在"记录人"栏签字后递交给服务主管。

表2-1 预约信息传递表

＊＊＊4S店　预约信息传递表					
预约时间		牌照号码		车型	
用户姓名		联系电话		记录人	
预约内容					

2. 记录顾客预约服务内容

初步达成来店日期，只提供时间段为第2天至第4天的预约服务，按照日期使用每日唯一一份的《服务预约登记表》（见表2-2）；根据来电预约和现场预约的内容，详细填写《服务预约登记表》；跟踪回访预约的，则根据服务主管或顾客管理员转来的《预约信息传递表》的内容详细填写《服务预约登记表》。

表2-2 服务预约登记表

＊＊＊4S店　服务预约登记表　＊＊＊＊年＊＊月＊＊日　星期＊								
序号	预约时间	用户姓名	联系电话	车型	牌照号码	预约内容	服务顾问	
1								
2								
3								
4								
5								
6								
7								
8								

3. 和顾客约定服务时间

查看《预约管理看板》（见表2-3）上显示的维修资源情况；和顾客初步确认当天具体来

店时间,并填写在《服务预约登记表》"预约时间"栏中;提供 2 个时间,让顾客选择最方便的时间;若可以确定,告诉顾客费用预算和预计交车时间。

表 2-3 预约管理看板

维修班组 \ 时间	8:00	9:00	10:00	11:00	12:00	13:00	14:00	15:00	16:00	17:00	18:00
机电 1											
机电 2											
机电 3											
…											
钣金 1											
…											
油漆 1											
…											

（表头：***4S 店　预约管理看板　****年**月**日　星期*）

4. 预约信息内部传递

服务顾问及时在对应的《预约管理看板》上标识预约占用维修资源情况;服务顾问及时填写《看板管理标签》(见表 2-4)上的"牌照号码""约定取车时间"和"服务顾问"栏,并将《看板管理标签》标识在对应的《预约管理看板》上;每天将《服务预约登记表》汇总至服务主管处。

表 2-4 看板管理标签

车牌号码			
服务顾问		交车时间	月　日 时　分

5. 服务资源落实

服务顾问落实维修需要的各种资源,如配件等;若由于配件等因素与事先预约产生冲突,尽快联系顾客说明情况,取得顾客谅解并取消或重新进行预约,进入步骤 3;若与事先预约无冲突,进入步骤 6。

6. 提前致电顾客再确认

提前半天致电顾客,确认顾客是否能按约定时间前来;若不能,询问原因,调整《预约管理看板》和《服务预约登记表》的预约时间,或取消预约;若能按照约定时间来店,进入步骤 7。

7. 服务前准备工作

服务主管按照"谁记录谁接待"的原则安排一对一接待的服务顾问,必要时作出调整并在《服务预约登记表》和《看板管理标签》的"服务顾问"栏中更改;每个服务顾问分配约 15 分钟接待一个预约顾客,尽可能预留一个服务顾问接待非预约顾客;服务主管和车间主管、车间调度在每天结束营业后,依据次日《预约管理看板》的内容确定维修班组并将《看板管理标签》转移到接待前台的《维修作业看板》上,并提前更新其他两块《预约管理看板》的日期;服务顾问根据对应的预约信息和《车辆维修档案》准备《维修工单》及接待车辆防护用品等。

至此,顾客预约工作流程结束,进入接车服务流程。

四、接车服务流程和工作标准

(一) 接车服务工作流程

接车服务流程如图 2-4 所示。

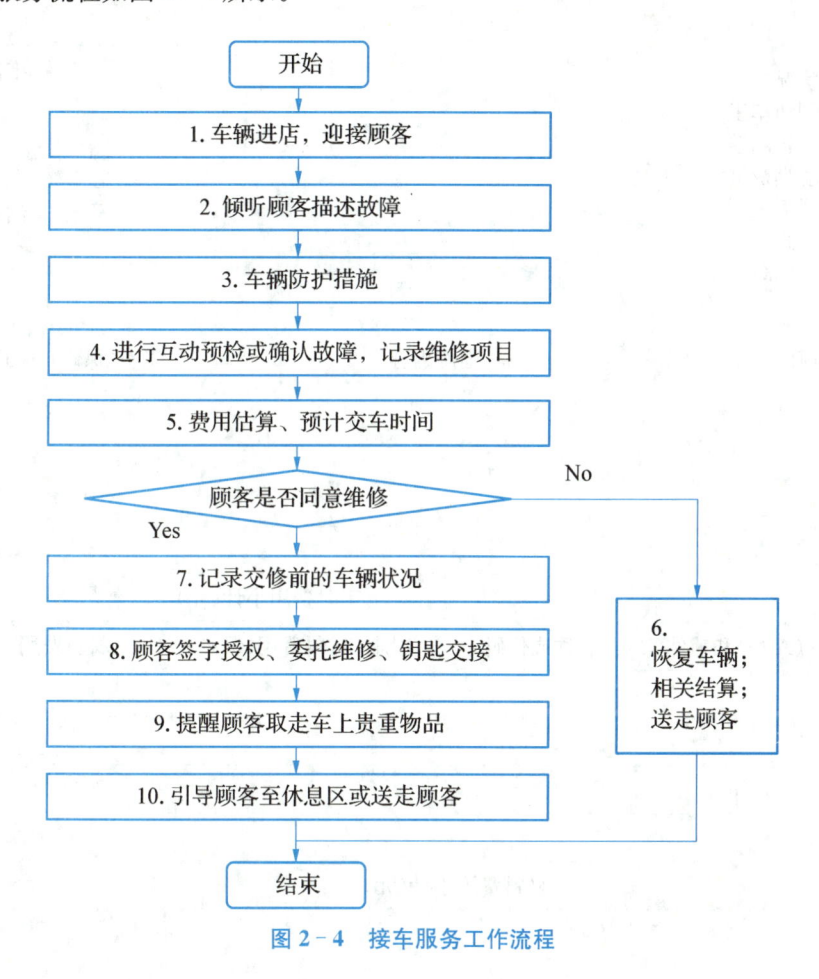

```
开始
  ↓
1. 车辆进店,迎接顾客
  ↓
2. 倾听顾客描述故障
  ↓
3. 车辆防护措施
  ↓
4. 进行互动预检或确认故障,记录维修项目
  ↓
5. 费用估算、预计交车时间
  ↓
顾客是否同意维修 ── No → 6. 恢复车辆;相关结算;送走顾客
  ↓ Yes
7. 记录交修前的车辆状况
  ↓
8. 顾客签字授权、委托维修、钥匙交接
  ↓
9. 提醒顾客取走车上贵重物品
  ↓
10. 引导顾客至休息区或送走顾客
  ↓
结束
```

图 2-4 接车服务工作流程

(二) 接车服务工作标准

1. 车辆进店,迎接顾客

车辆进店,服务顾问起身迎接顾客,将车辆引导在指定停车区停放;面带微笑、热情地为顾客打开车门;引导顾客前往维修接待前台,并注意照料顾客。

2. 倾听顾客描述故障

获取《维修工单》(见表 2-5)的同时填写下一份《维修工单》的单号;首先关注顾客的抱怨和需求,倾听顾客对故障的描述,用顾客的语言记录在《维修工单》的"维修内容"栏;必要时快速查找《车辆维修档案》,获取车辆历史维修记录;填写《维修工单》的"服务顾问"和"开

31

单时间"栏。

表 2-5　＊＊＊4S店维修工单

服务顾问		开单时间		约定取车时间	
顾客姓名		VIN			
联系电话		牌照号码			
电子邮箱		发动机号		车型	
联系地址					

交车前车辆状况：
□备胎　　　□随车工具
□千斤顶　　□轮圈盖
□点烟器　　□烟灰缸
□防盗锁　　□灭火器
□脚垫　　　张
□CD碟　　　张
行驶里程：

	维修技师	工时	维修内容	工费（保修）	工费（顾客）
1					
2					
3					
4					
工时费用小计（元）					

维修授权

顾客签字

结算取车

	配件（A类）和辅件（B类）名称或代码	类别	材料费用（保修）	材料费用（顾客）
1				
2				
3				
4				
材料费用小计（元）				

其他				
质检	结算	费用总计（元）	保修	顾客

3. 车辆防护措施

服务顾问拿取车辆方向盘套、座椅套、换挡杆套、脚垫等防护用品，当面对顾客的车辆进行防护。

4. 进行互动预检或确认故障，记录维修项目

根据车辆维修档案，如果车辆超过半年或 10 000 km 没有进行过任何的维护保养，则建

议顾客进行全面的互动性预检;服务顾问亲自确认顾客所描述的故障,进一步明确故障现象,在《维修工单》对应的"维修内容"栏填写必要的补充内容;必要时请技术顾问协助确定维修项目,将顾客不同意维修的项目备注于"其他"栏。

5. 费用估算、预计交车时间

确定各个维修项目所需的时间并填写在《维修工单》"工时"栏,并在对应的"工时费用"栏填写金额(区分保修和顾客付费);确定各个维修项目所需的配件并在《维修工单》"配件(A类)和辅料(B类)名称或代码""类别""材料费用"栏填写相应内容;在顾客离开前确认所需主要配件的库存;假如发生拖车或可能的外委维修,则在《维修工单》"其他"栏填写并向顾客说明;基于以上3个方面进行费用估算;预计交车时间并填写在《维修工单》"约定取车时间"栏;向顾客解释费用估算和预计的取车时间,由顾客决定是否维修,如果顾客同意维修,进入步骤7;如果顾客不同意维修,则进入步骤6。

6. 恢复车辆,相关结算,送走顾客

取下车辆防护用品,恢复车辆;陪同顾客结算可能产生的费用,如检测费等;礼貌送走顾客,并欢迎下次光临;服务顾问接车服务流程结束。

7. 记录交修前车辆状况

当面检查车辆的钣金、油漆、行驶里程、燃油剩余量、随车附件等情况;若有异常情况及时和顾客现场确认;在《维修工单》的"交修前车辆状况"栏记录上述相关信息。

8. 顾客签字授权、委托维修、钥匙交接

完善《维修工单》信息;快速查找《车辆维修档案》,获取车辆和用户信息;只在《维修工单》上填写主要信息,包括"顾客姓名""联系电话""牌照号码""车型""VIN 码"等;同时和顾客进行信息确认(包括"电子邮箱"和"联系地址"等),若有变更,填写新的信息并使用下划线标识;若是新用户,利用《产品质量保证书》《保养和保修手册》和《行驶证》,填写《维修工单》上的所需信息,并获取《车辆维修档案》所需的以下信息:"变速箱""颜色""购车日期""购车里程""用途""销售商"等;顾客在"顾客签字"栏的"维修授权"位置签字,对《维修工单》所列项目进行授权委托维修;《维修工单》(顾客联)交由顾客保管;接受顾客车辆的钥匙并妥善保管。

9. 提醒顾客取走车上贵重物品

提醒顾客取走车上的现金和贵重物品,将车上其他剩余物品放置于杂物箱或行李舱中妥善保管。

10. 引导顾客至休息区或送走顾客

如果顾客现场等待,则引导顾客至休息区;如果顾客不需现场等待,则礼貌地送别顾客。服务顾问或指定专人将车辆移至待修区。

至此,接车服务流程结束,进入维修作业和质量检验流程。

五、维修作业和质量检验流程和工作标准

(一)维修作业和质量检验工作流程

维修作业和质量检验工作流程如图 2-5 所示。

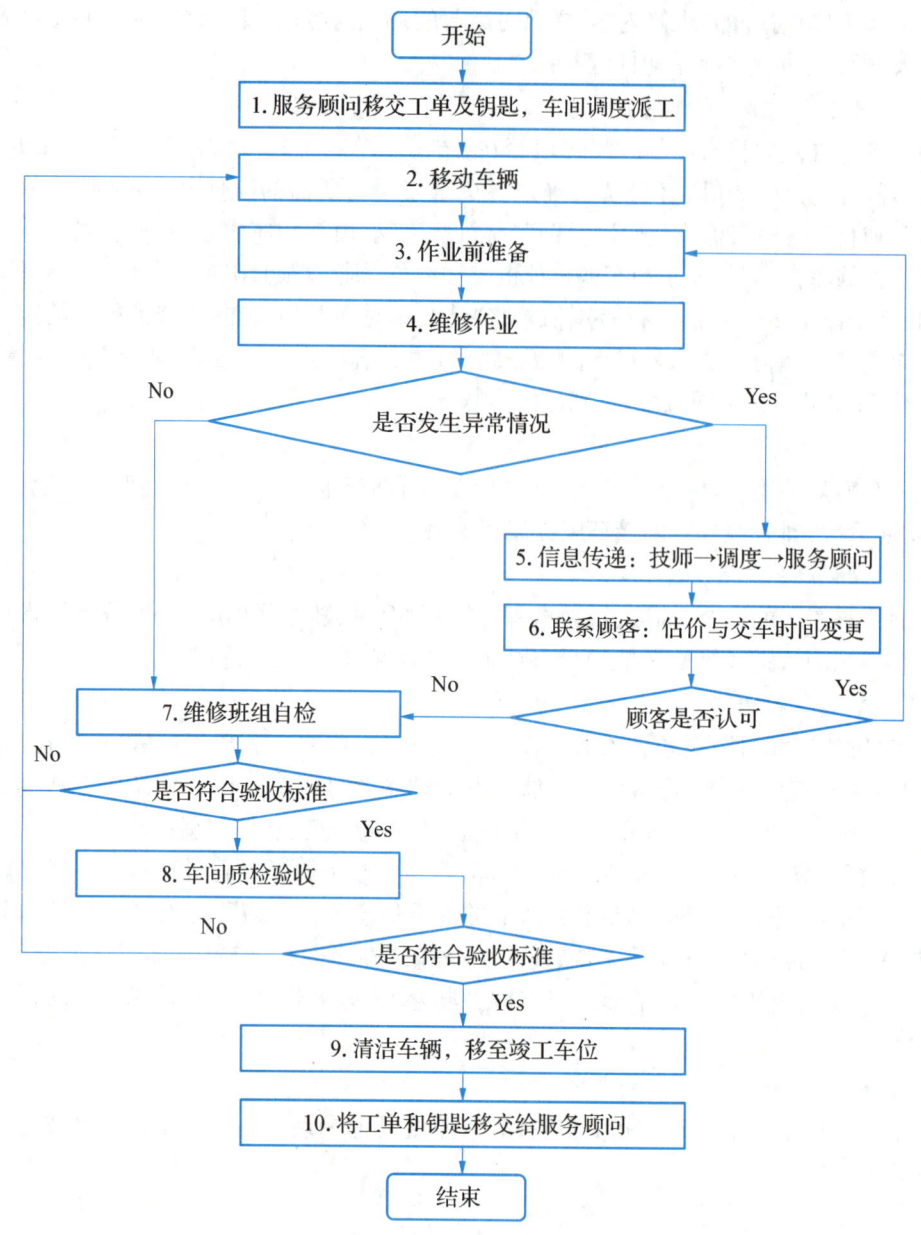

```
                    ┌──────┐
                    │ 开始 │
                    └──┬───┘
                       ↓
        ┌────────────────────────────────┐
        │1.服务顾问移交工单及钥匙,车间调度派工│
        └────────────┬───────────────────┘
                     ↓
              ┌──────────┐
              │2.移动车辆│
              └────┬─────┘
                   ↓
              ┌──────────┐
              │3.作业前准备│
              └────┬─────┘
                   ↓
              ┌──────────┐
              │4.维修作业│
              └────┬─────┘
                   ↓
         ◇ 是否发生异常情况 ◇
         No↙           ↘Yes
                    5.信息传递:技师→调度→服务顾问
                    6.联系顾客:估价与交车时间变更
                    ◇ 顾客是否认可 ◇ Yes→(返回3)
                         ↓No
        ┌──────────┐
        │7.维修班组自检│
        └────┬─────┘
             ↓
      ◇ 是否符合验收标准 ◇ No→(返回)
             ↓Yes
        ┌──────────┐
        │8.车间质检验收│
        └────┬─────┘
             ↓
      ◇ 是否符合验收标准 ◇ No
             ↓Yes
        ┌──────────────────┐
        │9.清洁车辆,移至竣工车位│
        └────────┬─────────┘
                 ↓
        ┌──────────────────────┐
        │10.将工单和钥匙移交给服务顾问│
        └────────┬─────────────┘
                 ↓
              ┌──────┐
              │ 结束 │
              └──────┘
```

图 2-5 维修作业和质量检验工作流程

(二) 维修作业和质量检验工作标准

1. 服务顾问移交工单和钥匙,车间调度派工

服务顾问填写两块相同内容的《看板管理标签》,并置于接待前台的《维修作业看板》(见表 2-6)"等待派工"栏;服务顾问将《维修工单》和车辆钥匙一并移交给车间调度,进行必要的工单解释;然后依据《维修工单》由服务顾问或专人将信息录入自行配备的"4S 店售后服务管理系统";车间调度根据车间维修资源利用状况进行派工,在《维修工单》的"维修技师"

栏小框内填写负责对应项目作业的维修班组代码;车间调度优先安排预约车辆的维修派工;车间调度完成派工后,标识、更新接待前台和维修车间的《维修作业看板》,将该车辆的《看板管理标签》从《维修作业看板》的"等待派工"栏移动至在修状态区,进行目视管理。

表2-6 维修作业看板

＊＊＊4S店　维修作业看板　＊＊＊＊年＊＊月＊＊日　星期＊											
时间 维修班组	8:00	9:00	10:00	11:00	12:00	13:00	14:00	15:00	16:00	17:00	18:00
机电1											
机电2											
机电3											
…											
钣金1											
…											
油漆1											
…											
等待派工			等待顾客答复			等待配件			等待质检			等待交车	

2. 移动车辆

车间调度将《维修工单》置于对应车辆的仪表台上方;维修技师/车间调度从待修区移车至维修工位。

3. 作业前准备

维修技师使用翼子板护罩对车辆进行防护;维修技师以《维修工单》为领料授权凭证到配件仓库领取所需要的零配件和相关辅助材料。

4. 维修作业

维修技师按照《维修手册》的作业标准和《维修工单》上的项目进度要求开始维修作业;将拆换下来的废旧零配件妥善包装好,在包装壳上标记维修工单号或车辆牌照号码,并置于规定的存放区;若发生异常情况,如发现新的维修项目、配件短缺、完工延误等,则进入步骤5;若没有发生异常情况,完成维修后,进入步骤7。

5. 信息传递:技师→调度→服务顾问

维修技师尽快将情况向车间调度反馈;车间调度第一时间将信息反馈给服务顾问,并将该车辆的《看板管理标签》移至《维修作业看板》的"等待顾客答复"或"等待配件"栏。

6. 联系顾客:估价与交车时间变更

服务顾问获取该车辆的《维修工单》,重新进行费用估算和交车时间预计;服务顾问联系顾客,将维修过程中发现新项目或零配件出现短缺等情况向顾客反馈,详细解释由此引起的费用和交车时间变更,争取顾客的理解;服务顾问将维修过程中发现的追加项目填写在《维修工单》的"维修内容"栏,必须征求顾客同意后方可继续维修作业;若顾客认可维修情况的变化,《维修工单》经由车间调度传递给维修技师,进入步骤3;若顾客不认可维修情况的变化,在《维修工单》"其他"栏备注情况,《维修工单》经由车间调度传递给维修技师,进入步骤7。

7. 维修班组自检

维修技师根据《维修手册》对所属班组负责的维修项目的作业质量进行自我检验;若没有通过自我检验,则进行返修,进入步骤2;若通过自我检验,但需要变换工种继续作业的在《维修工单》对应维修项目的"维修技师"栏签字确认完成自检,移交《维修工单》给车间调度;车间调度继续派工给其他班组后更新《维修作业看板》;进入步骤2;若通过自我检验,且已经完成所有维修项目,在《维修工单》对应维修项目的"维修技师"栏签字确认完成自检,移交《维修工单》给车间调度;车间调度通知质检员后,将《看板管理标签》移至《维修作业看板》的"等待质检"栏;进入步骤8。

8. 车间质检验收

质检员根据《维修工单》的维修内容,按照验收标准对维修质量进行验收;质检员将验收情况记录于《维修工单》的背面;没有通过验收的,质检员将情况反馈给车间调度,车间调度继续派工返修,更新《维修作业看板》,进入步骤2;通过验收的,质检员在《维修工单》正反两面的"质检"栏签字确认,进入步骤9。

9. 清洁车辆,移至竣工车位

质检员或其他指定人员移车至车辆清洗区;洗车员清洗车辆;车辆清洗完毕,洗车员通知质检员;质检员或其他指定人员移车至竣工车位,将《维修工单》和钥匙传递给车间调度;质检员将《维修工单》(企业联)交给技术顾问进行分析并存档。

10. 将工单和钥匙移交给服务顾问

车间调度将《维修工单》和钥匙移交给服务顾问;车间调度将对应的《看板管理标签》移至《维修作业看板》的"等待交车"栏。

至此,维修作业和质量检验流程结束,进入交车服务流程。

六、交车服务流程和工作标准

(一)交车服务工作流程

交车服务工作流程如图2-6所示。

```
                    开始
                     │
                     ▼
         1.服务顾问获取竣工车辆的工单&钥匙 ◀──┐
                     │                        │
                     ▼                        │
         2.服务顾问亲自确认竣工车辆状况        │
                     │                        │
                     ▼                        │
              是否完全修复 ──No──► 3.车间返修 ─┘
                     │
                    Yes
                     ▼
         4.服务顾问通知顾客结算和取车
                     │
                     ▼
         5.服务顾问解释所有完工项目和收费内容,
              必要时和顾客一起路试验车
                     │
                     ▼
              顾客是否满意 ──No──────────────┐
                     │                       │（返回上方流程）
                    Yes                      
                     ▼
              6.顾客签字验收
                     │
                     ▼
         7.服务顾问陪同顾客至收银台结算
                     │
                     ▼
         8.向顾客归还钥匙,当面取下防护品
                     │
                     ▼
         9.感谢顾客并亲自送别
                     │
                     ▼
                    结束
```

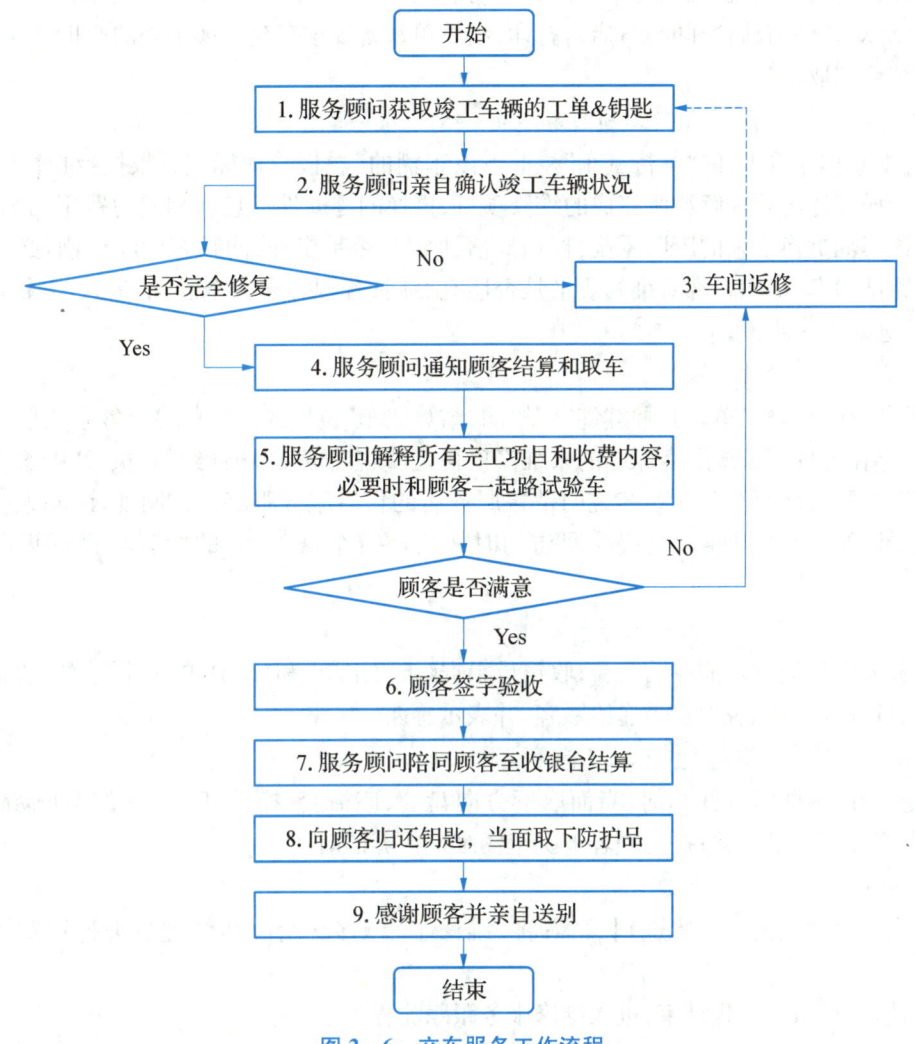

图 2-6 交车服务工作流程

（二）交车服务工作标准

1. 服务顾问获取竣工车辆的工单和钥匙

服务顾问从车间调度处获取竣工车辆的《维修工单》和钥匙。

2. 服务顾问亲自确认竣工车辆状况

亲自确认《维修工单》上的项目已经完成；亲自确认车辆已经清洗干净；若车辆完全修复，符合交车标准，进入步骤4；若车辆未完全修复，不符合交车标准，进入步骤3。

3. 车间返修

服务顾问通知车间调度安排返修；执行"维修作业和质量检验流程"；进入步骤1。

4. 服务顾问通知顾客结算和取车

服务顾问准确完成《维修工单》计价(区分保修和顾客付费);并将维修信息输入维修管理系统(针对软件辅助管理的4S店),打印《结算单》;备妥该车辆拆换下来的废旧零配件;通知顾客结算和取车。

5. 服务顾问解释所有完工项目和收费内容,必要时和顾客一起路试验车

从《维修作业看板》的"等待交车"栏取下该车辆的《看板管理标签》;根据《维修工单》和《结算单》详细地向顾客解释所完成的维修项目、更换的零配件信息和相应的费用明细;向顾客出示该车辆拆换下来的废旧零配件,由顾客决定是否带走;陪同顾客验收车辆,必要时一起进行路试验车;询问顾客对维修质量是否还有疑问;若顾客未完全满意,进入步骤3;若顾客满意,进入下一步骤。

6. 顾客签字验收

请顾客在《维修工单》的"顾客签字"栏的"结算取车"位置或《结算单》上签字验收;若《维修工单》存在配件短缺或顾客原因的未维修项目,且顾客愿意现场预约的,执行"顾客预约工作流程"的现场预约程序;向顾客说明销售服务店的售后服务跟踪回访制度,询问顾客是否愿意接受回访,以及顾客方便接受回访的时间段,在《维修工单》的"其他"栏标识顾客的意愿。

7. 服务顾问陪同顾客至收银台结算

服务顾问陪同顾客前往结算台;收银员根据《维修工单》和《结算单》进行结算;收银员开具发票、备齐找零,礼貌地双手递给顾客,并表示感谢。

8. 向顾客归还钥匙,当面取下防护品

服务顾问为顾客打开车门,当面取下方向盘套、座椅套、换挡杆套、脚垫等车辆防护用品;向顾客归还车辆钥匙;提醒顾客下次车辆维护保养的时间。

9. 感谢顾客并亲自送别

感谢顾客的光临;热情送别顾客;将《维修工单》移交给顾客管理员进行跟踪回访并存档。

至此,交车服务流程结束,进入维修服务跟踪流程。

七、维修服务跟踪回访工作流程和工作标准

(一)维修服务跟踪回访工作流程

维修服务跟踪回访工作流程如图2-7所示。

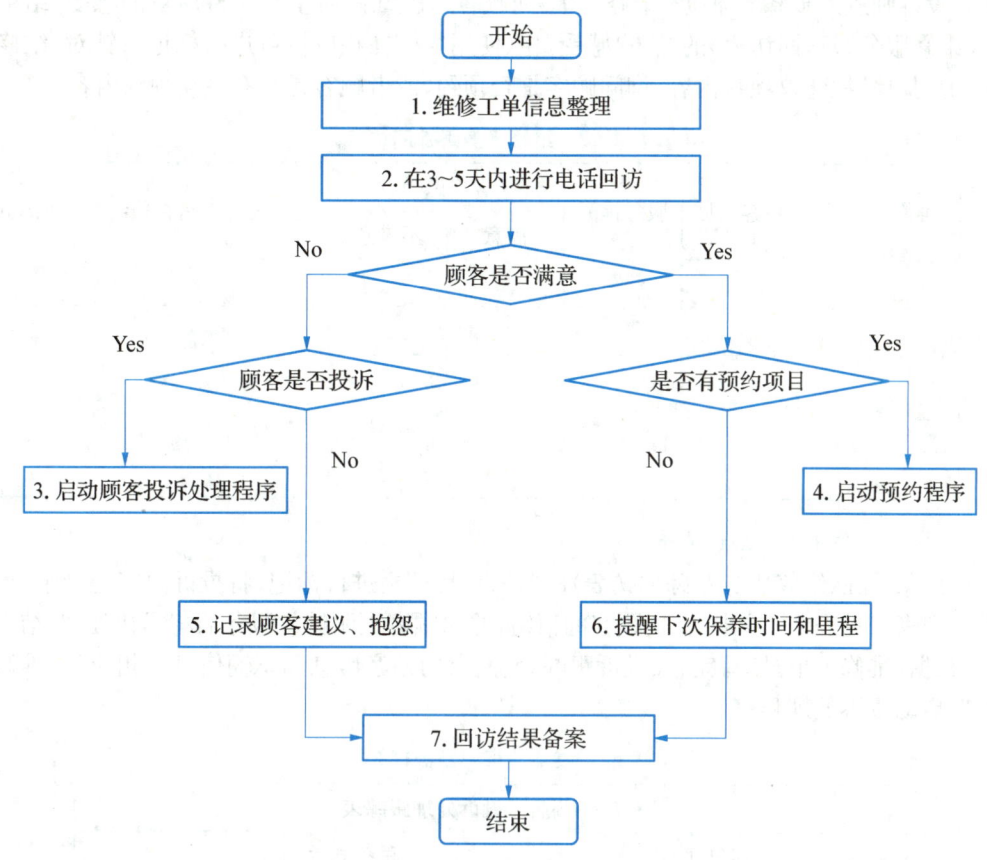

图 2-7 维修服务跟踪回访工作流程

（二）维修服务跟踪回访工作标准

1. 维修工单信息整理

根据销售部门新的销售用户资料建立《车辆维修档案》，填写"车辆信息"和"用户信息"栏；每天整理前一天完成结算的《维修工单》信息；《维修工单》中使用下划线标识的新的车辆/顾客信息，要在《车辆维修档案》的"车辆信息"和"用户信息"栏更新；根据《维修工单》的内容填写《车辆维修档案》的"来店维修日期""维修内容""行驶里程""服务顾问"和"维修工单号"栏，其中"维修内容"栏填写实际维修项目和未维修的建议项目。

2. 在3～5天内进行电话回访

选择3～5天前的《维修工单》，在《维修服务跟踪回访表》（见表2-7）上按照单号顺序填写"维修工单号"栏；在顾客方便的时间电话联系顾客进行跟踪回访；至少在不同时间做3次联系尝试，争取联系上顾客，否则采用跟踪卡等方式进行跟踪回访；电话连通之后，先礼貌地自我介绍："您好！我是＊＊＊店的顾客管理员"；确认对方身份，感谢顾客选择销售服务店的服务，说明本次电话回访的主要内容和大概所需时间；如果顾客不方便，向顾客表达抱歉打扰之意，并询问顾客方便的时间，使用铅笔记录在《维修服务跟踪回访表》的"顾客意见"栏，结束此次回访。若顾客接受回访，则询问顾客是否满意：如满意则询问是否有预约，有预约则进入步骤4，无预约则进入步骤6；如不满意则判断是否为投诉，如为投诉则进入步骤3，

如不是投诉则进入步骤5；根据《维修工单》向顾客了解维修质量和接待质量的感受，结果记录在《维修服务跟踪回访表》的"客户感受"栏（使用"√"在相应栏目进行标记）；针对《维修工单》上的"其他"栏建议项目内容，询问顾客是否预约，或者顾客是否有主动预约内容。

表2-7 维修服务跟踪回访表

序号	维修工单号	顾客意见	服务提醒	客户感受		是否投诉	是否预约	回访员
				满意	不满意			
1								
2								
3								
4								
5								

3. 启动顾客投诉处理程序

使用"√"在《维修服务跟踪回访表》的"是否投诉"栏进行标记；将投诉内容记录于《投诉跟踪处理表》（见表2-8）中；安抚顾客的情绪，并向顾客表明销售服务店将尽快处理；结束通话后，根据《维修工单》填写完整《投诉跟踪处理表》的顾客信息和车辆信息及相应的"维修工单号"；启动投诉处理程序。

表2-8 投诉跟踪处理表

***4S店　　投诉处理跟踪表			
基本信息	客户姓名		联系电话	
	车辆型号		购车日期	
	车牌号码		行驶里程	
投诉内容			
	第一接待人		接待日期	
处理记录	处理责任人：		处理时间：
	处理责任人：		处理时间：
	处理责任人：		处理时间：

4. 启动预约程序

在《维修服务跟踪回访表》的"是否预约"栏使用"√"进行标记；进入"顾客预约工作流程"的"步骤1.3　跟踪回访预约"，在《预约信息传递表》上记录预约内容和初步确定的预约时间等信息，并递交服务主管安排给服务顾问。

5. 记录顾客建议、抱怨

将顾客的建议、抱怨事项记录在《维修服务跟踪回访表》的"顾客意见"栏中；安抚顾客

的情绪；顾客管理员每天将顾客抱怨信息向服务主管反馈；服务主管汇总顾客抱怨信息，每周向服务经理汇报一次；服务经理根据需要召集主要管理人员共同研究改进措施,进入步骤7。

6. 提醒下次保养时间和里程

若有顾客咨询的信息,则记录在"顾客意见"栏;向顾客提醒下次保养车辆的时间和里程;使用"√"在"服务提醒"栏进行标记;在"回访员"栏填写回访人员的姓名,进入步骤7。

7. 回访结果备案

将跟踪回访的记录资料和出现问题的处理结果进行备案。

至此,维修服务跟踪工作流程结束,进入顾客预约工作流程。

2.3 汽车维修接待

汽车4S店设有售后服务部,由服务经理主持工作,售后服务部由业务接待前台和车间组成。维修接待(服务顾问)是指4S店售后服务部门,专门负责接待维修客户,从事为客户提供问题答疑、技术咨询、保险理赔、协调维修业务等工作的售后服务人员。维修接待是4S店售后服务部与客户接触的第一环节,是使客户对企业产生美好第一印象的重要岗位。

一、维修接待的重要性

维修接待给企业带来了生机和效益,其重要性归纳起来有如下四点：

（1）维修接待是服务行业实现现代化管理的重要步骤,维修接待岗位的设立,充分体现了汽车4S店的经营管理规范化程度。

（2）维修接待带动与协调了各个管理环节,明确了职责,提高了工作效率,使各部门步调一致地完成企业的经营目标。

（3）维修接待可作为企业与客户之间的桥梁,协调双方利益,使之基本一致,增加了双方的信任度。

（4）维修接待凝聚了广大客户,提高了企业的经济效益和社会效益。

从客户将车停到业务接待厅门前的那一刻起,维修接待对客户的接待就开始了。此时,客户应感受到友好的氛围,特别是受到友好的问候。客户是否满意并留下,进而成为忠诚客户,维修接待负有实质性的责任。不满意的客户会在熟人中到处宣传其对企业的不满,由此带来的损失是不可估量的。优秀的维修接待,可以化解客户的不满,挽回由于客户的不满而带来的损失,为企业创造最大的效益。

二、维修接待应具备的条件

根据各汽车4S店的调查现状和汽车工业的发展水平,一个合格的维修接待必须具备下列条件：

（1）具有汽车相关专业大专以上文化程度。

（2）品貌端正、口齿伶俐、会说普通话,具有较强的语言表达能力和随机应变能力。

（3）熟悉汽车维修、汽车材料、汽车配件知识及汽车保险知识,并有一定的实践经验。

（4）接受过业务接待技巧的专业培训。

（5）熟悉汽车维修和保养价格结算的工艺流程、工时单价和工时定额，具有初步的企业财务知识。

（6）有驾驶证，会4S店管理软件的一般使用。

（7）具有高度的责任心、良好的职业道德和心理素质。

三、维修接待的素质要求

1. 品格素质

（1）忍耐与宽容是优秀接待人员的一种美德。

（2）不轻易承诺，说了就要做到。

（3）勇于承担责任。

（4）拥有博爱之心，真诚对待每一个人。

（5）谦虚是做好客户服务工作的要素之一。

（6）强烈的集体荣誉感。

2. 技能素质

（1）良好的语言表达能力。

（2）丰富的行业知识及经验。

（3）熟练的专业技能。

（4）优雅的形体语言表达技巧。

（5）思维敏捷，具备对客户心理活动的洞察力。

（6）具备良好的人际关系沟通能力。

（7）具备专业的客户服务电话接听技巧。

（8）良好的倾听能力。

3. 综合素质

（1）"客户至上"的服务观念。

（2）工作的独立处理能力。

（3）各种问题的分析解决能力。

（4）人际关系的协调能力。

四、维修接待的业务要求

（1）维修接待要充分认识到客户是企业的生存之本，是企业职工的衣食父母。要树立顾客就是"上帝"的服务宗旨。

（2）接待要有一定的技巧，在业务接待中我们会遇到各种各样的客户，对不同类型的客户要采用不同的方法。例如有的客户，对一切都斤斤计较；有的客户和你软磨硬泡，使你无法招架，我们要把与这些人谈判看作是对自己锻炼的机会，提高自己的意志和谈判技巧。在接待这类客户时一定要有思想准备，把握住谈判的底线，耐着性子与之谈判。对于个别野蛮客户也要有一定的对策，对于这类客户应据理力争，并用情和理阐明自己的态度，必要时求助于政府部门和公安机关来解决。

（3）维修接待外表应气质高雅，接待客人应亲和友善。要有精湛的车辆故障判断能力。前台接待是第一个与客户接触的人，给客户留下的第一印象至关重要，业务接待人员技术精

湛,会增强客户对企业的信任感。

(4) 维修接待应有良好的业务水平,如接车检验、业务估价、完工结算、事故评估、合同签订等。

五、维修接待的工作职责

(1) 以服务客户为根本,对工作尽职尽责。

(2) 热情接待客户,必须使用文明用语,了解客户的需求及期望,为客户提供满意的服务。

(3) 着装保持专业外貌,待客热情、诚恳,谈吐自然大方,保持接待区整齐清洁。

(4) 熟练掌握汽车知识,评估维修要求,及时准确地对维修车辆进行报价,估计维修费用或征求有关人员(上级)意见,得到客户确认后,开出维修工单,并耐心向客户说明收费项目及其依据。

(5) 认真接待客户车辆,清楚仔细检查车辆外观、内饰并认真登记,同时提醒客户将车内的重要物品保管好。

(6) 掌握车间的维修进度,确保完成客户交修项目,按时将状况完好的车辆交付客户,对未能及时交付的车辆应提前与客户沟通,讲清楚原因。

(7) 严格执行交、接车规范。

(8) 根据维修需要,在征求客户同意的前提下调整维修项目。

(9) 协助用户做好车辆的结算工作,热情服务,提高客户的满意度。

(10) 善于与客户沟通,全方位地引导客户提高对车辆维修保养的认识。

(11) 定期向客户进行回访,征求客户的意见,考察客户的满意度,并根据相应项目做好记录。

(12) 处理好客户的投诉,根据实际情况认真耐心地做好解释,最大限度地降低客户的投诉。

(13) 认真检查核对车辆及送修人的相关信息,及时准确地完成系统录入。

(14) 认真听取和记录客户提出的建议、意见和投诉,并及时向上级主管汇报。

(15) 宣传本企业,推销新技术、新产品,解答客户提出的相关问题。

六、维修接待的工作程序及工作要求

1. 业务厅接待前来公司送修或咨询业务的客户

工作内容:

(1) 见到客户驾车驶进公司大门,立即起身,带上工作用具(笔与接修单)走到客户车辆驾驶室边门一侧向客户致意(微笑点头),当客户走出车门或放下车窗后,应先主动向客户问好,表示欢迎(一般讲"欢迎光临!")。同时做简短自我介绍。

(2) 如客户车辆未停在 4S 店规定的接待车位,应礼貌引导客户把车停放到位。

(3) 简短问明来意,如属简单咨询,可当场答复,然后礼貌地送客户出门并致意(一般讲"请走好""欢迎再来")。如需诊断、报价或进厂维修的应征得客户同意后进接待厅商洽;或让客户先到接待厅休息,4S 店工作人员检测诊断后,再与客户商洽。情况简单的或客户要求当场填写维修单和预约单的,应按客户要求办理手续。

（4）如属新客户，应主动向其简单介绍4S店售后服务的内容和程序。

（5）如属维修预约，应尽快问明情况与要求，填写预约单，并呈交客户；同时礼貌告知客户：请记住预约时间。

工作要求：

接待人员要文明礼貌，仪表大方整洁、主动热情，要让客户有宾至如归的第一印象。客户在客厅坐下等候时，应主动倒茶，并示意"请用茶"，以表示待客礼貌热忱。

2. 业务咨询与诊断

工作内容：

在客户提出维修养护方面诉求时，4S店接待人员应细心专注聆听，然后以专业人员的态度、通俗的语言回答客户的问题。在客户车辆需做技术诊断才能做维修决定时，应先征得客户同意，然后接待人员开始技术诊断。接待人员对技术问题有疑难时，应立即通知技术部专职技术员迅速到接待车位予以协助，以尽快完成技术诊断。技术诊断完成后应立即打印或填写诊断书，应明确车辆故障或问题所在，然后把诊断情况和维修建议告诉客户，同时，把检测诊断单呈交客户，让客户进一步了解自己的车况。

工作要求：

在这一环节，4S店接待人员态度要认真细致，善于倾听，善于专业引导。在检测诊断时，动作要熟练，诊断要明确，要显示4S店技术上的优越性、权威性。

3. 业务洽谈

工作内容：

（1）与客户商定或提出维修项目，确定维修内容、收费定价、交车时间，确定客户有无其他要求，将以上内容一一填入维修单，请客户过目并决定是否进厂。

（2）客户审阅进厂维修单后，同意进厂维修的，应礼貌地请其在客户签字栏签字确认；如不同意进厂维修，接待人员应主动告诉并引导客户到收银处办理出厂手续，如有4S店诊断或估价的，还应通知客户交纳诊断费或估价费；办完手续后礼貌送客户出4S店，并致意"请走好，欢迎再来"。

工作要求：

与客户洽谈时，要诚恳、自信，为客户着想，不卑不亢、宽容、灵活，要坚持"顾客总是对的"的观念。对不在厂维修的客户，不能表示不满，要保持一贯的友好态度。

4. 业务洽谈中的维修估价

工作内容：

与客户确定维修估价时，一般采用系统估价，即按排除故障所涉及的系统进行维修收费。对一时难以找准故障所涉及系统的，也可以采用现象估价，即按排除故障现象为目标进行维修收费，这种方式风险大，4S店人员定价时应考虑风险价值。对维修内容技术含量不高，或市场有相应行价的，或客户指定维修的，可以用项目定价，即按实际维修工作量收费，这种方式有时并不能保证质量，应事先向客户作必要的说明。

维修估价洽谈中，应明确维修配件是由4S店还是由客户提供，用正厂件还是副厂件，并应向客户说明。凡客户自购配件，或坚持要求关键部位用副厂件的，4S店应表示在技术质量上不作担保，并在维修单上说明。

工作要求：

这一环节中,4S店业务接待人员应以专业人员的姿态与客户洽谈,语气要沉稳平和,灵活选用不同方式的估价,要让客户对4S店有信任感,应尽可能说明4S店价格的合理性。

5. 业务洽谈中的承诺维修质量与交车时间

工作内容:

业务洽谈中,要向客户明确承诺质量保证,应向客户介绍4S店承诺质量保证的具体规定。要在掌握公司现时生产情况下承诺交车时间,并留有一定的余地,特别要考虑汽车配件供应的情况。

工作要求:

要有信心,同时要严肃,特别要注意4S店的实际生产能力,不可有失信于用户的心态与行为。

6. 办理交车手续

工作内容:

客户在签订维修合同(即维修单)后,接待人员应尽快与客户办理交车手续;接收客户随车证件(特别是二保、年审车)并审验其证件有效性、完整性、完好性,如有差异应及时与客户说明,并做相应处理,请客户签字确认差异。

接收送修车时,应对所接车的外观、内饰表层、仪表座椅等作一次视检,以确认有无异常,如有异常,应在维修单上注明;对随车的工具和物品应清点登记,并请客户在随车物品清单上签字,同时把工具与物品装入为该车用户专门提供的存物箱内。

接车时,对车钥匙要登记编号并放在统一规定的车钥匙柜内。对当时油表、里程表标示的数字登记入表。如即时送车于车间修理的,车交入车间时,车间接车人要办理接车签字手续。

工作要求:

视检、查点、登记要仔细,不可忘记礼貌地请客户在维修单上签名。

7. 礼貌送客户

工作内容:

客户办完一切送修手续后,接待员应礼貌告知客户手续全部办完,礼貌暗示可以离去。如客户离去,接待员应起身致意送客,或送客户至业务厅门口,致意:"请走好,恕不远送。"

工作要求:

热情主动、亲切友好,注意不可虎头蛇尾。

8. 为送修车办理进车间手续

工作内容:

客户离去后,迅速清理维修单,如属单组作业的,直接由业务部填列承修作业组;如属多组作业的,应将维修单交车间主管处理。

由业务接待员通知清洗车辆,然后将送修车送入车间,交车间主管或调度,同时交随车的维修单,请接车人在维修单指定栏签名,写明接车时间,时间要精确到分钟。

工作要求:

认真对待、不可忽视工作细节,更不可省略应办手续。洗车工作人员洗完车后,应立即将该车交业务员处理。

9. 追加维修项目处理

工作内容：

业务部接到车间关于追加维修项目的信息后,应立即与客户进行电话联系,征求对方对增项维修的意见。同时,应告知客户由增项引起的工期延期。得到客户明确答复后,立即转达到车间。如客户不同意追加维修项目,业务接待员即可口头通知车间并记录通知时间和车间受话人;如同意追加,即开具维修单填列追加维修项目内容,立即交车间主管或调度,并记录交单时间。

工作要求：

咨询客户时,要礼貌,说明追加项目时,要从技术上做好解释工作,事关安全时要特别强调利害关系;要冷静对待此时客户的抱怨,不可强求客户,应当尊重客户选择。

10. 查询工作进度

工作内容：

业务部根据生产进展定时向车间询问维修任务完成情况,询问时间一般定在维修预计工期进行到70%至80%的时候。询问完工时间、维修有无异常。如有异常应立即采取应急措施,尽可能不拖延工期。

工作要求：

要准时询问,以免影响准时交车。

11. 通知客户取车

工作内容：

(1) 做好相应交车准备：车间交出竣工验收车辆后,业务人员要对车做最后一次清理,清洗、清理车厢内部,查看外观是否正常,清点随车工具和物品,并放入车上。结算员应将该车全部单据汇总核算。

(2) 通知客户取车：一切准备工作之后,提前一小时,或提前四小时（工期在两天以上包括两天）通知客户准时来取车,并致意："谢谢合作!"如不能按期交车,也要按上述时间或更早些时间通知客户,说明延误原因,争取客户谅解,并表示道歉。

工作要求：

通知前,交车准备要认真;向客户致意、道歉要真诚,不得遗漏。

12. 对取车客户的接待

工作内容：

(1) 主动起身迎候取车的客户,简要介绍客户车辆维修情况,指示或引领客户办理结算手续。

(2) 结算：客户来到结算台时,结算员应主动礼貌向客户打招呼,示意台前座位落座,以示尊重;同时迅速拿出结算单呈交客户;当客户同意办理结算手续时,应迅速办理,当客户要求打折或其他要求时,结算员可引领客户找业务主管处理。

(3) 结算完毕,应即刻开具该车的出厂通知单,连同该车的维修单、结算单、质量保证书、随车证件和车钥匙一并交给客户,然后由业务员引领客户到车场做随车工具与物品的清点和外形视检,如无异议,则请客户在维修单上签名。

(4) 客户办完取车手续,接待员送客户出厂,并致:"××先生(小姐)请走好。""祝一路平安!欢迎下次光临!"

工作要求:

整个结算交车过程动作、用语要简练,不让客户觉得拖拉繁琐。清点、交车后客户签名不可遗漏。送客要至诚。

13. 客户档案的管理

工作内容:

客户进厂后业务接待人员当日要为其建立业务档案,一般情况下,一车一档。档案内容有客户有关资料、客户车辆有关资料、维修项目、修理保养情况、结算情况、投诉情况,一般以该车维修单内容为主。

老客户的档案资料表填好后,仍存入原档案袋。

工作要求:

建立档案要细心,不可遗失档案规定的资料,不可随意乱放,应放置在规定的车辆档案柜内,由专人保管。

14. 客户的咨询解答与投诉处理

工作内容:

客户电话或来业务厅咨询有关维修业务问题,业务接待人员必须先听后答,听要细心,不可随意打断客户;回答要明确、简明、耐心。答询中要善于正确引导客户对维修的认识,引导其对4S店实力和服务的认识与信任;并留意记下客户的工作地址、单位、联系电话,以便今后联系。客户投诉无论电话或上门,业务接待员都要热情礼貌接待;认真倾听客户意见,并做好登记、记录。倾听完意见后,接待员应立即给予答复。如不能立即处理的,应先向客户表示歉意并明确表示下次答复时间。

处理投诉时,不能凭主观臆断,不能与客户辩驳争吵,要冷静而合乎情理。投诉对话结束时,要致意:"××先生(女士),感谢您的信任,一定给您满意答复。"

工作要求:

受理投诉人员要有公司大局观,要有客户第一的观念,投诉处理要善终,不可轻慢客户。客户对4S店答复是否满意要做记录。

15. 跟踪服务

工作内容:

根据档案资料,业务人员定期向客户进行电话跟踪服务。跟踪服务的第一次时间一般选定在客户车辆出厂两天至一周之内。

电话跟踪服务的内容如图2-8所示。

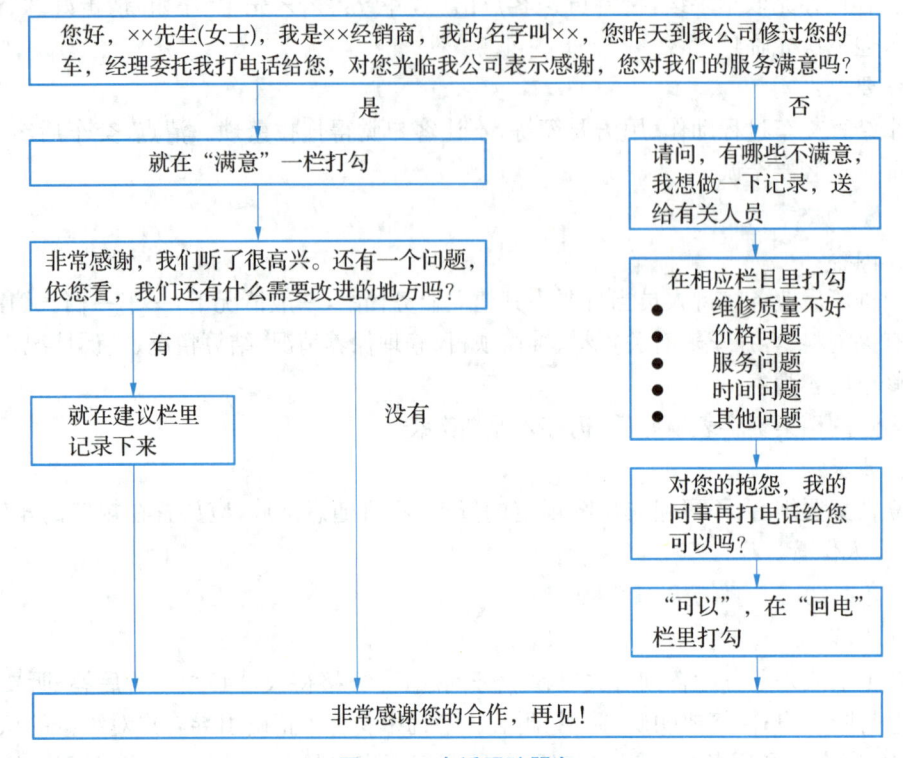

```
您好,××先生(女士),我是××经销商,我的名字叫××,您昨天到我公司修过您的
车,经理委托我打电话给您,对您光临我公司表示感谢,您对我们的服务满意吗?
```

        是   否

- 就在"满意"一栏打勾
- 请问,有哪些不满意,我想做一下记录,送给有关人员
- 非常感谢,我们听了很高兴。还有一个问题,依您看,我们还有什么需要改进的地方吗?
- 在相应栏目里打勾
  - 维修质量不好
  - 价格问题
  - 服务问题
  - 时间问题
  - 其他问题

   有   没有

- 就在建议栏里记录下来
- 对您的抱怨,我的同事再打电话给您可以吗?
- "可以",在"回电"栏里打勾
- 非常感谢您的合作,再见!

图 2-8　电话跟踪服务

工作要求:

    跟踪电话时,要文明礼貌,尊重客户,在客户方便时与之通话,不可强求;跟踪电话要有一定准备,要有针对性,不能漫无主题,用语要简明扼要,语调应亲切自然。要善于在交谈中了解相关市场信息,发现潜在维修服务消费需求,并及时向业务主管汇报。

2.4　服务礼仪

    礼是表示敬意的通称,是表示尊敬的语言或动作;仪则表示准则、表率、仪式、风度等。"礼仪",是"礼"和"仪"的合成。

    礼仪是人类社会生活中在语言行为方面的一种约定俗成的符合礼的精神,要求每一个社会成员共同遵守的准则和规范。

    礼仪体现一个人的精神状况,给人一种视觉印象,代表一个人的气质。有形、规范、系统的服务礼仪,不仅可以树立服务人员和企业的良好形象,更可以塑造受客户欢迎的服务规范和服务技巧,使服务人员在与客户的交往中赢得理解、好感和信任。

一、建立良好的第一印象

1. 第一印象的重要性

    心理学家的研究表明,一个人只有十秒钟的时间给别人留下自己的第一印象。第一印象的产生,主要来源于一个人的仪容、态度、言谈举止和谈话内容的评价。

服务顾问必须获得顾客的信任,同时其诚恳的态度和足够的精、气、神可以让顾客留下良好的第一印象,认为我们可以为他们解决问题,放心将爱车交给我们。如果我们让顾客留下不良的印象或令顾客不满意,则会把百忙之中抽空前来的顾客赶跑。

2. 构成顾客第一印象的要素

构成顾客第一印象的要素及其占比如下:

(1) 仪容:穿着、发型、服装等(60%)

(2) 态度:问候、姿势、肢体语言等(20%)

(3) 言谈举止:使用词汇、语调、脸部表情(15%)

(4) 谈话内容:实质内容、心口如一(5%)

顾客对服务顾问的第一印象中,有80%是来自服务顾问的仪容和态度。不管你说了什么,如果你的仪容不整,顾客就不会想请你维修车辆。记得随时检查自己的仪容和态度,才能给别人留下良好的第一印象,也才会有更多人欣赏你。

二、基本礼仪

(一) 仪表仪容

仪容,通常是指人的外观、外貌。

仪表是综合人的外表,它包括人的形体、容貌、健康状况、姿态、举止、服饰、风度等方面,是人举止风度的外在体现。

售后服务人员在与客户交往时,第一印象十分重要。第一印象在心理学上称为"最初印象",是指人们初次见面时几分钟内,对方在你身上所发现的一切印象,包括仪表、礼节、言谈举止,对他人的态度、表情,说话的声调、语调、姿态等诸多方面。人们依此来形成对你的基本评价和看法。第一印象一旦形成,便很难改变。对售后服务人员来说,第一印象犹如生命一样重要,你给客户的第一印象往往决定工作的成败,客户一旦对你产生好感,自然也会对你和你的服务有了好感。如何把握与顾客初次见面的短暂时机,创造一个良好的第一印象呢?售后服务人员的仪表、举止、谈吐等方面的表现就显得格外重要。

1. 仪表礼仪

售后服务人员在与客户见面之初,对方首先看到的是你的仪表,如容貌和衣着。售后服务人员能否得到顾客的尊重、好感、承认和赞许,仪表起着重要的作用。要给人一个良好的第一印象,就必须从最基本的做起。

仪表不仅仅是售后服务人员的外表形象问题,也是内在涵养的表现和反映,良好的形象是外表得体与内涵丰富的统一。当然,对售后服务人员来说,注意仪表并不是非要穿戴什么名贵衣物不可,也不是要刻意讲究,一般做到朴素、整洁、自然、大方即可。

2. 举止礼仪

售后服务人员要塑造良好的交际形象,必须讲究礼貌礼节,为此,就必须注意你的行为举止。举止礼仪是自我心态的表现,一个人的外在举止行为可直接表明他的态度。对售后服务人员的行为举止,要求做到彬彬有礼、落落大方,遵守一般的进退礼节,尽量避免各种不礼貌或不文明的习惯。

3. 谈吐礼仪

作为一名售后服务人员,说话清楚流利是最起码的要求,而要成为一名合格而优秀的售

后服务人员,必须掌握一些基本的交谈原则和技巧,遵守谈吐的基本礼仪。

在与客户交谈时态度要诚恳热情,措辞要准确得体,语言要文雅谦恭,不含糊其词、吞吞吐吐,不信口开河、出言不逊,要注意倾听,要给顾客说话的机会,"说三分,听七分",这些都是交谈的基本原则,具体要注意以下几个方面:

(1) 说话声音要适当

交谈时,音调要明朗,咬字要清楚,语言要有力,频率不要太快,尽量使用普通话与客户交谈。

(2) 要注意交谈时的眼神及动作

与客户交谈时,应双目注视对方,不要东张西望、左顾右盼。谈话时可适当用些手势,但幅度不要太大,不要手舞足蹈,不要用手指人,更不能拉拉扯扯、拍拍打打。与顾客保持适当距离,讲话时不要唾沫四溅。

(3) 交谈中要给对方说话机会

在对方说话时,不要轻易打断或插话,应让对方把话说完。如果要打断对方讲话,应先用商量口气问一下,"请等一等,我可以提个问题吗?""请允许我插一句话。"这样可避免对方产生你轻视他,或对他不耐烦等不必要的误解。如对方谈到一些不便谈论的问题,可以转移话题,不要轻易表态。

(4) 要注意对方的禁忌

与客户交谈时,一般不要涉及疾病、死亡等不愉快的事情。客户若犯过错误或有某种生理缺陷,言谈中要特别注意,以免伤其自尊心。对方不愿谈的问题,不要究根问底,谈及引起对方反感的问题应表示歉意,或立即转移话题。

另外,谈话对象超过三人时,不要只把注意力集中到一两个人身上,使其他人感到冷落。交谈中要注意避免习惯性口头禅,以免使客户产生反感。交谈要口语化,使客户感到亲切自然。

(二) 基本仪态

很多职业人士,为了美化外在的形象,不惜花重金去美容,购买高档的服饰。爱美之心,人皆有之,这无可厚非。但是,精心打造出来的光鲜夺目的形象,往往会被行为举止上的一些差错而彻底粉碎。修饰你的仪态美,从细微处流露你的风度、优雅,远比一个衣服架子更加赏心悦目。

1. 站姿

站立是人们生活交往中一种最基本的仪态,它指的是人在站立时呈现出的具体姿态。"站如松"是指人的站立姿势要像松树一样端正挺拔。

(1) 站姿的要求

站姿的基本要求是挺直、舒展、线条优美、精神焕发。站立时,上下看要有直立感,即以鼻子、肚脐为中线的人体大致垂直于地面;左右看要有开阔感,即肢体和身段给人舒展的感觉;侧面看也要有直立感,即从耳朵到脚踝骨所形成的直线也大致垂直于地面。标准站姿如图2-9所示。

女标准站姿　男标准站姿

图 2-9　标准站姿

（2）具体的站姿

男士站立时，要表现出刚健、强壮、英武、潇洒的风采。具体要求是：下颌微收，双目平视，身体立直，挺胸抬头，挺髋立腰，吸腹收臀，两膝并严，两脚靠紧，双手置于身体两侧，自然下垂，这是标准的立正姿势。也可以脚跟靠近，脚掌分开呈"V"字形，或者两腿分开，两脚平行，但不可超过肩宽，双手叠放于身后，掌心向外，形成背手，背手有时会给人盛气凌人的感觉，在正式场合或者有领导和长辈在场时要慎用。

女士站立时，要表现出轻盈、娴静、典雅、优美的韵味。具体要求是：身体立直，挺胸收腹；双手自然下垂，也可相叠或相握放在腹前，两膝并严，两脚并拢，还可以脚跟并拢，脚尖微微张开，两脚尖之间大致相距 10 厘米，其张角约为 45°，形成"V"字形，或者两脚一前一后，前脚脚跟紧靠后脚内侧足弓，形成"丁"字形。

（3）站立时禁忌的姿势：

不雅站姿如图 2-10 所示。

① 手的错位；

② 脚的错位；

③ 腿的错位；

④ 上身错位；

⑤ 头部错位。

男不雅站姿　女不雅站姿

图 2-10　不雅站姿

2. 坐姿

坐姿是指就座之后所呈现的姿势。"坐如钟"是指人在就座之后要像钟一样稳重,不偏不倚。它也是一种静态美,是人们在生活工作中采用得最多的一种姿势。标准坐姿如图2-11所示。

男坐姿　　女坐姿

图2-11　标准坐姿

(1) 坐姿的具体要求

入座时的要求：

① 入座时讲究先后顺序,礼让尊长,切勿争抢；

② 一般从左侧走到自己的座位前,转身后把右脚向后撤半步,轻稳坐下,然后把左脚与右脚并齐；

③ 穿裙装的女士入座,通常应先用双手拢平裙摆,再轻轻坐下。

(2) 坐定的要求

① 头部端正；

② 上半身伸直；

③ 下半身稳重。

(3) 坐定的姿势

① 男士的坐姿

坐定以后,头部和上半身的要求和站姿一样。具体的坐姿有：双腿、双脚并拢,形成"正襟危坐"。双腿、双脚可以张开一些,但是不能宽于肩部。

② 女士的坐姿

女士落座后,头部和上半身的要求也和站姿一样,但更强调要双腿并拢。

(4) 坐定时禁忌的姿势

① 身体歪斜；

② 头部不正；

③ 手部错位；

④ 腿部失态；

⑤ 脚部失态。

3. 蹲姿

蹲姿在工作和生活中用得相对不多,但最容易出错。标准蹲姿如图2-12所示。

项目二 汽车售后服务

女标准蹲姿　　男标准蹲姿

图 2-12　标准蹲姿

(1) 蹲姿的具体要求
① 高低式蹲姿；
② 男女蹲姿的不同。
(2) 蹲姿的禁忌

采用高低式蹲姿时两腿分开过大，尤其是着裙装的女士更不可这样，或者是采用高低式蹲姿时不但两腿分开过大，而且两腿一样高，十分不雅。

4. 行姿

行姿，也称走姿，指人们在行走的过程中所形成的姿势。"行如风"指的是人们行走时像一阵风一样轻盈。它是一种动态美，它以人的站姿为基础，实际上属于站姿的延续动作。标准行姿如图 2-13 所示。

图 2-13　标准行姿

(1) 行姿的具体要求：
① 重心落前；
② 全身协调；
③ 摆动两臂；
④ 脚尖前伸；
⑤ 协调匀速；
⑥ 直线前进。

(2) 行走时禁忌的姿势：

① 瞻前顾后；

② 双肩乱晃；

③ 八字步态；

④ 速度多变；

⑤ 声响过大；

⑥ 方向不定；

⑦ 不讲秩序；

⑧ 人群中穿行；

⑨ 边走边吃。

（三）着装礼仪

"云想衣裳花想容"，相对于偏于稳重单调的男士着装，女士们的着装则亮丽丰富得多。得体的穿着，不仅可以显得更加美丽，还可以体现出一个人良好的修养和独到的品位。

1. 职业着装的基本原则

(1) 着装 TOP 原则

TOP 是三个英语单词的缩写，它们分别代表时间（Time）、场合（Occasion）和地点（Place），即着装应该与当时的时间、所处的场合和地点相协调。

(2) 场合原则

衣着要与场合协调。与顾客会谈、参加正式会议等，衣着应庄重考究；听音乐会或看芭蕾舞，则应按惯例着正装；出席正式宴会时，则应穿中国的传统旗袍或西方的长裙晚礼服；而在朋友聚会、郊游等场合，着装应轻便舒适。试想一下，如果大家都穿便装，你却穿礼服就有欠轻松；同样的，如果以便装出席正式宴会，不但是对宴会主人的不尊重，也会令自己颇觉尴尬。

(3) 时间原则

不同时段的着装规则对女士尤其重要。男士有一套质地上乘的深色西装或中山装足以包打天下，而女士的着装则要随时间而变换。白天工作时，女士应穿着正式套装，以体现专业性；晚上出席酒会就须多加一些修饰，如换一双高跟鞋，戴上有光泽的佩饰，围一条漂亮的丝巾；服装的选择还要适合季节气候特点，保持与潮流大势同步。

(4) 地点原则

在自己家里接待客人，可以穿着舒适但整洁的休闲服；如果是去公司或单位拜访，穿职业套装会显得专业；外出时要顾及当地的传统和风俗习惯，如去教堂或寺庙等场所，不能穿过露或过短的服装。

2. 职业女性着装四讲究

(1) 整洁平整

服装并非一定要高档华贵，但须保持清洁，并熨烫平整，穿起来就能大方得体，显得精神焕发。整洁并不完全为了自己，更是尊重他人的需要，这是良好仪态的第一要务。

(2) 色彩技巧

不同色彩会给人不同的感受，如深色或冷色调的服装让人产生视觉上的收缩感，显得庄重严肃；而浅色或暖色调的服装会有扩张感，使人显得轻松活泼。因此，可以根据不同需要

进行选择和搭配。

(3) 配套齐全

除了主体衣服之外,鞋袜手套等的搭配也要多加考究。如袜子以透明近似肤色或与服装颜色协调为好,带有大花纹的袜子不能登大雅之堂。正式、庄重的场合不宜穿凉鞋或靴子,黑色皮鞋是适用最广的,可以和任何服装相配。

(4) 饰物点缀

巧妙地佩戴饰品能够起到画龙点睛的作用,给女士们增添色彩。但是佩戴的饰品不宜过多,否则会分散对方的注意力。佩戴饰品时,应尽量选择同一色系。佩戴首饰最关键的就是要与你的整体服饰搭配统一起来。

3. 严格禁止的着装

牛仔服(衣、裤)、超短裙、拖鞋等。

三、介绍、握手和名片礼仪

1. 介绍

介绍是人际交往中互相了解的基本方式,正确的介绍可以使不相识的人相互认识,也可以通过落落大方的介绍和自我介绍,显示出良好的交际风度。介绍分为自我介绍和他人介绍。

(1) 自我介绍

自我介绍的基本程序是:先向对方点头致意,得到回应后再向对方介绍自己的姓名、身份和单位,同时递上准备好的名片。做自我介绍,应根据不同的交往对象内容繁简适度。自我介绍总的原则是简明扼要,一般以半分钟为宜,情况特殊的也不宜超过 3 分钟。自我介绍要在不妨碍他人工作和交际的情况下进行。

(2) 他人介绍

他人介绍是经第三者为彼此不相识的人双方引见、介绍的一种介绍方式。他人介绍通常是双向的,即将被介绍者双方各自均作一番介绍。做介绍的人一般是主人、朋友或公关人员。

介绍他人的顺序是把职位低者、晚辈、男士、未婚者分别介绍给职位高者、长辈、女士和已婚者。介绍时不可单指指人,而应掌心朝上,拇指微微张开,指尖向上。被介绍者应面向对方。介绍完毕后与对方握手问候,如:您好!很高兴认识您!坐着时,除职位高者、长辈和女士外,应起立。但在会议、宴会进行中不必起立,被介绍人只要微笑点头示意即可。

2. 握手

握手是交际的一个重要部分。握手的力量、姿势和时间的长短往往能够表达出对握手对象的不同礼遇和态度,显露自己的个性,给人留下不同印象,也可通过握手了解对方的个性,从而赢得交际的主动。

(1) 握手的要求

握手时,距对方约一步远,上身稍向前倾,两足立正,伸出右手,四指并拢,虎口相交,拇指张开下滑,向受礼者握手。

应当强调的是,上述握手时的先后次序不必处处苛求于人。如果自己是尊者或长者、上级,而位卑者、年轻者或下级抢先伸手时,最得体的就是立即伸出自己的手,进行配合。而不

要置之不理,使对方当场出丑。

(2) 应当握手的场合

见到较长时间没见面的熟人;在比较正式的场合和认识的人道别;在以本人作为东道主的社交场合,迎接或送别来访者时;拜访他人后,在辞行的时候;被介绍给不认识的人时;在社交场合,偶然遇上亲朋故旧或上司的时候;别人给予你一定的支持、鼓励或帮助时;表示感谢、恭喜、祝贺时;对别人表示理解、支持、肯定时;得知别人患病、失恋、失业、降职或遭受其他挫折时;向别人赠送礼品或颁发奖品时。

(3) 握手的禁忌

① 交叉握手;

② 与第三者说话;

③ 摆动幅度太大;

④ 戴手套或手不清洁。

3. 名片礼仪

名片,在我们的现代生活中越来越不可或缺,它往往传递着很多重要的信息。递出一张名片,不仅是很好的自我介绍,而且与顾客建立了联系,既方便,又体面,但不能滥用,要讲究一定的礼仪。否则,会给人留下草率、马虎的印象,忽视不得。

名片的用途十分广泛,最主要的是用作自我介绍,也可随赠送鲜花或礼物,以及发送介绍信、致谢信、邀请信、慰问信等使用,并在名片上面留下简短附言。

交换名片的礼仪如下:

(1) 事前的准备

把名片放在上衣的袋内或裤袋中都不好,应把干净的新名片存放在名片夹内。平时准备多些名片,不要在顾客面前出现名片已用完的情况。

(2) 交换名片时的礼仪

应面带微笑,注视对方,将名片正面对着对方,用双手的拇指和食指分别持握名片上端的两角送给对方。如果是坐着的,应当起立或欠身递送,递送时说一些:"我是××,请多指教。"或"我是××,很高兴为您效劳。"一般来说,来访者或地位较低的要先拿出名片。

(3) 收下名片时的礼仪

接收他人递过来的名片时,应尽快起身,面带微笑,用双手拇指和食指接住名片下方的两角,并说:"谢谢","能得到您的名片,深感荣幸"等等。名片接到后不能随便乱放。如果是初次见面,最好是将名片上的重要内容读出来,以示敬重。

第一次见面后,应在名片背后记下会面的时间、内容等资料,最好能简单记下对方的特征。这样积累起来的名片就会为再次见面或联络提供线索或话题。

四、接待礼仪

接待客户要注意以下几点:

(1) 客户来到,应面带微笑,主动热情问候招呼;

(2) 对待客户应一视同仁,依次接待,统筹兼顾,做到办理前一个,接待第二个,招呼第三个;

（3）接待客户时，应双目平视对方脸部三角区，专心倾听，以示尊重和诚意；

（4）答复客户的问询，要做到百问不厌，有问必答，用词用语得当，简明扼要；

（5）客户较多时，应先问先答，急问快答，依次接待，避免怠慢；

（6）在核对客户的证件资料时要注意使用礼貌用语，核对完后要及时交还，并表述谢意；

（7）对有意见的客户，要面带微笑，以真诚的态度认真倾听，不得与客户争辩或反驳，而要真诚地表示歉意，妥善处理；

（8）坚持售后服务电话跟踪，及时与客户电话跟踪询问，以体现对他们的尊重。

五、电话礼仪

接听电话时应掌握如下技巧：

（1）左手持听筒、右手拿笔。大多数人习惯用右手拿起电话听筒，但是，在与客户进行电话沟通过程中往往需要做必要的文字记录。在写字的时候一般会将话筒夹在肩膀上面，这样，电话很容易夹不住而掉下来发出刺耳的声音，从而给客户带来不适。

为了消除这种不良现象，应提倡用左手拿听筒，右手写字或操纵电脑，这样就可以轻松自如地达到与客户沟通的目的。

（2）电话铃声响过三声之内接起电话。接起电话首先要说"您好，×××（公司名称，如果公司名称较长，应用简称）"，忌以"喂"开头。如果因故迟接，要向来电者说"对不起，让您久等了"。

（3）注意声音和表情。说话必须清晰，正对着话筒，发音准确。通电话时，不能大吼也不能喃喃细语，而应该用正常的声音，并尽量用热情和友好的语气。

还应该调整好表情。微笑可以通过电话传递。使用礼貌用语如"谢谢您！""请问有什么可以帮忙的吗？""不用谢。"

（4）保持正确姿势。接听电话过程中应该始终保持正确的姿势。一般情况下，当人的身体稍微下沉，丹田受到压迫时容易导致丹田的声音无法发出。大部分人讲话所使用的是胸腔，这样容易口干舌燥，如果运用丹田的声音，不但可以使声音具有磁性，而且不会伤害喉咙。因此，保持端坐的姿势，尤其不要趴在桌面边缘，这样可以使声音自然、流畅和动听。此外，保持笑脸也能够使来电者感受到你的愉悦。

（5）复诵来电要点。电话接听完毕之前，不要忘记复诵一遍来电的要点，防止记录错误或者偏差而带来的误会，使整个工作的效率更高。例如，应该对会面时间、地点、联系电话、区域号码等各方面的信息进行核查校对，尽可能地避免错误。

（6）最后道谢。最后的道谢也是基本的礼仪。来者是客，以客为尊，千万不要因为电话客户不直接面对而认为可以不用搭理他们。实际上，客户是公司的衣食父母，公司的成长和盈利的增加都与客户的来往密切相关。因此，公司员工对客户应该心存感激，向他们道谢和祝福。

（7）让客户先收线。不管是制造行业，还是服务行业，在打电话和接电话过程中都应该牢记让客户先收线。因为一旦先挂上电话，对方一定会听到"喀嗒"的声音，这会让客户感到很不舒服。因此，在电话即将结束时，应该礼貌地请客户先收线，这时整个电话才算圆满结束。

(8) 当你正在通电话,又碰上客人来访时,原则上应先招待来访客人,此时应尽快和通话对方致歉,得到许可后挂断电话。不过,电话内容很重要而不能马上挂断时,应告知来访的客人稍等,然后继续通话。

六、维修接待业务过程的标准用语

(一) 接车,问诊,检查

1. 出门迎接

"先生(女士)您好,我是×号售后接待,×××,您的车将由我负责全程接待"。

2. 询问客户此次来店的目的,是正常保养的还是检查维修

"先生,您好,请问您这次是来做正常保养还是需要其他帮助?"

得到答复后:

"好的,您稍等,我们一起来检查一下您的车好吗?"

"先生,您的行驶证或保修手册给我登记一下好吗?"

"谢谢!"

"我可以打开您的爱车套上保护套吗?"

(当着客户的面套上三件套)

3. 随后进入车内

"先生,您目前的行驶里程是﹡公里。"(精确到个位,必须读出来)

"先生,您目前的油量是﹡格。"(必须读出来)

如油量已到下线:先生您车的油量已到下线,提醒您及时加油以免给您造成不便,离我公司最近的加油站出门红绿灯路口向南100米就有。

4. 然后做车内检查

内饰、各功能键是否正常,是否有缺件,是否有贵重物品遗留。

"先生,您好,您车内的贵重物品请保管好,比如手机、现金、包、票据、衣物请随身携带。"

"您有需要我们单独替您保管的贵重物品吗?"

5. 备胎随车工具的检查

"我可以打开您的后备箱确认一下物品吗?"(备胎、工具是否齐全,明确告知客户)

6. 做环车检查,记录

"我们一起来检查一下您的车,好吗?"

如车身有外伤、缺件等情况时及时与客户确认,让客户签字,并且追加服务。

"您车子的(前杠)漆面有划伤,您看这次一起修理吗?"

"我们有抛光打蜡、漆面封釉的服务,您这次一起处理了吧。"

"您车子的×××部件已经损坏,这次需要更换吗?(如果不及时更换会……)"

7. "请问您方便的联系电话。"(记在接车问诊表上)

边检查边聊天式地夸奖客户:"您的车保护得真好,您的车内真干净,您车内的座套好漂亮啊,您今天真精神,您今天真漂亮啊……"

8. 请客户就检查结果签字确认

"您的爱车基本情况已检查完毕,请您确认后签字。"然后,引导客户进入前厅。

（二）根据客户反映的具体情况及要求，查看 DMS(汽车经销商管理系统)记录或维修档案，给客户做出合理的维修保养方案，估算所需的大致费用

"先生，您好，根据您目前的使用时间及行驶里程，综合考虑您的车况，我建议您这次需要维修保养的项目有……"

"先生，您好，您的此次保养(维修检查)共需要××元，其中工时费××元，材料费××元，大致需要××分钟(小时)。请您确认后在委托书上签字。"

"这一张委托修理书是给您的，请妥善保管好，将作为您取车时的凭证。"

"先生，您好，我们店为您提供了免费洗车项目，您的车需要清洗一下吗？"

"先生，您好，这边是客户休息区，您的车保养完后我会通知您的，休息区有免费的茶水、饮料，还有电脑电视、书报杂志、棋牌，会有专人服务，您先休息一会好吗？"

（三）开派工单、接车问诊表、免检表交给车间主管

（四）进度控制

按照给客户事先承诺的完工时间前最少询问 2 次维修进度，做到心中有数并随时通报给客户。

（五）质检员检验，合格准予出厂，通知客户

"先生，您好，您的车保养完毕，您可以提车了，请您来验一下车。"

所更换保养的项目逐一指给客户确认。

（六）办理结算手续

"先生，您好，您这次一共消费了××元，请您签字。麻烦您到收银台办理结算。"

（七）提醒保养

"先生，您好，我提醒您一下，您本次保养的里程是××公里，下次保养的里程是××公里，下次保养的时间是××月。下次预计保养的项目是×××，预计费用××元。我们会将提醒您保养的卡片贴在您车辆驾驶员一侧车门内框上，您打开车门就可以看见，也好及时地提醒您。"

"我们建有您车辆的维修档案，您本次保养的内容，我们将记录到您的档案中，便于您的查询。"

"先生，您好，我们公司在三天后会有客服专员对您进行回访，请问您方便接电话的时间是××。"

（记在接车问诊表回访栏内）

（八）如果是首保客户，做首保培训

（九）送客户

"××先生，这是我的名片，上面有我的联系电话及我公司 24 小时救援电话，您需要的时候随时拨打。"

"这是我公司的预约服务电话，为了节省您的时间欢迎您下次提前预约，在规定的时间段内来预约保养我们还会给您工时八折的优惠呢！"

"再次感谢您的光临，我们送您一份××报纸，欢迎您和您身边的朋友多了解本公司。"

当着客户的面取下三件套。

"您慢走,欢迎您再来!"

"祝您出入平安!"

"再见!"

2.5 优质服务

优质服务是为用户提供的最佳服务,除要求把最佳的服务贯彻整个售后服务的始终外,还为用户提供一些超值服务项目,扩大服务范围,兑现服务承诺,贯彻用户第一的服务宗旨。优质服务是树立企业和品牌形象,提高企业竞争力的有效措施。

汽车售后服务流程是以客户为中心的服务系统。如果售后服务顾问能够遵循每一个环节的服务标准,就能够超越客户最低限度的期望,满足客户要求。

一、优质服务的目的

(1) 增强 4S 店员工的服务意识、质量意识和市场意识,提高 4S 店的管理水平和市场竞争力。

(2) 树立 4S 店品牌形象,展示 4S 店维修实力和兑现服务承诺。

(3) 宣传汽车生产企业产品的优良性能,落实服务范围和服务承诺。

(4) 贯彻用户第一的服务宗旨,让用户满意,为市场负责。

二、接待环节中的优质服务

1. 接待预约与非预约的客户

(1) 同样欢迎

对事先预约的客户和事先没有预约的客户,在接待时都要表示欢迎,不要使非预约客户觉得受到了歧视。

(2) 向非预约客户解释预约的好处

对于非预约的客户,在接待时除了热情接待以外,还要向他解释预约系统、预约方式以及预约的好处。比如,你可以告诉客户,如果他采用预约方式的话,就不用像现在这样等待,如果预约两点钟,他两点钟准时一到,马上就可以有特别安排出来的 15 分钟接待他。

(3) 鼓励客户使用预约系统的方法

鼓励客户使用预约系统有很多做法,比如打折、优惠或者送纪念品。连续预约五次,就给予较低的折扣。

2. 给客户的第一印象

有人说:永远不可能有第二次机会给人留下一个好的印象。因此,如果第一印象好的话,就会有一个良好的开端,双方就很有可能建立起长期的良好关系。

获得良好第一印象的因素有以下几点:

(1) 在客户到来的时候,立即和客户打招呼;

(2) 使用恰当的问候语;

(3) 让客户讲清楚他的问题;

(4) 服务顾问的外表；

(5) 对待同事与其他客户的方式；

(6) 整洁干净的接待区。

3. 如何赢得客户的信任

(1) 要向客户说明售后服务部门的运作方式

售后服务部门的说明包括：

① 说明营业时间。什么时候开始营业，什么时候结束营业，每天的上下班时间等信息都要传递给客户。

② 说明可以为客户提供方便的服务，比如代用车辆等。

③ 说明客户在紧急情况下可以拨打的电话号码。如果车辆抛锚了，或者其他需要帮助的时候，应该拨打哪个电话号码，这些都要告诉客户。

④ 说明可以接受的付费方式。要询问客户接不接受你的付款方式，比如，除了现金以外接受刷卡吗？接受电子支付吗？这些也要告诉客户。

(2) 要向客户说明维修服务的流程

关于流程方面有以下几点要解释：

① 预约服务可以保证客户不需要等待。要把这一点告诉客户，鼓励客户到4S店来维修车辆或者保养车辆时，尽量提前预约。

② 对已经商定的维修项目，告诉客户可以确定的报价。告诉客户不会随意增加费用，不会修完车以后又把费用提高，让客户放心。

③ 告诉客户，他的车进来维修以前，维修厂会对他的车进行一次全面而专业的免费预检，还会给他指出哪一些应该修，哪一些可以推后修，哪一些必须现在修。

④ 4S店会提供针对车辆的保养以及其他方面的建议。告诉客户，在维修服务流程中，这些工作是包括的。

⑤ 4S店会就拟定进行的工作事先征得客户的同意。任何维修工作，在客户没有同意以前，我们都不要去做，只有在获得客户的同意与遵守授权之后，才去进行车辆的维修。

⑥ 遵守双方商定的交车时间。交车的时间不是4S店单方面确定的，而是同客户商定一个适合的时间交车。

⑦ 维修服务流程有一个质量控制系统，能够确保出色地完成维修工作。

(3) 通过电话赢得客户信任

在跟客户通话的时候，要领会客户的需要，并赢得他的信任，这一点是非常重要的。在可能的情况下，客户的电话应由维修接待员或者信息员负责接听，以免繁忙的服务顾问在为客户服务的时候被打断。

(4) 其他可赢得客户信任的方法

① 对客户的需要表现出真诚的关注。

② 在全部交易过程中，让客户掌握主动。

③ 提供专业水准的维修服务。

④ 帮助客户设定现实的期望值。

⑤ 提供对客户比较合适的建议。

⑥ 要尊敬客户，礼貌地对待他们。

4. 处理紧急情况

有时需要接听那些车辆出现故障的客户打来的紧急求助电话。

（1）应当了解的信息

接到紧急求助电话，应当了解：故障车辆所在的位置，客户所需要的服务等。了解该车是否能够开到公司来，是否需要派拖车把它拖过来修理，或者派维修工先做个检查或者小修。这种情况下的工作程序，各经销商不尽相同，应遵守所在维修店的规定。

（2）通知客户

了解了客户的需要后，要通知客户维修中心将要采取的行动以及所需的时间。比方说，是派拖车去还是派维修工去，都要让客户知道。

（3）建议客户应该采取的行动

还要告诉客户，如果能够开动的话，先转移到一个安全的地方，然后打开紧急报警灯，叫客户不要离开车辆。特别是在高速公路上，车辆行驶的速度都很快，客户离开车子是很危险的。

5. 委托书的重要性

委托书之所以重要，表现在：

（1）它记录了维修接待员和客户之间的沟通情况，防止发生误解。

（2）它对客户的要求进行详细而清楚的说明，目的是要帮助维修工一次就将车辆完全修复。

（3）委托书是一份管理性的文件，它记录了经销店和客户在维修项目和预期费用上所达成的协议。协议的意义在于将来如果有法律诉讼的话，这个管理性文件就是在法庭上唯一被承认的证据。

（4）有助于确定维修工的工资。有一些地方的维修工是没有底薪的，他们的薪水是计件的，工作多少就拿多少工资。因此，委托书有助于确定维修工的工资或者奖金。

（5）可作为经销店的保修费用和零部件存货的审计手段。4S店在和生产厂结算保修费用和零部件存货的时候，可以此作为审计的依据。

6. 认真记录车辆所有严重明显的损伤

当客户的车到来后，服务顾问必须绕车走一圈，看看车辆有没有碰撞，有没有被撞扁了或者油漆划伤了，这些都要当着客户的面检查清楚。这样做有两个目的：

（1）避免对经销商不利的索赔。避免到时候客户认为是维修中心搞坏的，从而避免客户向经销商进行不利的索赔。

（2）向客户建议由经销商对车辆的损伤进行修理。如果看见客户的车体油漆被刮伤，可以向客户建议对车辆的损伤进行修理，这也是增加收入的机会。

7. 确认故障症状

（1）确认故障症状的重要性

客户只是站在他的角度来说明车辆怎么不好的，这时，如果完全按照客户的描述进行记录，往往写出来的故障症状是不准确的。所以要运用有效的提问技巧，询问客户关于故障的情况，这样才能够把故障情况准确地记录在委托书上，才不会误导维修技工的判断。

（2）故障症状

车辆在外观或者运行方面出现的变化，这种变化表明车辆需要进行修理或者保养。发

动机不正常的熄火、出现异常的噪声或者是冒烟、过热、启动慢、车灯暗等,都属于故障的症状。

三、维修作业环节中的优质服务

1. 车间工作的安排

（1）时间

很多时候,有些技工前一天的工作还没完成,他们当天上班以后,需要继续去干前一天的工作。这时候,就会影响到可用工时。有些技工可能是因为请了病假没有来上班,这时候又少了一个人,也影响到可利用的工时。所以,作为一个服务顾问,这些都是必须知道的。

要知道,有多少工时可以用来承诺预约。当维修技工完成前一天的工作后,还有多少工时可以用来承诺预约,同时还要考虑到还有未经预约进厂的车辆。因为客户突然闯进来时,要把他们安排在应急的时间里。但是,虽然有应急的时间,也得有工人去工作。每一辆车必须在什么时间交车,每一件工作需要的时间是多少。在把工作接收进来的时候,特别是在预约的时候,对于能承受多少工作,目标是多少,都要心中有数。要知道可用工时是多少,否则承接了太多的预约就会超过可用工时,引起混乱。

（2）人员

① 今天有多少人上班。

② 有什么工作是这些技师能够胜任的以及他们做这些工作的速度。

③ 最近有谁被分派了好的工作,又有谁被分派了不好的工作。

（3）设备

① 哪些设备需要用于今天的维修。

② 哪些设备缺少或损坏了。

③ 有多少工作需要用到专用工具或设备。

2. 维修进度的监控

（1）维修进度板

通常来说,标准的 4S 店都有一个维修进度板。上面会有技工的姓名、工种、时间的刻度等。可以把一个磁条根据时间的长短剪出来,比如一个工作需要两个工时,就把磁条剪了贴在上面。然后,下面摆上委托书,再标上标号,比如几号、哪一个工人做的、工时是多少,都可以标上。

（2）在维修进度板上安排工作

在维修进度板上安排工作的时候,两项工作之间必须间隔 15 分钟的时间,作为应急的时间。应急的时间是应付那些没有经过预约、突然闯进来的,或者突然回来要进行返修的,或者有些紧急维修工作的客户。

（3）维修进度板的更新

维修进度板要及时更新。每一件工作完成以后,必须更新上面的磁条,如果不及时更新,维修进度板的信息就不准确,也就失去了它的作用。有很多 4S 店的维修进度板是放在那里当摆设的,并没有利用起来。

3. 与车间的沟通

（1）每一次进入维修车间时都要沟通

当服务顾问有机会进入到维修车间的时候，必须去看一看车辆维修到什么程度了；然后再跟技工沟通一下，看看还有什么问题，是否能够正点完成工作任务；跟调度沟通一下，是否还可以承受加进来的维修任务等。这些都是和车间沟通的内容。

如果客户告诉我们要维修什么，也填写了委托书，但是客户对这个维修项目又有特别说明的时候，必须直接跟车间调度或者车间主任、技工去沟通。比方客户说："你修完这个以后，顺带帮我紧一紧螺丝。"这些都是客户的特殊要求，这时必须跟技工沟通一下。因为有时候，这些小工作如果不做的话，会很大程度上影响客户的满意度。

（2）必须进行沟通的两个时间段

如果有机会进入到车间，要看一看车辆的维修状况及进度。如果你很忙，没有机会进入车间的话，有两个时间段也是一定要进去看的，那就是上午十一点钟和下午两点到三点的时间。上午十一点的时候车辆维修情况比较明朗，可以给客户最新的信息，可以将意外情况及时通知给客户。

4. 追加的维修项目或者服务

在维修过程中，如果发现某个地方应该修理，在征得客户同意后，必须报价，比如增加了多少费用；如果客户不同意，也必须把客户不同意确认追加的维修项目或者服务登记下来。

（1）确认预检中追加的项目或者服务

在确认预检中追加的项目或者服务时，要经过诊断，而且要把价格，比如零件费、工时费等都跟客户说清楚，请客户确认。

（2）确认客户自己追加的项目或者服务

同样，在确认客户自己追加的项目或者服务时也要把价格、零件等和客户讲明白，同时告诉客户，由于追加的项目会导致交车期的延迟，这些都是要和客户说明白的。

5. 征得客户的认可

（1）要征得客户认可的原因

在填写委托书的时候，要征得客户的认可，让客户在委托书上签名；同样，在向客户建议额外维修时，也要让客户确认或者征得他的认可。为什么工作以前必须征得客户的认可呢？

① 确保客户能够支付维修的费用。

② 赢得客户的满意。

③ 增加客户的信任。假如每一件工作开始以前都和客户说一下，征得他的同意，客户就会信任你，就会对你的维修工作感到满意。

④ 让客户在这种场合下感到舒适。如果客户事先知道了下一步你将会怎么去做，将会怎样去维修他的车，也知道因为这些项目而延迟交车期，这时候，他就会感到舒适。

（2）征得客户认可的程序

① 确认将进行的维修项目和维修所需的费用。

② 建议实施其他进行的维修项目。

③ 预估所需费用。

④ 解释保修条款。
⑤ 回答客户提出的问题。
⑥ 请客户在维修单(或委托书)上签字。

四、竣工交车环节中的优质服务

1. 确保维修质量

要确保维修质量,必须要做到三点:

(1) 检查委托书的完成情况

在客户的车辆维修完以后,作为服务顾问,必须拿着委托书去检查车辆的维修完成情况,看看应该维修的项目维修了没有,应该更换的零件更换了没有。

(2) 对车辆进行静态的检验

车辆停在待交车处的时候,服务顾问必须去检查一下,车辆外面洗干净了没有,内饰件是不是干净、有没有损坏,轮胎的气压有没有调整适当,这些都是车辆的静态检验。

(3) 对车辆进行动态的检验

如果车辆进来维修的时候已进行过试车,交车之前,还要对车辆进行动态的检验,要组织试车员去试车。

2. 服务顾问在交车中的重要性

(1) 服务顾问在不同环节中的不同身份

在车辆修理完毕,通知客户来取车的时候,要把自己当成是客户在4S店里的个人代表。因为作为一个服务顾问来说,在每一个环节里所代表的身份是不一样的。

① 在预约的时候,应该代表公司来和客户谈判。

② 在接待的时候,也是代表公司和客户谈判。

③ 在把车交给维修车间修理,客户离开维修中心以后,服务顾问就必须代表客户来关心他的车辆,去监督维修车间的工作。

④ 车辆完成维修进行质量检查的时候,服务顾问也是代表客户去和车间沟通。

⑤ 到了交车的时候,服务顾问就要代表公司去和客户交涉、跟客户沟通。

(2) 要用充满热情和高效的服务对待客户

服务顾问在确保客户顺利取车过程中发挥着关键的作用,应当让客户对修好的车辆以及当初做出的修车决定感到满意。

交车的时候,要用充满热情并且高效的服务使客户与你保持长期的维修服务关系,交车是与客户建立长期信赖关系的关键时刻,因此,交车的时候是一种"明星时刻"。

(3) 尽量错开交车时间

维修过程中,应当利用维修车间的工作计划体系来跟踪维修工作的进展情况,及时通知客户维修的进展情况,根据承诺的时间和维修车间的工作安排,尽量错开每辆车的交车时间。

(4) 客户取车时意想不到的情况

如果在维修过程中发生了一些意外情况,又没能及时通知客户,就会产生争执,客户会很不满意。

意想不到的情形主要是:

① 客户去取车的时候,车辆还没修好。
② 实际修车费比事先商定的要高出很多。

当交车时间或维修费用发生意外变动时,应提早通知客户,服务顾问应该向客户解释清楚上述变动,例如,时间上、费用上变动的必要性以及对客户的种种益处。对于给客户带来的不便,还必须向客户表示道歉。

3. 与客户交流及交车

(1) 客户取车的时候,原来的服务顾问必须在场

当然,有时一个服务顾问无法接待所有的客户,特别是在许多客户在同一个时间到来的情况下,这时就需要请同事来帮忙。

在清楚地解释了客户提出的疑问以后,要陪客户一同到收银台去结算;如果客户来取车的时候,他自己已经先到交款处,就要告诉收银员,把那些对维修有疑问的或者有其他问题的客户带来见接待员。这是因为,第一,服务顾问是对客户负责的;第二,服务顾问对车辆的状况和所有的修理工作都比较熟悉,他们的解释容易取得客户的信任。在检查维修单上内容时候,可以让客户感到维修工作所具有的价值。

(2) 处理客户的各种疑虑方面

客户在取车过程中可能会产生各种各样的疑虑,这时,服务顾问要冷静地接待客户,热情地、有耐心地向他解释清楚每一个疑问。

(3) 在客户即将离开时的注意事项

在客户交完款,将要离开维修中心的时候,服务顾问或者门卫要把车辆开到客户面前,这样做会给客户留下一个好的印象,特别是在天气恶劣的情况下更应如此。

4. 向客户提供有关信息

(1) 向客户提供信息可以节省许多不必要的繁琐环节
① 可以节省向客户解释维修细节的时间。
② 客户会懂得车辆的定期保养。
③ 客户会认识到车辆的不正常情况。
④ 可以节省向客户介绍车辆知识的时间。

(2) 如何发现需要提供信息的客户
① 客户叫错车辆零部件的名称。
② 因操作不当而引发的修理问题。
③ 客户认为车辆有问题,但没有办法表达清楚。
④ 客户的车辆存在着明显重大的故障,但是没有发现。
⑤ 当与客户一起审查维修单或者委托书的时候,需要多次向他解释。
⑥ 即使在用户手册中有明确规定,他们也不进行例行的保养工作。
⑦ 客户不知道应当阅读有关资料。

(3) 要避免让客户感到难堪

服务顾问经常会遇到客户因为自己缺乏车辆知识而感到难堪的情况,这时候应该怎么处理呢?
① 有些客户非常有自知之明,知道自己缺乏有关车辆方面的知识,因此,服务顾问就需要用一种同情和理解的方式来处理这个问题。

② 可以指出：现代汽车非常复杂，它们代表了当今最先进的自动工程技术。

③ 应该向客户说明：即使是技术熟练的修理人员，为跟得上最新的技术发展，他们也需要不断地去接受专门的培训。

④ 要让客户相信：多数车主对车辆有关的技术缺乏充分的了解，而并不是单单他一个。

⑤ 要向客户说明：他们需要做的就是懂得如何正确开车，何时进行保养，知道在出现故障的时候如何去描述车辆的故障症状，对他们来说这就已经足够了，其他的工作将会由技术人员来做。

(4) 向客户提供有关信息的最佳时机与方式

① 新车交车服务的时候。

② 客户第一次来做保养或者维修的时候。

③ 在客户每次来修车的时候。

④ 当客户电话预约修车服务时。

⑤ 在客户取走新车以后。

(5) 提供车辆相关信息时使用的工具

当客户有疑问的时候，作为服务顾问或者销售人员，应该与客户一起仔细地阅读用户手册。下面就是提供车辆相关信息的时候使用的一些工具：

① 用户手册。用户手册是每一辆车都有的，它可以提供一些正常保养的信息。

② 维修手册。当客户对维修不理解的时候，可以拿出维修手册，作为一个标准来说服客户。

③ 技术通信。所谓技术通信，是指每一个厂家对本品牌一些比较特殊故障的解决方法。可以利用这个技术通信，向客户证明或者解释为什么要进行这样的修理或者保养。

(6) 向客户提供与车辆有关的信息的原因

向客户提供与车辆有关的信息的原因在于：

① 增加日后的业务机会；

② 保持客户对所修车辆和 4S 店的满意；

③ 使我们的服务工作变得更加轻松；

④ 建立长期的维修服务关系。

5. 在交车前一段时间跟踪维修情况

在准备交车以前的那段时间里，必须连续跟踪车辆维修的进展情况。就像已经说过的那样，客户就算是同意了下午五点钟来取车，但是他仍然会在中午休息的时间打电话来问车辆维修情况的进展，如果能够在这个时候迅速答复他的话，客户就会觉得你很专业。

五、4S店的其他优质服务项目

4S店优质服务提供的一些服务项目有紧急救援、代办车辆保险及协助理赔、代办车辆年检、提供代用车服务以及车务提醒等。

1. 紧急救援

紧急救援是用户车辆在行驶中发生故障而不能继续行驶，通过遥控指导用户不能自行排除故障，必须通过专业技术人员救助的工作项目。

紧急救援的工作要求：

（1）紧急救援工作由服务经理负责协调。

（2）服务顾问接到用户求援信息后,应首先详细询问故障现象,根据故障现象分析故障原因。服务顾问不能分析出故障原因时,技术总监要负责故障原因分析。

（3）对于通过遥控（电话、传真等）指导,用户就能够自行排除的故障,则不必进行救援作业。必须进行救援作业时,须先向用户进行费用说明。

（4）救援工作由服务顾问具体执行,必要时技术总监要亲自去现场进行救援作业。

（5）服务站须设立24小时服务电话,并将电话号码对外宣传,同时安排各岗位人员组成应急服务小组。24小时服务电话值班人员应掌握应急服务工作方案和服务小组成员的通信方式。

（6）接到用户求援信息,要求12小时服务到位（边远地区暂缓）,并为用户提供免费技术咨询、技术培训;对晚上上门来店的用户,值班人员在确保用户满意度的基础上可根据具体情况处理。

（7）认真填写《外出服务登记表》。

（8）服务站必须配备服务车,车身上要有标识,车内备有常用工具（万用表、组合工具一套、千斤顶、应急灯、电瓶搭接线、拖车工具等）及配件（机油、防冻液、刹车油、高压线、火花塞、点火线圈、分电器、点火开关、保险丝、继电器、各种皮带等）。

2. 车辆保险及协助理赔的代办

（1）工作范围

4S店应加强同保险公司的合作,争取到执业保险代理资格,收取一定的代理费。在代理保险的基础上,争取车辆理赔业务。要求保险公司在代理用户投保车辆出现事故后必须到特约服务站维修,并提供快速查勘定损、现场赔付、先行赔付、代用车（出具代理费）等服务。

（2）工作流程

当客户的车辆发生意外时,请保持冷静,若是车辆被盗抢或是被人为故意毁坏,请先向公安部门报案,再向保险公司报案,若车辆发生交通事故,请先向交警部门报案,再向保险公司报案。

3. 车辆代办年检

（1）4S店应设立业务联络员专职开展此项业务。

（2）根据当地车管部门的规定确定年审时间,按时与需年审用户联系,明确其是否需要代办年审。

（3）4S店对年审车辆要认真进行车况检查,包括:尾气排放、制动性能等（费用要优惠）。

（4）4S店在代办年审的同时,须为用户提供代交费用、补办证件等服务。

（5）4S店可根据具体情况收取代理费。

4. 代用车服务

服务代用车是指用户以在修的车辆作为抵押,租借服务站的车辆作为代步工具,服务站所提供的车辆就是服务代用车。

5. 车务提醒

车务提醒的业务范围有车辆年审、保险到期、驾驶证年审、到期续费等,4S店将通过电话或短信息给予提醒服务。

汽车索赔管理

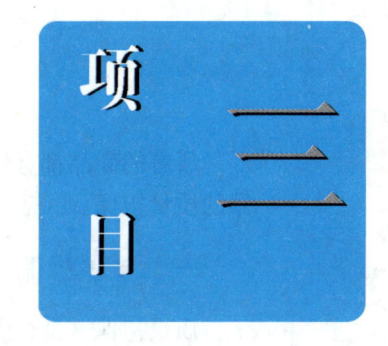

项目三

☞ 扫码可见本项目微课

任务描述

某品牌汽车 4S 店的一位客户,他的汽车需要做 30 000 公里保养,保养过程中,发现 2023 年 3 月 3 日在服务站更换过的空气流量计损坏。你作为该 4S 店的一名索赔员,请圆满完成该客户的索赔工作。

能力培养目标

专业能力

1. 熟悉汽车三包有关规定;
2. 能够完成车辆索赔业务流程;
3. 掌握零件索赔的规定及程序;
4. 能够对索赔件进行鉴定;
5. 能够进行索赔件的保管和处理。

方法能力

1. 自学能力;
2. 使用企业信息资源的能力;
3. 观察事物能力;
4. 相关信息的收集能力;
5. 工作结果的评价与反思。

社会能力

1. 沟通能力;
2. 团队协作能力;
3. 工作责任心;
4. 优质服务意识。

3.1　汽车产品的质量担保

所有的商品都有保修索赔期，也就是商品的质量担保期。索赔即是汽车生产企业对产品的质量担保。

一、质量担保的重要性

质量担保一是企业对使用自己产品的顾客负责，是提高客户满意度的重要手段；二是维护汽车生产企业和品牌信誉以及促销的基础；三是汽车生产企业在出现产品质量问题时最有效的补救措施。这些都是维护公司和产品信誉以及促销的基础。

任何产品无论质量管理如何完善都不可能做到所有产品绝对没有缺陷，重要的是这些质量缺陷能够通过售后服务系统，利用技术手段迅速正确地得到解决，售后服务的质量担保正是要展示这种能力，在用户和经销商之间建立一种紧密的联系并使之不断地得到巩固和加强。

质量担保制度是售后服务部门的有力工具，汽车生产企业可以用它来满足用户的合理要求，每个经销商都有义务贯彻这个制度，执行质量担保承诺也是经销商吸引用户的重要手段，所以质量担保也是汽车生产企业对自己产品自信的表现。

索赔是由汽车生产企业通过其售后服务网络（如4S店）来及时解决车辆质量问题，避免给用户造成更大的损失。

二、家用汽车产品修理、更换、退货责任规定

1. 生产者义务

（1）生产者应当严格执行出厂检验制度；未经检验合格的家用汽车产品，不得出厂销售。

（2）生产者应当向国家市场监督管理总局备案生产者基本信息、车型信息、约定的销售和修理网点资料、产品使用说明书、三包凭证、维修保养手册、三包责任争议处理和退换车信息等家用汽车产品三包有关信息，并在信息发生变化时及时更新备案。

（3）家用汽车产品应当具有中文的产品合格证或相关证明以及产品使用说明书、三包凭证、维修保养手册等随车文件。

产品使用说明书应当符合消费品使用说明等国家标准规定的要求。家用汽车产品所具有的使用性能、安全性能在相关标准中没有规定的，其性能指标、工作条件、工作环境等要求应当在产品使用说明书中明示。

三包凭证应当包括以下内容：产品品牌、型号、车辆类型、车辆识别代号（VIN）、生产日期；生产者的名称、地址、邮政编码、客服电话；销售者的名称、地址、邮政编码、客服电话、开具购车发票的日期、交付车辆的日期；生产者或者销售者约定的修理者（以下简称修理者）网点信息的查询方式；家用汽车产品的三包条款、保修期、三包有效期、使用补偿系数；主要零部件、特殊零部件的种类范围、易损耗零部件的种类范围及其质量保证期；家用纯电动、插电式混合动力汽车产品的动力蓄电池在保修期、三包有效期内的容量衰减限值；按照规定需要明示的其他内容。

维修保养手册应当格式规范、内容实用。

随车提供工具、备件等物品的,应附有随车物品清单。

2. 销售者义务

(1) 销售者应当建立并执行进货检查验收制度,验明家用汽车产品合格证等相关证明和其他标识。

(2) 销售者销售家用汽车产品,应当符合下列要求:

① 向消费者交付合格的家用汽车产品以及发票;

② 按照随车物品清单等随车文件向消费者交付随车工具、备件等物品;

③ 当面查验家用汽车产品的外观、内饰等现场可查验的质量状况;

④ 明示并交付产品使用说明书、三包凭证、维修保养手册等随车文件;

⑤ 明示家用汽车产品三包条款、保修期和三包有效期;

⑥ 明示由生产者约定的修理者名称、地址和联系电话等修理网点资料,但不得限制消费者在上述修理网点中自主选择修理者;

⑦ 在三包凭证上填写有关销售信息;

⑧ 提醒消费者阅读安全注意事项,按产品使用说明书的要求进行使用和维护保养。

对于进口家用汽车产品,销售者还应当明示并交付海关出具的货物进口证明和出入境检验检疫机构出具的进口机动车辆检验证明等资料。

3. 修理者义务

(1) 修理者应当建立并执行修理记录存档制度。书面修理记录应当一式两份,一份存档,一份提供给消费者。

修理记录内容应当包括送修时间、行驶里程、送修问题、检查结果、修理项目、更换的零部件名称和编号、材料费、工时和工时费、拖运费、提供备用车的信息或者交通费用补偿金额、交车时间、修理者和消费者签名或盖章等。

修理记录应当便于消费者查阅或复制。

(2) 修理者应当保持修理所需要的零部件的合理储备,确保修理工作的正常进行,避免因缺少零部件而延误修理时间。

(3) 用于家用汽车产品修理的零部件应当是生产者提供或者认可的合格零部件,且其质量不低于家用汽车产品生产装配线上的产品。

(4) 在家用汽车产品保修期和三包有效期内,家用汽车产品出现产品质量问题或严重安全性能故障而不能安全行驶或者无法行驶的,应当提供电话咨询修理服务;电话咨询服务无法解决的,应当开展现场修理服务,并承担合理的车辆拖运费。

4. 三包责任

(1) 家用汽车产品的三包有效期不得低于2年或者行驶里程50 000公里,以先到者为准;保修期不得低于3年或者行驶里程60 000公里,以先到者为准。

三包有效期和保修期自销售者开具购车发票之日起计算;开具购车发票日期与交付家用汽车产品日期不一致的,自交付之日起计算。

(2) 家用汽车产品在保修期内出现质量问题或者易损耗零部件在其质量保证期内出现质量问题的,消费者可以凭三包凭证选择修理者免费修理(包括免除工时费和材料费)。

修理者能够通过查询相关信息系统等方式核实购买信息的,应当免除消费者提供三包凭证的义务。

（3）家用汽车产品自三包有效期起算之日起60日内或者行驶里程3 000公里之内（以先到者为准），因发动机、变速器、动力蓄电池、行驶驱动电机的主要零部件出现质量问题的，消费者可以凭三包凭证选择更换发动机、变速器、动力蓄电池、行驶驱动电机。修理者应当免费更换。

（4）家用汽车产品在保修期内因质量问题单次修理时间超过5日（包括等待修理零部件时间）的，修理者应当自第6日起为消费者提供备用车，或者向消费者支付合理的交通费用补偿。经营者与消费者另有约定的，按照约定的方式予以补偿。

（5）家用汽车产品自三包有效期起算之日起7日内，因质量问题需要更换发动机、变速器、动力蓄电池、行驶驱动电机或者其主要零部件的，消费者可以凭购车发票、三包凭证选择更换家用汽车产品或者退货。销售者应当免费更换或者退货。

（6）家用汽车产品自三包有效期起算之日起60日内或者行驶里程3 000公里之内（以先到者为准），因质量问题出现转向系统失效、制动系统失效、车身开裂、燃油泄漏或者动力蓄电池起火的，消费者可以凭购车发票、三包凭证选择更换家用汽车产品或者退货。销售者应当免费更换或者退货。

（7）家用汽车产品在三包有效期内出现下列情形之一，消费者凭购车发票、三包凭证选择更换家用汽车产品或者退货的，销售者应当更换或者退货：

① 因严重安全性能故障累计进行2次修理，但仍未排除该故障或者出现新的严重安全性能故障的；

② 发动机、变速器、动力蓄电池、行驶驱动电机因其质量问题累计更换2次，仍不能正常使用的；

③ 发动机、变速器、动力蓄电池、行驶驱动电机、转向系统、制动系统、悬架系统、传动系统、污染控制装置、车身的同一主要零部件因其质量问题累计更换2次，仍不能正常使用的；

④ 因质量问题累计修理时间超过30日，或者因同一质量问题累计修理超过4次的。

发动机、变速器、动力蓄电池、行驶驱动电机的更换次数与其主要零部件的更换次数不重复计算。

（8）家用汽车产品符合本规定规定的更换条件，销售者无同品牌同型号家用汽车产品的，应当向消费者更换不低于原车配置的家用汽车产品。无不低于原车配置的家用汽车产品，消费者凭购车发票、三包凭证选择退货的，销售者应当退货。

（9）销售者为消费者更换家用汽车产品或者退货，应当赔偿消费者下列损失：

① 车辆登记费用；

② 销售者收取的扣除相应折旧后的加装、装饰费用；

③ 销售者向消费者收取的相关服务费用。

相关税费、保险费按照国家有关规定执行。

（10）消费者依照规定更换家用汽车产品或者退货的，应当向销售者支付家用汽车产品使用补偿费。补偿费的计算方式为：

$$补偿费 = 车价款(元) \times 行驶里程(公里)/1\,000(公里) \times n$$

使用补偿系数 n 由生产者确定并明示在三包凭证上。使用补偿系数 n 不得高于0.5%。

（11）三包有效期内销售者收到消费者提出的更换家用汽车产品或者退货要求的,应当自收到相关要求之日起 10 个工作日内向消费者作出答复。不符合更换或者退货条件的,应当在答复中说明理由。

符合更换或者退货条件的,销售者应当自消费者提出更换或者退货要求之日起 20 个工作日内为消费者完成更换或者退货,并出具换车证明或者退车证明;20 个工作日内不能完成家用汽车产品更换的,消费者可以要求退货,但因消费者原因造成的延迟除外。

（12）按照规定更换的家用汽车产品,其三包有效期和保修期自更换之日起重新计算。

（13）保修期内家用汽车产品所有权发生转移的,三包凭证应当随车转移。三包责任不因家用汽车产品所有权的转移而改变。

（14）经营者合并、分立、变更、破产的,其三包责任按照有关法律、法规的规定执行。

5. 三包责任免除

（1）易损耗零部件超出生产者明示的质量保证期出现产品质量问题的,经营者可以不承担本规定所规定的家用汽车产品三包责任。

（2）在家用汽车产品保修期和三包有效期内,存在下列情形之一的,经营者对所涉及产品质量问题,可以不承担本规定所规定的三包责任:

① 消费者所购家用汽车产品已被书面告知存在瑕疵的;
② 家用汽车产品用于出租或者其他营运目的的;
③ 使用说明书中明示不得改装、调整、拆卸,但消费者自行改装、调整、拆卸而造成损坏的;
④ 发生产品质量问题,消费者自行处置不当而造成损坏的;
⑤ 因消费者未按照使用说明书要求正确使用、维护、修理产品,而造成损坏的;
⑥ 因不可抗力造成损坏的。

（3）在家用汽车产品保修期和三包有效期内,无有效发票和三包凭证的,经营者可以不承担本规定所规定的三包责任。

6. 争议的处理

（1）家用汽车产品三包责任发生争议的,消费者可以与经营者协商解决;可以依法向各级消费者权益保护组织等第三方社会中介机构请求调解解决;可以依法向质量技术监督部门等有关行政部门申诉进行处理。

家用汽车产品三包责任争议双方不愿通过协商、调解解决或者协商、调解无法达成一致的,可以根据协议申请仲裁,也可以依法向人民法院起诉。

（2）经营者应当妥善处理消费者对家用汽车产品三包问题的咨询、查询和投诉。

经营者和消费者应积极配合质量技术监督部门等有关行政部门、有关机构等对家用汽车产品三包责任争议的处理。

（3）省级以上质量技术监督部门可以组织建立家用汽车产品三包责任争议处理技术咨询人员库,为争议处理提供技术咨询;经争议双方同意,可以选择技术咨询人员参与争议处理,技术咨询人员咨询费用由双方协商解决。

经营者和消费者应当配合质量技术监督部门家用汽车产品三包责任争议处理技术咨询人员库建设,推荐技术咨询人员,提供必要的技术咨询。

（4）质量技术监督部门处理家用汽车产品三包责任争议,按照产品质量申诉处理有关规定执行。

（5）处理家用汽车产品三包责任争议，需要对相关产品进行检验和鉴定的，按照产品质量仲裁检验和产品质量鉴定有关规定执行。

三、缺陷汽车产品召回制度

1. 汽车召回的概念

所谓汽车召回（RECALL），就是投放市场的汽车，发现由于设计或制造方面的原因存在缺陷，不符合有关的法规、标准，有可能导致安全及环保问题，厂家必须及时向国家有关部门报告该产品存在的问题、造成问题的原因、改善措施等，提出召回申请，经批准后对在用车辆进行改造，以消除事故隐患。

汽车召回在美国、日本、韩国等国家早已不是一件新鲜事儿。其中，美国的召回历史最长，相关的管理程序也最严密。美国早在1966年就开始对有缺陷的汽车进行召回了，涉及的车型有轿车、卡车、大客车、摩托车等多种，全球几乎所有汽车制造厂在美国都曾经历过召回案例。

2. 汽车召回管理规定

《缺陷汽车产品召回管理规定》由国家市场监督管理总局、国家发展和改革委员会、商务部、海关总署联合制定，2004年3月15日正式发布，10月1日起开始实施，这是我国以缺陷汽车产品为试点首次实施召回制度。2012年10月22日，国务院令第626号公布《缺陷汽车产品召回管理条例》，自2013年1月1日起施行。

（1）消费者有权提出建议

根据规定，消费者或车主发现汽车可能存在缺陷，有权向主管部门、有关制造商、销售商、租赁商或者进口商投诉或反映汽车产品存在的缺陷，并可向主管部门提出开展缺陷产品召回的相关调查的建议。同时车主也应当积极配合制造商，进行缺陷汽车产品召回。

（2）缺陷汽车产品召回

召回是指按照规定程序，由缺陷汽车产品制造商（包括进口商）选择修理、更换、收回等方式消除其产品可能引起人身伤害、财产损失的缺陷的过程。缺陷指的是由于设计、制造等方面的原因而在某一批次、型号或类别的汽车产品中，普遍存在的具有同一性的危及人身、财产安全的危险。

（3）汽车产品缺陷的认定

新颁布的《缺陷汽车产品召回管理条例》要求，对于汽车产品缺陷的认定由专门成立的专家委员会负责。

（4）汽车制造商隐瞒缺陷将受到处罚

新颁布的《缺陷汽车产品召回管理条例》为企图隐瞒缺陷的汽车制造商制订了惩处办法，除必须重新召回、通报批评外，还将被处以1万元以上3万元以下罚款。

制造商发生下列三种情况将受到惩处：一是制造商故意隐瞒缺陷的严重性；二是制造商试图利用本规定的缺陷汽车产品主动召回程序，规避主管部门监督；三是由于制造商的过错致使召回缺陷产品未达到预期目的，造成损害再度发生。

（5）国家鼓励汽车制造商主动召回缺陷汽车

主动召回是世界汽车制造商的普遍做法，汽车制造商对缺陷汽车实施主动召回是企业诚信的表现。

（6）消费者不承担召回费用

缺陷汽车召回,是否要消费者承担一定费用呢?国家市场监督管理总局有关负责人明确表示:召回对消费者是免费的。

（7）召回不等于退换

缺陷汽车被召回并不等于旧车退还厂家,再换新车。

（8）召回彰显公共安全至上

3. 汽车召回与汽车三包的区别

从表面上看,汽车召回和三包都是为了解决汽车出现的一些质量问题,维护消费者的合法权益,但在问题的性质、法律依据、对象、范围和解决方式上是有区别的:

（1）性质不同。汽车召回的目的是消除缺陷汽车安全隐患给全社会带来的不安全因素,维护公众安全;汽车三包的目的是保护消费者的合法权益,在产品责任担保期内,当车辆出现质量问题时,由厂家负责为消费者免费解决,减少消费者的损失。

（2）法律依据不同。汽车召回是根据《产品质量法》对可能涉及对公众人身、财产安全造成威胁的缺陷汽车产品,国家有关部门制定《缺陷汽车产品召回管理规定》维护公共安全、公众利益和社会经济秩序。汽车三包对经营者来讲在法律关系上属特殊的违约责任,根据《产品质量法》对在三包期内有质量问题的产品,国家制定有关"三包规定",由销售商负责修理、更换、退货,承担产品担保责任。

（3）对象不同。召回主要针对系统性、同一性与安全有关的缺陷,这个缺陷必须是在一批车辆上都存在,而且是与安全相关的。"三包规定"是解决由于随机因素导致的偶然性产品质量问题的法律责任。对于由生产、销售过程中各种随机因素导致产品出现的偶然性产品质量问题,一般不会造成大面积人身的伤害和财产损失。在三包期内,只要车辆出现质量问题,无论该问题是否与安全有关,只要不是因消费者使用不当造成的,销售商就应当承担修理、更换、退货的产品担保责任。

（4）范围不同。"三包规定"主要针对家用车辆。汽车召回则包括家用和各种运营的道路车辆,只要存在缺陷,都一视同仁。国家根据经济发展需要和汽车产业管理要求,按照汽车产品种类分步骤实施缺陷产品召回制度,首先从 M1 类车辆(驾驶员座位在内,座位数不超过 9 座的载客车辆)开始实施。

（5）解决方式不同。汽车召回的主要方式是:汽车制造商发现缺陷后,首先向主管部门报告,并由制造商采取有效措施消除缺陷,实施召回。汽车三包的解决方式是:由汽车经营者按照国家有关规定对有问题的汽车承担修理、更换、退货的产品担保责任。在具体方式上,往往先由行政机关认可的机构进行调解。

3.2　汽车产品的保修索赔

一、保修索赔的前提条件

（1）必须是在规定的保修索赔期内。

（2）用户必须遵守《保修保养手册》的规定,正确驾驶、保养、存放车辆。

（3）所有保修服务工作必须由汽车制造厂设在各地的特约销售服务站实施。

(4) 必须是由特约销售服务站售出并安装或原车装在车辆上的配件,方可申请保修。

二、保修索赔范围

(1) 在保修索赔期内,车辆正常使用情况下整车或配件发生质量故障,修复故障所花费的材料费、工时费属于保修索赔范围。

(2) 在保修索赔期内,车辆发生故障无法行驶,需要特约销售服务站外出抢修,特约销售服务站在抢修中的交通、住宿等费用属于保修索赔范围。

(3) 汽车制造厂为每一辆车提供两次在汽车特约销售服务站进行免费保养,两次免费保养的费用属于保修索赔范围。

三、不属于保修索赔的范围

(1) 汽车制造厂特许经销商处购买的每一辆汽车都随车配有一本保修保养手册,该保修保养手册须盖有售出该车的特许经销商的印章,以及购车客户签名后方可生效。不具有该保修保养手册,保修保养手册上印章不全或发现擅自涂改保修保养手册情况的,汽车特约销售服务站有权拒绝客户的保修索赔申请。

(2) 因不正常保养造成的车辆故障不属于保修索赔范围。汽车制造厂的每一位用户应该根据《保修保养手册》上规定的保养规范,按时到汽车特约销售服务站对车辆进行保养。如果车辆因为缺少保养或未按规定的保养项目进行保养而造成的车辆故障,不属于保修索赔范围。

(3) 车辆不是在汽车制造厂授权服务站维修,或者车辆安装了未经汽车制造厂售后服务部门许可的配件不属于保修索赔范围。

(4) 用户私自拆卸更换里程表,或更改里程表读数的车辆(不包括汽车特约销售服务站对车辆故障诊断维修的正常操作)不属于保修索赔范围。

(5) 因为环境、自然灾害、意外事件造成的车辆故障不属于保修索赔范围,如酸雨、树胶、沥青、地震、冰雹、水灾、火灾、车祸等。

(6) 因为用户使用不当,滥用车辆(如用作赛车)或未经汽车制造厂售后服务部门许可改装车辆而引起的车辆故障不属于保修索赔范围。

(7) 间接损失不属于保修索赔范围。因车辆故障引起的经济、时间损失(如租赁其他车辆或在外过夜等)不属于保修索赔范围。

(8) 由于特约销售服务站操作不当,造成的损坏不在保修索赔范围。同时,特约销售服务站应当承担责任并进行修复。

(9) 在保修索赔期内,用户车辆出现故障后未经汽车制造厂(或汽车特约销售服务站)同意继续使用而造成进一步损坏,汽车制造厂只对原有故障损失(须证实属产品质量问题)负责,其余损失责任由用户承担。

(10) 车辆发生严重事故时,用户应保护现场,并应保管好损坏零件,但不能自行拆卸故障车。经汽车制造厂和有关方面(如保险公司等)鉴定事故原因后,如属产品质量问题,汽车制造厂将按规定支付全部保修及车辆拖运费用。如未保护现场或因丢失损坏零件以致无法判明事故原因,汽车制造厂不承担保修索赔费用。

四、汽车索赔的程序

1. 用户向特约经销商索赔

（1）用户在使用车辆过程中，发现车辆出现故障或存在缺陷，应向特约经销商提出索赔，不能直接向汽车生产厂家提出索赔。

（2）特约经销商索赔鉴定人员对故障车辆进行鉴定，对于在质量担保期内且符合质量担保条件的车辆给予索赔，维修工时费、材料费不与用户结算。如为索赔整车情况，则应先填写《索赔整车申请报告》报售后服务主管部门审批，再填写《商品车换车审批表》上报审批，符合索赔整车条件的，在给用户换车时，还要填写《换车交接登记表》。在维修好故障整车后，特约经销商和当地中转库要填写《索赔修复车交接表》。

2. 特约经销商向汽车生产厂索赔

（1）特约经销商的索赔员对符合索赔条件并完成索赔鉴定的用户车辆填写《索赔登记卡》并在管理系统中录入《索赔申请单》，将相应的条形码粘贴或拴挂在索赔件上，并将该索赔件按月及时送往或寄往指定地点。

（2）汽车生产厂售后服务科索赔员对经销商邮寄过来的索赔件及索赔申请单进行审核，并通过管理系统将确认的索赔申请转入索赔结算库。

（3）经销商根据管理系统中"经销商月结算"信息开具增值税发票并将发票按要求录入管理系统；经销商把索赔款发票及销货清单，以特快专递形式寄给汽车生产厂财务部会计科，财务部通过管理系统将索赔款转为备件款。

（4）重大质量问题造成的索赔，经销商应及时填写《重大质量问题反馈报告》，对于多发性质量问题造成的索赔，经销商应及时填写《多发故障反馈报告》，及时上报给售后服务科。

3. 汽车生产厂家向零部件生产厂家索赔

（1）汽车生产厂售后服务科索赔员，把审核后的索赔申请单通过汽车生产厂管理服务部，向零部件生产厂家申请索赔。

（2）零部件生产厂家把正确的索赔申请单对应的索赔款存到汽车生产厂指定账户。

（3）汽车生产厂售后服务科索赔员把审核后的索赔申请单按协作厂分类打印《售后服务外协件索赔单》。

① 通知财务部将索赔款从协作厂货款中扣除。

② 通知协作厂，在一个月内来汽车生产厂取回索赔件，一个月内不领取，做销毁处理。

4. 4S店索赔流程

4S服务站和特约维修站中都设置有索赔员一职，专门负责有关三包索赔事宜。

索赔的流程包括：前台接待定项、车间派工、领料、维修换件、索赔申请、索赔确认、收索赔款等。

（1）服务站按照服务流程为车辆进行登记开单，即前台接待，在接待过程中，接待人员听取顾客的诉求并进行初检，初步判定是否有索赔项，如果有，则应该在委托书中注明。

（2）索赔项目的维修、用料过程与普通维修是大同小异的，其最大的差别在于在维修和换件过程中，索赔员要根据实际情况进一步判断是否属于索赔项。

（3）索赔员进行索赔申请时，应该根据服务记录生成相应的索赔记录，并填写索赔单的相关内容,按照整车厂家的要求进行传真、邮寄或者网上申请索赔。

（4）如果索赔过程中,发生索赔单内容需要变动的情况,则需要对已经确认的索赔单进行相应的修改,此时,应收款项也会有相应的变动。

4S店车辆三包索赔具体流程如图3-1所示。

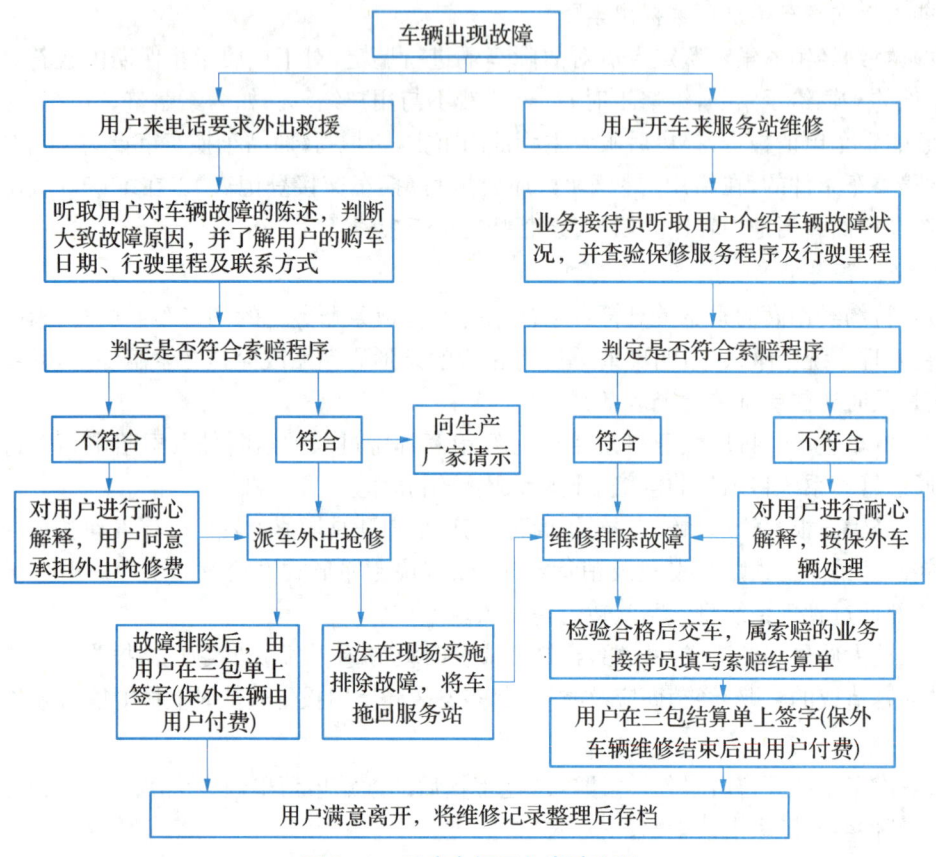

图3-1　4S店车辆三包索赔流程

五、汽车索赔工作机构

（一）汽车制造厂索赔管理部

1. 索赔管理部介绍

汽车制造厂索赔管理部隶属汽车制造厂的售后服务机构。售后服务机构负责售后业务,主要部门有:售后服务部、配件供应部、索赔管理部。

售后服务部主要负责售后服务设备、培训、技术支持、资料手册编辑、特约销售服务站服务工作的协调监督等业务;配件供应部主要负责配件筹集、定单处理、库存管理、配件运送协调、配件价格体系制订、特约销售服务站配件工作协调及监督等业务;索赔管理部主要负责整车、配件保修索赔期内的保修索赔以及再索赔工作,主要有:索赔工时、故障代码的制订和校核、索赔单据的审核和结算,产品质量信息的收集与反馈,再索赔结算及协调等业务。

2. 汽车制造厂的工作职责

（1）建立汽车特约销售服务站，对特约销售服务站的人员进行培训，帮助特约销售服务站提高技术水平和管理水平。

（2）向各区域派出汽车制造厂的技术服务代表，检查各特约销售服务站保修索赔的执行情况，评估各特约销售服务站索赔员的业务能力。

（3）遇到疑难问题，汽车制造厂将通过函电指导或派代表及技术人员现场提供技术支持。

（4）特约销售服务站在保修索赔服务中如被发现有欺骗行为（如伪造索赔单等），汽车制造厂将拒付索赔费，并视情节给予罚款处理，直至取消其索赔资格。如造成了严重的社会影响，将追究其责任。

（二）汽车特约销售服务站

1. 汽车特约销售服务站工作职责

（1）特约销售服务站是被授权对汽车产品进行保修索赔服务的企业。特约销售服务站有责任向所有符合保修索赔条件的用户提供满意的保修索赔服务，不得拒绝用户的合理的保修索赔要求。

（2）特约销售服务站必须按汽车制造厂的规定配置相关的硬件和软件。

（3）贯彻汽车制造厂保修索赔政策，实事求是为用户提供保修索赔服务，既不可推脱责任，也不可为用户提交虚假的索赔申请。

（4）在保修索赔工作中，有效的调整和维修是首选的措施，当调整和维修无法达到应有的技术要求时可以更换必要的零件或总成。

（5）有责任配合汽车制造厂处理好用户的质量投诉，特约销售服务站作为汽车制造厂的代表之一，不可推卸用户对质量投诉的责任。

（6）应按规定向汽车制造厂索赔管理部提供有效的质量情况反馈。

（7）妥善保管在索赔服务中更换的零配件，严格执行汽车制造厂的索赔旧件管理制度。

2. 索赔员的重要性及职责

（1）索赔员的重要性

要求每个特约销售服务站必须配备一名专职索赔员，专职索赔员的主要工作是保修索赔、免费保养和质量信息反馈。索赔员的工作能力和业务素质直接决定质量担保条例在维修站的执行规范，并且直接影响维修站的利益。

（2）索赔员的工作职责

① 充分理解保修索赔政策，熟悉汽车制造厂保修索赔工作的业务知识。

② 对待用户要热情礼貌、不卑不亢，认真听取用户有关车的质量意见，实事求是做好每一辆提出索赔申请故障车的政策审核和质量鉴定工作。

③ 严格按照保修索赔政策为用户办理索赔申请。

④ 准确、及时地填报汽车制造厂规定的各类索赔表单和质量情况报告，完整地保管和运送索赔旧件。

⑤ 积极向用户宣传和解释保修索赔政策。

⑥ 积极协助用户做好每一次免费保养和例行保养。

⑦ 在用户的保修保养手册上，记录好每一次保修和保养情况。
⑧ 严格、细致地做好售前检查。
⑨ 及时准确地向汽车制造厂索赔管理部提交质量信息报告。

3. 服务顾问的工作职责

(1) 仔细了解用户对于车辆的故障描述。
(2) 准确规范地填写任务委托书。
(3) 了解修理情况，对于变更的项目及时在委托书中做出修改。
(4) 任务委托书和结算清单必须由用户签字确认，保证修理合同的完整性。

4. 技术总监及车间维修人员的职责

(1) 根据任务委托书的描述，结合车辆故障情况判断是否符合质量担保条例。
(2) 将不符合质量担保条例的情况及时反馈索赔员。
(3) 对于需要打印故障代码记录的零件，按照要求打印记录，并及时将记录交给索赔员。
(4) 严格按照修理手册和有关 HST（服务技术手册）文件的要求进行修理。

5. 配件仓库人员的职责

(1) 及时根据配件科的信息维护配件数据库。
(2) 确保用于索赔的零件是纯正配件。
(3) 保证发出零件的配件号与电脑记录一致。

（三）汽车经销商

汽车经销商工作职责如下：
(1) 执行汽车制造厂的新车交付验收标准，出现疑问，及时向汽车制造厂反映。
(2) 执行汽车制造厂新车仓库管理制度，按规定做好新车保养。
(3) 及时向汽车制造厂技术服务代表或汽车制造厂索赔管理部反馈车辆库存中的质量信息，避免因延误处理而产生不应有的质量损失。
(4) 如果因车辆移动造成的事故，或者因保管不善造成零部件丢失或损坏，经销商应负责将车辆恢复到符合技术标准的状态，不得向用户出售不合要求的车辆。
(5) 及时向汽车制造厂反映用户的意见或要求，协助汽车制造厂处理市场反馈的产品质量信息。
(6) 帮助汽车制造厂建立与用户的联络渠道，共同提高对用户的服务能力和水平。

六、索赔旧件的管理

（一）索赔旧件处理规定

(1) 被更换下来的索赔旧件的所有权归汽车制造厂所有，各特约销售服务站必须在规定时间内按指定的方式将其运回汽车制造厂索赔管理部。
(2) 更换下来的索赔旧件应挂上《索赔旧件悬挂标签》，保证粘贴牢固并按规定填写好标签，零件故障处需要详细填写，相关故障代码和故障数据也须填写完整。《索赔旧件悬挂标签》由汽车制造厂索赔管理部统一印制，特约销售服务站可以向索赔管理部申领。
(3) 故障件的缺陷、破损部位一定要用红色或黑色不易脱落的颜料或记号笔做出明显标记。

(4) 故障件不可擅自分解,否则将视作该零件的故障为拆卸不当所致,不予索赔。

(5) 旧机油、变速器油、制动液、转向助力液、润滑油脂、冷却液等不便运输的索赔旧件无特殊要求不必运回,按当地有关部门规定自行处理(应注意环保)。

(6) 在规定时间内将索赔旧件运回。回运前索赔员需要填写《索赔件回运清单》,注明各索赔旧件的装箱编号。索赔旧件必须统一装箱,箱子外部按规定贴上《索赔旧件回运装箱单》并把箱子封装牢固。

(7) 汽车制造厂索赔管理部对回运的索赔旧件进行检验后,对存在问题的索赔申请将返回或取消。

(8) 被取消索赔申请的旧件,各特约销售服务站有权索回,但需承担相应运输费用。

(二) 索赔件库的管理规定

(1) 汽车生产企业的特许经销商的索赔件库为独立库房(独立区间),不得与其他厂家产品混放;

(2) 索赔件应分区、分类存放,国产、进口件分开存放;

(3) 索赔件库存放的索赔件应为近一个月以内的索赔件;

(4) 索赔件必须粘贴或拴挂相应的条形码;

(5) 索赔件库货架上应粘贴相应的分类、分组标签。

(三) 索赔件的操作规范

1. 条形码

索赔条形码拴挂要求:

(1) 先将索赔条形码放在索赔件挂签塑料卡,再将挂签拴挂到索赔件上;

(2) 将索赔卡牢固拴挂在索赔件上,方法是找带有小孔处、可拴挂的闭环处、可拴挂的凹凸不平柱形的凹处,用胶带、绳、铁丝制成闭环来拴挂索赔件挂签等。

2. 捆绑要求

一张索赔申请单申报索赔数量为两件以上,邮寄索赔件时,必须将索赔件捆绑在一起,并且保证能直观看到厂家代码、厂标、生产日期等标记。

捆绑材料:对轻、软、钝的索赔件可用绳或胶带捆绑;对重硬、锐索赔件用铁丝拴捆。

3. 清洁和装运要求

(1) 发动机、变速器、转向机、制动液罐等内部的油液全部放干净,外表保持清洁。更换下来的索赔旧件必须统一装箱,即相同索赔件集中装在同一包装箱内,并且在每个包装箱外牢固贴上该箱索赔件的《索赔旧件回运装箱单》,注明装箱号与索赔件的零件号、零件名称和零件数量,在规定时间由物流公司返运到汽车制造厂索赔管理部。

(2) 各个装箱清单上的索赔件种类和数量之和必须与《索赔件回运清单》上汇总的完全一致。

(3)《索赔件回运清单》一式三联,经物流公司承运人签收后,第一联由特约销售服务站保存,第二联由物流公司保存,第三联由物流公司承运人交索赔管理部。

客户关系管理

项目四

扫码可见本项目微课

任务描述

某4S店售后服务顾问在前台接待了一位来店内进行维修的客户，在结算的过程中客户抱怨备件价格太贵，客户服务人员需要向顾客解释，消除客户的抱怨，提高客户满意度。

能力培养目标

专业能力

1. 熟悉客户服务的类型及标准；
2. 能够进行客户满意度管理；
3. 能够正确处理客户投诉；
4. 能够进行客户关怀管理。

方法能力

1. 自学能力；
2. 使用企业信息资源的能力；
3. 组织协调管理能力；
4. 相关信息的收集能力；
5. 工作结果的评价与反思。

社会能力

1. 沟通能力；
2. 团队协作能力；
3. 工作责任心；
4. 优质服务意识；
5. 自信、乐观、热情地对待工作。

4.1 客户服务

一、客户

(一) 客户的定义

对企业而言,客户是对本企业产品和服务有特定需求的群体,它是企业生产经营活动得以维持的根本保证。客户资源是企业生存、发展的战略资源,它的价值体现在"所有客户未来为企业带来的收入之和,扣除产品、服务以及营销的成本,加上满意的客户向其他潜在客户推荐而带来的利润"。

(二) 客户的分类

1. 按客户对企业的忠诚度来划分

按客户对企业的忠诚度来划分,可把客户分成潜在客户、新客户、常客户、老客户和忠诚客户等。

潜在客户是指对企业的产品和服务有需求,但尚未开始与公司进行交易,需要公司花大力气争取的客户;新客户是指那些刚开始与公司开展交易,但对产品和服务还缺乏全面了解的客户;常客户是指经常和公司发生交易的客户,尽管这些客户还与其他公司发生交易,但与本企业的交易数量相对较高;老客户是指与公司交易有较长的历史,对企业的产品和服务有较深的了解,但同时还与其他公司有交易往来客户;忠诚客户则是指对公司有高度信任并与公司建立起了长期、稳定关系的客户,他们基本会在本公司消费。

不同忠诚度的客户对企业利润的贡献有较大的差别,可以简单图示为图 4-1。

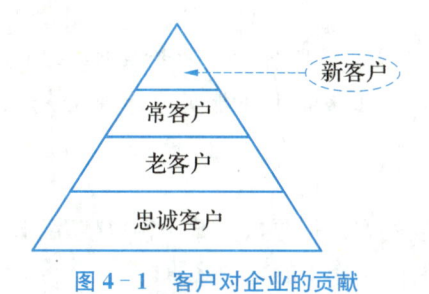

图 4-1 客户对企业的贡献

一般来说,客户的忠诚程度与客户和公司交易的时间长短、次数多少相关,只有忠诚的客户才能长时间、多频度地与公司发生交易。而客户的忠诚程度是不断发生变化的,只要公司对客户的服务得法,能赢得客户的信任,潜在客户就可以变成新客户,新客户可以变成常客户,常客户可以变成老客户,老客户可以转化成忠诚客户;反过来也是如此,如果公司不注意提高客户服务水平,损害客户的利益,就有可能使新客户、常客户、老客户和忠诚客户中止与公司的交易,弃公司而去。

2. 按车龄划分

(1) 保修期内客户

此类客户对车辆的关注度非常高,对 4S 店的依赖度也相当高,大部分的车辆保养与维修基本上都是在4S店进行。

此类客户是4S店最基本的目标客户,需要引导客户消费习惯,建立和谐信赖的客户关系。

(2) 2~5年的客户

在此期间的客户,定期保养的积极性逐年降低,但随着车龄的增长,车辆的故障率也在逐年增加,维修费用占了很大比例。在服务时,客户关注较高的是服务质量、清晰的服务过程和费用,对消费积分或其他优惠服务活动表现出浓厚兴趣。

此类客户是4S店营销的重点目标客户,需要积极地接触沟通,以高质量的服务,创造客户忠诚度。

(3) 5年以上的客户

随着车辆的老旧,逐步进入淘汰期,客户的消费欲望降低到最低值,但一旦车辆出现大的故障或出险,客户仍然会首选到4S店维修。

此类客户是4S店不能轻言放弃的客户,需要有针对性地开发客户新的兴趣点,挖掘客户的深层需求。

3. 按车辆用途划分

(1) 私家车客户

客户在消费时,对质量和价格非常敏感,希望得到清晰的服务,同时希望在情感方面得到4S店服务人员的理解和尊重。4S店创新并提供个性化的服务是赢得此类客户的关键。

(2) 公务车客户

此类客户对车辆维修质量的关注度是最高的,同时,对于服务环境、服务享受、服务人员的礼仪等方面也比较在意。对于此类客户,细致的维修作业、严格的质量检验、多项车辆检测、紧密的私人交往等是必不可少的。

(3) 营运车客户

价格、时间、效率是此类客户接受服务时三大考虑因素,相反,对服务态度、礼仪、环境等服务质量不足的容忍度较高。对此类客户的服务应体现在快速和适当的价格上。

4. 按客户价值划分

(1) 忠诚客户

忠诚客户是4S店最重要的客户资源,是4S店赖以生存和发展的重要源泉,区分、熟记、挽留、赢得他们是客户关系管理工作中的重中之重。

(2) 机会客户

机会客户在4S店客户资源中所占比例相对较大。此类客户只是由于时间较短,暂时没有表现出忠诚客户的特质,4S店应尽量促使这类客户向忠诚客户转化。

(3) 边缘客户

边缘客户在4S店现有客户资源中对4S店的贡献相对较低,却极易占用4S店相当大一部分人力、精力、物力和财力。为平衡4S店资源的利用效率,需要精确区分出此类客户,以便4S店更好调配企业资源。

(4) 流失客户

流失客户是4S店挖潜的重要客户群,应引起4S店的高度重视,由于客户流失原因较为复杂,因此,4S店需要收集、整理和有效地分析流失客户群,针对流失客户群的原因和特点,举办有特色的客户服务活动,动员、吸引其返回 4S 店,做好流失客户的挽回将有利于 4S 店提升盈利能力、保持持续发展。

二、客户服务

(一) 客户服务的概念

很多企业乃至客户服务人员都不是很清楚,究竟什么是客户服务,什么不是客户服务。客户服务应该是什么?客户远不止是要购买东西的消费者。不应把客户仅仅看成是消费者,而要把客户服务看成是客户服务部门应尽的责任,理所当然要给客户提供更好的服务。

优质的客户服务不只是我能帮你做什么。实际上客户需要的是获得帮助,希望和熟悉业务的人打交道,喜欢和能做决定的人打交道。客户希望以他需要的方式来对待他,希望他的身份地位得到尊重,希望企业公司能够了解他真正的需求,能让他产生一种获得服务的满足感。

所谓客户服务就是在合适的时间和合适的场合,以合适的价格和合适的方式向合适的客户提供合适的产品和服务,使客户的合适需求得到满足,价值得到提高的活动过程。

(二) 客户服务的类型

商场里的顾客需要的不仅仅是商品,汽车用户需要的不仅仅是开汽车,客户需要的不仅仅是你所提供的产品和服务,他们还需要被人善待。

客户服务产业中存在几种类型的客户服务状态,其中有一个概念叫优质客户服务特性,客户服务特性是通过两方面体现的。第一个方面是程序特性。程序特性是指一个企业为客户所提供服务的流程。第二个方面是个人特性。个人特性是指客户服务人员在和客户沟通的时候,其自身的行为、态度和语言技巧,以及在客户服务岗位上是不是称职。

程序特性和个人特性两者加在一起,就构成了一个企业客户服务的基本特性,根据这两种特性的不同结合,可以把目前的客户服务划分为四种类型(如图 4-2)。

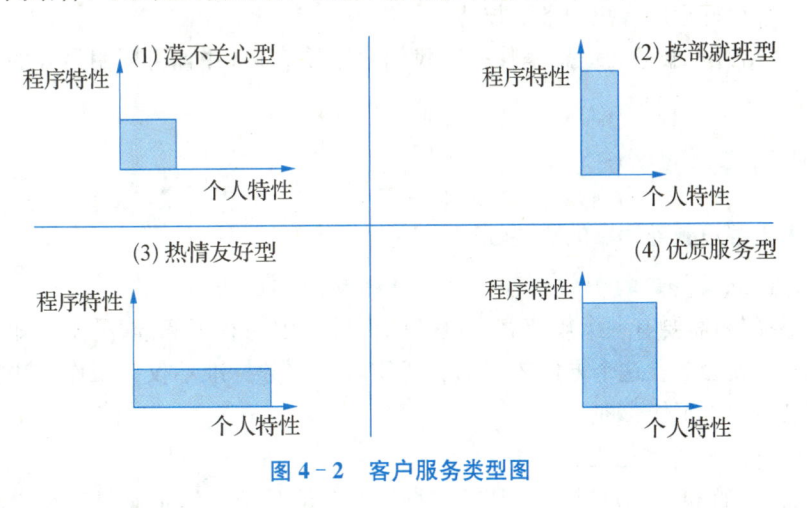

图 4-2 客户服务类型图

1. 漠不关心型

第一种叫作漠不关心型的客户服务。其表现在个人特性和程序特性两方面都很弱,程序方面无组织,很慢,或者不一致,也不方便。比方说,客户买的车辆坏了,需要维修,结果发现,根本就没有一个标准的维修时间,应该多长时间,应该谁来维修,打电话询问此事,杳无音信,石沉大海,根本就没人给回复。这个企业的服务程序非常混乱。就像去火车站买票,不知道应该去哪个窗口买,问询处也没有人,不知道应该在哪里得到帮助。这就是程序特性方面的特征。

个人特性方面缺乏热情,也就是客户服务人员没有服务意识和敬业精神。这两者结合在一起,传达给客户的信息是什么?就是根本不关心,根本没有什么客户服务,就是买了东西就走人。这就叫作漠不关心型的客户服务。

2. 按部就班型

第二种叫作按部就班型的客户服务。按部就班型在程序特性方面很强,但个人特性方面很弱。有些大的企业,在服务程序上制定方案头头是道,设定了很多非常烦琐的客户服务流程。但是个人特性方面缺乏热情,不感兴趣,很冷淡。这样传递给客户的信息是什么?你只是一个客户,每个客户都要遵守规矩,不能搞特殊化。客户很着急,那也得排队,这是我们的规矩。客户说明天就要出差了,能不能提前修理一下?那不行,按规定就是三天以后才能取,今天就不能给取。什么叫按规定?规定就是程序。这就叫作按部就班型。

3. 热情友好型

第三种叫作热情友好型。在个人特性方面很强,而在程序特性方面很弱。个人特性很强是指客户服务人员态度特别好,很热情,也很友好,特别会沟通。可惜这个企业没有一个很好的客户流程,很混乱。最后导致传达如下信息:哎呀,我们也特别努力,特别同情你,但是我们真的不知道怎么做。没办法,我们确实很理解您,理解您的难处,我们也知道我们的产品不好,会给您带来不便,但我们也解决不了。

4. 优质服务型

最好的一种叫作优质服务型。优质服务型是指在个人特性、程序特性两个方面都很强。程序特性方面及时、有效、正规、统一。客户服务人员有着很好的素质,关心客户,理解客户,体贴客户,能够很好运用客户服务的技巧。

这样传递给客户服务的信息是什么?我们很重视客户,并且希望用最好的服务来满足客户的需求。

三、优质客户服务标准

(一)优质客户服务标准的重要性

1. 树立企业及员工的工作目标——前进的动力

客户服务部门需要有一个规范客户服务的标准。因为有了标准,员工才知道什么样的服务是最好的,就会照着这个方向去努力。优质客户服务标准不仅为工作方法提供了一个指导,同时也指明了工作方向。

2. 向客户及员工传达企业的期望

清晰、简洁、直观、有效的服务标准,使每位员工清楚地了解企业对于客户服务的要求和期望。客户服务的宗旨是向客户和员工传达一种企业的期望。企业客户服务糟糕的原因,是因为员工不知道企业究竟需要他们为客户提供怎么样的服务。客户服务宗旨为他们指明了方向,告诉他们应该提供什么样的服务。客户服务的标准也是给客户看的,一方面能够让客户了解企业对于客户的态度,另一方面客户能够更清楚地了解企业提供的服务标准。

3. 创造有价值的衡量工具

客户服务标准是创造价值的衡量工具。优质客户服务标准是一个有效的员工业绩评价系统的基础,也提供给企业人力资源部门和管理人员参照,根据这个来衡量员工的绩效。

(二) 优质客户服务标准的内容

优质客户服务标准包括三大要素,即服务硬件、服务软件和服务人员。这三个要素相辅相成,缺一不可。

1. 服务硬件

服务硬件是指企业开展客户服务所必需的各种物质条件。它是企业客户服务的外包装,起到向客户传递服务信息的作用;它是企业开展客户服务工作必须具备的基础条件,也是客户对企业形成第一印象的主要因素;它为客户的服务体验奠定了基调。

服务硬件一般包括以下几个方面:

(1) 服务地点。通过对客户需求的研究发现,客户在购买产品和获得服务时希望更方便、更快捷,因此,企业距离客户更近,更方便地使客户获得企业产品和服务方面的信息,更方便地使客户能够购买到企业的产品,更方便地使客户获得企业及时、高效的服务,成为客户选择企业的重要因素。这一因素在零售行业表现得尤为突出。

(2) 服务设施。服务设施主要是指企业为客户提供产品或服务所必需的基本工具、装备等,如运输车辆、行李寄存处、停车场等。服务设施包括质量和数量两个方面,设施的质量决定了企业为客户提供的服务好坏,设施的数量决定着企业提供服务的能力大小。

(3) 服务环境。服务环境主要是指企业为客户提供服务的空间环境的各种因素,包括服务场所的内外装修、环境的色彩、空间大小、光线明亮程度、空气清新度、环境卫生清洁度、温度与湿度、空气气味、家具的风格与舒适度、座位的安排,等等。它是客户购买产品或接受服务过程的服务体验的主要因素。

2. 服务软件

服务软件是指开展客户服务的程序性和系统性,它涵盖了客户服务工作开展的所有程序和系统,提供了满足客户需要的各种机制和途径。

服务软件包括以下几个方面:

(1) 时间性。时间性是指企业为客户提供服务时完成服务的时间标准,服务的每个过程、每个步骤都应该规定具体的完成时间。

(2) 流畅性。流畅性是指企业为客户提供服务时企业内部各部门、各系统、各员工之间相互配合、相互合作,使服务能顺利、流畅地完成。

(3) 弹性。弹性是指企业为客户提供服务时,企业的服务系统具有根据客户的实际需要及时进行调整,灵活处理的特性。

(4) 预见性。预见性是指企业为客户提供服务时能对客户的需要进行准确的预测,并且在客户没有提出时,企业能主动为客户提供该项服务。

(5) 沟通渠道。为了保证企业客户服务系统的正常运行,及时了解客户的实际需要以便向客户提供优质的服务,企业内部以及企业与客户之间必须保持畅通的沟通渠道。

(6) 客户反馈。企业必须建立有效而可观察的客户反馈系统,以便及时了解客户对服务工作的意见、客户的想法、客户对服务满意与否。

(7) 组织和监管。企业对客户服务部门和服务人员进行有效的监督和管理,以使客户服务系统能够正常地运行。

3. 服务人员

企业的服务硬件和软件是理性的、规则的,而这些规则是靠服务人员执行的,服务人员的服务意识、服务精神以及他们在服务过程的一言一行等个性化的东西决定着服务质量的好坏。

服务人员的个人因素包括以下几个方面:

(1) 仪表。客户服务人员在为客户提供服务时,服务人员的形象好坏对客户的心理活动产生着积极或消极的影响。企业要制定能使客户留下良好印象、制造和谐气氛、产生良好情绪的符合仪表要求的外在指标,如:男士服务人员头发长度不能盖过耳朵,不能留奇形怪状的发型,不能染发,不许留胡子,指甲不能过长;女士脸部适当着淡妆,着装统一,佩戴服务牌,等等。

(2) 态度、身体语言和语调。客户服务人员的态度体现在服务人员的表情、身体语言、说话的语气、语调等方面,它是客户对企业客户服务质量评价的重要方面,也是客户对企业提供的服务满意与否的重要指标。企业要制定在开展服务工作时客户服务人员的态度、身体语言和语气、语调等方面的可观测指标,如:服务人员在为客户提供服务时要微笑,说话时眼睛要注视对方,语气平和委婉,站立时手势摆放得体,等等。

(3) 关注。关注是指满足客户独特的需要和需求,这种关注或关心是敏感的,它认同客户的个性,从而以一种独特的方式对待每一位客户。企业要制定出以何种方式向客户表示关注;如何才能使客户感觉受到特别对待;哪些不同的客户需要保持不断变化的、敏感的关注;企业和服务人员为满足这些独特的需要具体做什么方面的标准。

(4) 得体。得体不仅包括如何发出信息,还包括语言的选择运用。某些语言会把客户赶跑,因此,要注意避免使用这些语言。企业要制定客户服务人员在开展客户服务时的具体语言要求,如:在不同的环境下,说哪些话比较合适;在与客户打交道的过程中,哪些话是必须要说的;应该怎么称呼客户;应该在什么时候称呼客户名字,频率是多少,等等。

(5) 指导。指导包括服务人员如何帮助客户;他们如何指导客户做出购买决定,为客户提出劝告和提供建议;为客户提供帮助的过程中,应该配备什么资源;服务人员需要具备什么知识水平才能提供正确的指导;企业如何了解服务人员的知识水平是否达到标准;如何衡量这个标准,等等。

(6) 有礼貌地解决问题。客户不满时怎么办;如何使客户转怒为喜;如何对待粗鲁、难以应付的客户;如何理解"客户总是对的";如果客户永远都是对的,企业在保持这个标准上能做到什么程度;应该由谁负责处理客户的不满和问题;他们的权力范围有多大;企业如何指导客户的问题得到妥善解决;有哪些相应指标;如何观察和衡量这些指标,这些是解决问题时应全面考虑的问题。

四、客户服务人员的素质要求

（一）技能素质要求

1. 良好的语言表达能力

良好的语言表达能力是实现客户沟通的必要技能和技巧。

2. 丰富的行业知识及经验

丰富的行业知识及经验是解决客户问题的必备武器。不管做哪个行业，都需要具备专业知识和经验。不仅能跟客户沟通、赔礼道歉，而且要成为产品专家，能够解释客户提出的问题。如果客户服务人员不能成为业内人士，不是专业人才，有些问题可能就解决不了。作为客户，最希望得到的就是服务人员的帮助。因此，客户服务人员要有很丰富的行业知识和经验。

3. 熟练的专业技能

熟练的专业技能是客户服务人员的必修课。每个企业的客户部门和客户服务人员都需要学习多方面的专业技能。

4. 优雅的形体语言表达技巧

掌握优雅的形体语言表达技巧，能体现出客户服务人员的专业素质。优雅的形体语言表达技巧指的是气质，内在的气质会通过外在形象表露出来。举手投足、说话方式、笑容，都表现你是不是一个专业的客户服务人员。

5. 思维敏捷，具备对客户心理活动的洞察力

对客户心理活动的洞察力是做好客户服务工作的关键所在。所以，这方面的技巧客户服务人员都需要具备。思维要敏捷，要具备对客户的洞察力，洞察客户的心理活动，这是对客户服务人员技能素质的起码要求。

6. 具备良好的人际关系沟通能力

客户服务人员具备良好的人际关系沟通能力，跟客户之间的交往会变得更顺畅。

7. 具备专业的客户服务电话接听技巧

专业的客户服务电话接听技巧是客户服务人员的另一项重要技能，客户服务人员必须掌握，怎么接客户服务电话，怎么提问。

8. 良好的倾听能力

良好的倾听能力是实现客户沟通的必要保障。

（二）品格素质要求

1. 忍耐与宽容是优秀客户服务人员的一种美德

忍耐与宽容是面对无理客户的法宝，是一种美德。你需要有包容心，要包容和理解客户。真正的客户服务是根据客户本人的喜好使他满意。客户的性格不同，人生观、世界观、价值观也不同。即使这个客户在生活中不可能成为朋友，但在工作中他是你的客户，你甚至要比对待朋友还要好地去对待他，因为这就是你的工作。要有很强的包容心，包容别人的一些无理，包容别人的一些小家子气。因为很多客户有的时候就是这样，斤斤计较、蛮不讲理、胡搅蛮缠，什么样的情况都会有。

2. 不轻易承诺，说了就要做到

对于客户服务人员，通常很多企业都有要求，不轻易承诺，说到就要做到。客户服务人员不要轻易地承诺，随便答应客户做什么，这样会给工作造成被动。但是客户服务人员必须要注重自己的诺言，一旦答应客户，就要尽心尽力去做到。

3. 勇于承担责任

客户服务人员需要经常承担各种各样的责任和失误。出现问题的时候，同事之间往往会相互推卸责任。客户服务是一个企业的服务窗口，应该去包容整个企业对客户带来的所有损失。因此，在客户服务部门，不能说这是那个部门的责任，一切的责任都需要通过你把它化解，这就叫勇于承担责任。

4. 拥有博爱之心，真诚对待每一个人

拥有博爱之心，真诚地对待每一个人。这个博爱之心是指"人人为我，我为人人"的那种思想境界。做到这一点的人不是很多。

5. 谦虚是做好客户服务工作的要素之一

拥有一颗谦虚之心是人类的美德。谦虚这一点很重要。一个客户服务人员需要有很强的专业知识，什么都要懂，什么都要会，就有可能不谦虚，认为客户说的话都是外行话，特别是做维修的人员，就会在客户面前炫耀自己的专业知识揭客户的短。这是客户服务中很忌讳的一点。客户服务人员要求有很高的服务技巧和专业知识，但不能去卖弄，不能把客户当成傻瓜。

6. 强烈的集体荣誉感

客户服务强调的是一个团队精神，企业的客户服务人员，需要互相帮助，必须要有团队精神。什么是一支足球队的团队凝聚力？人们常说这个球队特别有团结精神，特别有凝聚力，是指什么？是指每一个球员在赛场上不是为自己进球，所做的一切都是为了全队获胜。而客户服务人员也是一样，你所做的一切，不是为表现自己，而是为了能把整个企业客户服务工作做好。这里谈到的就是团队集体荣誉感，这也是品格方面的要求。

（三）心理素质要求

1. "处变不惊"的应变力

首先，对于客户人员很重要的，是处变不惊的应变力。所谓应变力是对一些突发事件的有效处理。作为客户服务人员，每天都面对着不同的客户，很多时候客户会给你带来一些真正的挑战。

2. 挫折打击的承受能力

第二叫挫折打击的承受能力。销售人员经常会遇到一些挫折打击，而很多客户服务人员，每天都要面对各种各样客户的误解甚至辱骂，你需要有承受能力。更有甚者，客户越过客户服务人员直接向你上级主管投诉。有些投诉可能夸大其词，本来这个客户服务人员没有做得那么差，但到了客户嘴里变得很恶劣，恶劣到应该马上被开除，那么作为你的主管在客户走了以后就会找你谈话。因此，你需要有承受挫折打击的能力。

3. 情绪的自我掌控及调节能力

再有就是情绪的自我掌控和调节能力。情绪的自我掌控和调节能力是指什么呢？比如：每天接待 100 个客户，可能第一个客户就把你臭骂了一顿，因此，心情变得很不好，情绪

很低落,你也不能回家,后边 99 个客户依然在等着你。这时候你会不会把第一个客户带给你的不愉快转移给下一个客户呢?这就需要掌控情绪,调整自己的情绪。因为对于客户,你永远是他的第一个。因此,优秀的客户服务人员的心理素质非常重要。

4. 满负荷情感付出的支持能力

什么叫作满负荷情感付出呢?就是你对每一个客户都提供最好的服务,不能有保留。不能说,因为今天需要对 100 个人笑,估计笑不了那么长时间,所以一开始要笑得少一点。做客户服务可以吗?不可以。你对待第一个客户和对待最后一个客户,同样需要付出非常饱满的热情。因为这是公司对你的要求,只有这样,你才能够体现公司良好的客户服务。

5. 积极进取、永不言败的良好心态

什么是积极进取、永不言败的良好心态?客户服务人员在自己的工作岗位上,需要不断地去调整自己的心态,遇到困难,遇到各种挫折都不能轻言放弃。这些和团队有很大关系。如果整个客户服务的团队是一个积极向上的团队,员工在这个团队氛围当中,很多心里的不愉快都能得到化解。如果不是,那这就要靠自己去化解。

(四)综合素质要求

1. "客户至上"的服务观念

"客户至上"的服务观念要始终贯穿于客户服务工作中,因此,需要具备一种客户至上的服务观念,整体的服务观念。

2. 工作的独立处理能力

优秀的客户服务人员必须能独当一面,具备工作的独立处理能力。一般来说,企业都要求客户服务人员能够独当一面,也就是说,你要能自己去处理很多客户服务中的棘手问题。

3. 各种问题的分析解决能力

优秀的客户服务人员不但需要能做好客户服务工作,还要善于思考,提出工作的合理化建议,有分析解决问题的能力,能够帮助客户去分析解决一些实际问题。

4. 人际关系的协调能力

优秀的客户服务人员不但要能做好客户服务工作,还要善于协调同事之间的关系,以达到提高工作效率的目的。人际关系的协调能力是指在客户服务部门中,如何和自己的员工、自己的同事协调好关系。有的时候,同事之间关系紧张、不愉快,会直接影响到客户服务的工作效果。

五、客户关怀

在以客户为中心的商业模式中,客户关怀是客户维护的重要方面。随着竞争的日益激烈,企业依靠基本的售后服务已经不能满足客户的需要,必须提供主动的、超值的、让客户感动的服务才能赢得客户信任。

(一)客户关怀的内容

不同企业对于客户关怀的内容有不同的解释,概括起来主要是企业售出服务以外的为客户额外提供的服务。另一些观点则认为客户关怀贯穿市场营销的所有环节,具体包括:一是客户服务,如向客户提供产品信息和服务建议等;二是产品质量,应向客户提供符合有关标准、适合客户使用的产品与服务;三是服务质量,指与企业接触过程中客户的体验;四是售后服务,包括售后的查询和投诉等。

从时间上看,客户关怀活动包含在客户购买前、购买中、购买后的客户体验的全部过程中。购买前的客户关怀会加速企业与客户之间关系的建立,为鼓励和促进客户购买产品或服务起到催化剂的作用。购买期间的客户关怀则与企业提供的产品或服务紧紧地联系在一起,包括订单的处理以及各种有关销售的细节,都要与客户的期望相吻合,满足客户的需求。购买后的客户关怀活动,则集中于高效地跟进和圆满地完成产品的维护和修理的相关步骤,以及围绕着产品、客户,通过关怀、提醒或建议、追踪,最终达到企业与客户互动。企业对产品、客户及其变化趋势有很好的把握效果,能为企业进一步的产品升级、客户拓展达到积累资料的目的。售后的跟进和提供有效的关怀,可以大大增强客户对产品和企业的忠诚度,使客户能够重复购买企业的产品和服务。

(二) 客户关怀的基本原则

(1) 客户满意第一;

(2) 关怀要出自内心;

(3) 把客户当成自己,换位思考;

(4) 主动式的关怀;

(5) 帮助客户降低服务成本,赢得客户的信任;

(6) 切勿表现出明显的商业行为;

(7) 在客户满意和公司利益之间寻找最佳平衡点。

(三) 4S 店客户关怀管理

1. 客户信息管理

客户关怀管理的核心是客户信息管理,要与每一位客户建立一种良性的联系。在提供从购买分析到客户服务到关怀的全程业务服务的同时,对客户购买行为和价值取向进行深入分析,为 4S 店挖掘新的盈利机会,并为未来产品发展方向提供科学、量化的指导依据,使 4S 店和汽车生产企业在快速变化的市场环境中保持发展能力。

客户资料信息是 4S 店开展顾客关系管理的基础,所以首先应完善客户的资料信息库。4S 店应有专门的客户服务中心,组织专门人员来集中管理客户信息,保证客户关系管理的正常运转。4S 店应坚持在客户进店维修保养后的一周内进行回访,询问车辆维修后的使用情况、是否完全修复、对维修还有什么意见和建议等。必须进行回访,不能有遗漏。在回访过程中,及时地完善客户的资料信息,包括固定电话、手机、详细地址等可以联系的信息。客服人员要更详细、准确地了解客户的需求,分析客户对汽车产品以及服务的反应,分析客户满意度、忠诚度和利润贡献度。为有效地赢得客户和保留客户,可以通过使用数据仓库与数据挖掘工具对客户信息进行细分,并对不同类型的客户实行不同的服务策略。如让客服人员与不满意客户及时地沟通,通过含蓄的访谈,可以知道客户即将流失的具体原因,4S 店可以做出快速反应,通过改进不足之处挽留住即将流失的客户,同时也提高了客户满意度。又如可以将客户的购车时间分为立刻购买、3 个月购买、6 个月购买、年内购买这样几种类型。根据客户选择购买时间的不同,分门别类地采取不同的对应方法。例如对于一个即将购买的客户,将这个信息送给销售人员,由销售人员进行及时跟踪服务。对于 3 个月内将要购买的客户,给予销售人员提示,是不是可以将这个客户转化成立刻购买,促使客户购买时间提前。对于 6 个月内想要购买的客户提供比较详细的汽车相关资料。对于年内打算购买的客户只提供一般性的宣传资料。

2. 发掘目标客户模型

根据发掘目标客户的模型,4S 店可以定时(如每天)获得一张 A、B 两类客户的列表。4S 店可以对列表上的客户实施客户关怀,从而挽留住即将流失的客户,用更小的成本获得更多的利润。

(1) 监控有流失趋势的客户所占比例

比较每个统计周期中 A、B 两类客户的数量,横向比较不同车型、不同客户类型中 A、B 两类客户的数量,或者纵向比较不同时期 A、B 两类客户数量的变化趋势。分析得出的结论可以作为对市场促销活动或服务质量改善的评价指标。这些指标可以帮助 4S 店更精确地分析,从而找出客户流失的原因。

(2) 获知客户的最新动态,并做出相应改进

4S 店应坚持在客户进店维修/保养后的 3 天内进行回访,询问车辆维修后的使用情况、是否完全修复、对维修有什么意见和建议等。必须 100% 回访,不能遗漏。在回访过程中,及时地完善客户的资料,包括固定电话、手机、详细地址、邮政编码、Email 等可以联系的地址信息。服务顾问也应在每次服务后更新相关信息,让客服人员更详细、准确地了解客户的需求。

让客服人员与 A、B 两类客户及时地沟通,通过含蓄的访谈,可以知道客户即将流失的具体原因。4S 店可以做出快速反应,通过优化不足之处挽留住即将流失的客户,同时也提高了客户满意度。

3. 开展情感维系活动

情感活动是维护客户关系有效的技巧之一,对于提高客户满意度非常有效。

(1) 事件提醒服务。定期提醒客户进行车辆保养、车险续保、驾驶证年审、车辆年审、交通违章处理、恶劣天气预防等服务。

(2) 温馨祝福活动。在客户生日和重大节日等重要时间节点送去公司的温馨祝福,也可以开展为当天过生日的客户进行价格优惠和赠送小礼物等活动。

(3) 座谈交流活动。4S 店可以将各种服务或营销活动等信息通过客户服务中心电话、短信、邮件等方式传送给客户,邀请其参加活动、座谈会等。要注意根据不同的客户群体,开展有针对性的活动,如针对新客户,提供汽车驾驶、汽车保养、简单故障应急处理、驾驶技巧等知识讲座。针对女性客户开展驾车防盗防抢培训等服务。

(4) 主题沙龙活动。每次确定一个沙龙主题,邀请对该主题感兴趣的客户一起参加。邀请的时候一定要注意细分客户群体,每次邀请年龄、职业、行业、背景、收入相仿的客户,保证沙龙的质量。如邀请女性客户参加美容保养的主题沙龙,邀请前卫客户参加新车型新技术展示沙龙活动,邀请准父母的客户参加以育婴经验为主题的沙龙。让客户在各种活动中增加与 4S 店的联系,从而增加客户对 4S 店的忠诚度,最终实现保持终身客户的目的。

4. 会员折扣

吸引到客户之后,商家需要持续的努力,才能够长期留住客户。会员制度,就是留住老

客户的常用办法之一,也是客户关系管理的一种有效手段。一套完善的会员制度,是与客户建立良好关系的纽带与桥梁。会员制度的管理内容很多,下面介绍一下会员制度中的重点内容之一的会员折扣制度。

折扣,就是厂商在向客户提供商品或者服务时,在普通定价的基础上,以一定的优惠价格收取费用。会员折扣,就是为客户建立会员档案,然后为会员客户提供比普通客户优惠的消费折扣。在维修管理中,折扣可以使用在维修项目和维修用料两个方面。

因为维修工时费和配件费的性质有所不同,因此,在一般的修理厂,会将维修工时和配件折扣分开,即一单业务中会有两个折扣率。不同级别的客户享受的双折扣率也会有所区别,客户级别的划分也就成为会员制度一个重要内容,一般来说,级别越高的会员,得到修理厂优惠的折扣越多。

5. 短信群发管理

手机短信群发,是近年来客户关系管理的常用手段,也是 CRM 客户关系管理采用计算机管理系统的重要功能。手机短信的用处有以下几点:

(1) 如果管理软件系统能够自动预测出车辆的下次保养时间,可以用短信通知客户来店保养,为车主带来温馨的服务提醒,同时为管理者带来持久的利润。

(2) 有的车辆的保险快要到期了,软件系统能够帮助提醒客户进行续保,这时可以用手机短信群发自动通知客户。同样,对于驾照的年审、行驶证的年审等,都可以用短信群发功能实现。

(3) 预防客户流失:有的老客户,有几个月没有来本店进行维修,就要警惕了,这个客户有流失的危险。应该通过计算机系统定期查询可能流失的客户,然后使用手机短信群发进行联系。

(4) 逢年过节、客户生日、购车的周年日等,在这些特殊的日子,也可以通过短信给客户祝福,增进客户的感情。

总而言之,使用短信群发联系客户的方法,能够大大拉近汽车服务企业与客户之间的距离。

6. 紧急救援

良好运转的紧急救援服务对提高客户满意度和客户忠诚度,增加企业收入,具有巨大作用。要求救援的客户一般是在最困难的时候,向企业发出救援信号。得到救援帮助的客户将非常感激,并对企业留下了深刻的乐于助人印象。既没有维修企业信息而又没得到帮助的客户,或长时间等待的客户,会非常生气甚至恼怒,客户将对企业的生产能力和信誉产生怀疑并失去信心。

企业实行良好的紧急救援要具有以下条件:

(1) 成立紧急救援小组;
(2) 建立 24 小时值班制度;
(3) 设立救援电话,并让客户知道救援电话;
(4) 设立紧急救援车辆。

(四) 客户关怀的评价

无论从客户角度还是从公司角度来看,客户关怀的程度是很难衡量与评价的,而不同企业客户关怀的效果肯定存在差异,因此,可以从三个角度评价客户关怀的程度。

1. 寻求特征

指客户在购买产品之前就能够决定的属性,如产品的包装、外形、规格、型号、价格等等。客户关怀首先应该满足客户的寻求特征。

2. 体验特征

指的是客户在购买产品后或消费过程中才能够觉察到的属性,如口味合适、礼貌待人、安排周到和值得信赖等等。企业可以站在客户的角度亲身体验,或者进行客户调查获得客户体验特征的满足程度。

3. 信用特征

指的是客户在购买了产品或者是消费了产品和服务后仍然无法评价的某些特征和属性(原因在于客户难以具备这方面的专业知识或技巧),因此,必须依赖提供该产品或服务的公司的职业信用和品牌影响力。

企业可以根据自己产品的特点,按照上述三个特征,设计出自己的评价体系,营销人员与服务人员对客户的关怀进行评价。具有寻求特征的变量可以称为"硬件"部分,企业可以通过不同的定量方法管理识别出客户期望,进而能够设定出合适的规范、规则。具有体验特征和信用特征的变量是客户关怀中的"软件"部分,这部分的改变则要通过对接触客户的员工进行训练和考核才能够改善。企业通过制定严格的业务操作程序和行为规范,将大大地提高服务水准。

4.2 客户满意度管理

一、客户期望与客户满意度

不同的客户对于服务有着不同的观点和看法,因为他们的期望值不同。要想能够顺利开展客户服务工作并且令客户满意,企业和客户服务人员必须了解什么是客户的期望值,必须弄清楚客户的期望值是如何产生和变化的,客户的满意度又是如何形成的,在此基础上,企业客户服务人员应该采取什么样的技巧来满足客户的需求。

(一) 客户期望值

客户期望值是由三个因素组成的:过去的经历、口碑的传递和个人的需求。

1. 过去的经历

每个人对自己周围的环境、事物和人都有一种期望,而这种期望由于各人的情况不同也各不相同。世界上没有两片相同的树叶,对于同一种服务,不同的人也会有不同的感受。两个人去同一家宾馆,相信他们对这家宾馆的评价一定是不一样的。如果换上第三人来看,肯定会有第三种看法,甚至同一个人在不同的时间也会得出不同的结论。

企业开展客户服务工作,就是要努力满足所有客户的不同的期望值,但是事实上企业是不可能满足所有人的所有期望值,那么,企业就必须想方设法降低客户的期望值。

2. 口碑的传递

并非什么事情我们都经历过,因此,期望值不仅仅源于过去的经历。你可能没有开过宝马车,但是你对宝马车依然会存有较高的期望值;你也可能没有买过别墅,但是同样会对它有一种期望值。而且,没有得到某件事物的人的期望值往往远比已经得到的人的期望值要高得多。

3. 个人的需求

期望值的第三个来源是个人的需求。个人的需求与过去的经历没有关系,与口碑也没有关系,而是跟一个人的个性有关,或者说跟一个人为人处事的方式有关。

(二) 客户满意度

客户满意(Customer Satisfaction),简称CS,它本来是商业经营中一个普遍使用的生活概念,没有特别的含义。客户满意度是一个相对的概念,是客户期望值与最终获得值之间的匹配程度。客户满意度表示客户对于所接受的企业产品和服务的满足程度。一般是客户对于产品和服务的预想结果和实际结果之间的差异。客户满意度有五种测评程度:很不满意、不满意、一般满意、满意、很满意。

当客户实际感受远远低于预想时,客户感受到很不满意,客户因此会对企业的产品和服务产生抱怨,会对企业进行投诉。假如可以妥善处理客户的不满,可以降低客户的不满足的感觉,可以使客户由很不满意向满意过渡。

当客户实际感受略低于预想时,顾客感受到不满意,客户因此会对企业的产品和服务产生抱怨。假如可以妥善处理客户的不满,可以降低客户的不满足的感觉,可以使客户由不满意向满意过渡。

当客户实际感受接近预想时,客户感受到一般满意,客户会继续接受企业的产品和服务。但是这类客户是不稳定的,如果企业竞争者对客户进行拉拢,那么客户可能会放弃企业的产品和服务,转而投入竞争者的怀抱。

当客户实际感受大于预想时,客户会感受到满意,客户会继续接受企业的产品和服务。而且这类客户是比较稳定的,因为他们对企业有一定的忠诚度。

当客户实际感受远远大于预想时,客户会感受到很满意,客户会继续接受企业的产品和服务。而且这类客户是很稳定的,因为他们对企业非常忠诚,尽管企业竞争对手会运用各种主动营销方法来争取客户,但是客户依然不会离开企业。

(三) 客户满意的分类

(1) 产品满意:产品满意是企业产品带给客户的满足状态,包括内在质量、价格、设计、包装、时效等方面。产品质量是客户满意的基础因素,没有产品质量客户就不会满意。

(2) 服务满意:是指产品售前、售中、售后以及产品生命周期不同阶段所采取的服务措施。服务满意主要表现在服务过程的每一环节都要为客户着想,有利于客户、方便客户。

(3) 内部客户满意:内部客户是操作工序之间,上一道工序要把下一道工序视为自己的客户,让下一道工序满意。职能部门之间要把离客户更近的部门看成自己的顾客,要从每一个环节上为其着想,提供满意的服务,最终使客户满意。

(四) 客户满意度的评价指标

客户满意度评价指标一般选择客户最希望的因素和客户最多抱怨的因素,以上两种因素决定的评价标准对客户满意有着很大的影响。4S店售后服务部门一般采用与客户正面沟通交流、电话调查和邮件访问等方式,但是客户满意度决定因素较多,而且对于个体的单位和服务,决定标准也是不一样的。对于汽车 4S 店售后服务工作来说,汽车售后服务发展到品牌服务的年代,对于汽车 4S 店的客户可选的服务标准较多,在确定售后服务标准时客户一般涉及下列要点:

1. 服务内容价值

服务内容价值是汽车 4S 店售后服务的内容,这些内容是多种多样的,有维修、保养、保险理赔、装饰美容、汽车金融等等,而这些服务都是依附在汽车产品这一实体之上的,是属于无形产品价值层次的范畴,作为有形层次的汽车产品只是一种客观的存在形式,是汽车售后服务活动的载体。因此,服务内容价值是指依附于汽车产品这一载体之上能给顾客带来的效用,即购买汽车产品的顾客所获得的超越汽车产品价值的额外的利益。对于汽车服务企业而言,服务内容价值是客户利益的载体,其他形式的价值都依附在服务内容价值之上。

2. 超越服务价值

超越服务价值是指 4S 店客户在获得基本的汽车售后服务的基础上所获得的超出服务内容价值部分的利益。例如,在 4S 店售后服务中,售后服务人员发现汽车发动机有积碳现象,虽然没有达到需要进行维修的标准,但是已经影响了汽车的经济性。因此,售后服务人员建议客户做清洗发动机积碳的服务,做完此项服务后客户节约了用油成本,这样给客户带来的价值就属于超越服务价值范畴。在汽车 4S 店竞争日益激烈的大环境下,售后服务因同质化严重,在这种竞争环境中,消费者已不满足于汽车 4S 店所提出的基本的售后服务,而需要 4S 店提供更多的超越服务价值,所以超越服务价值在顾客综合价值中越来越重要。

3. 服务文化价值

服务文化价值是指在客户接受 4S 店售后服务时,对企业所有员工的一种总体印象。服务文化价值包括很多内容,例如企业员工的业务水平,服务积极性和主动性,全体员工的服务意识,员工在为客户提供服务时所体现出来的人格魅力。所有这一切的综合体现便反映出了服务文化价值。

4. 服务形象价值

企业的服务形象价值是指 4S 店所提供的售后服务水平在汽车服务行业中所处的名次。其服务水平的先进程度和专业化程度给公司客户所带来的额外增值,表现在 4S 店所提供的售后服务在顾客心目中的品牌形象。优良的企业品牌服务形象会使企业客户感受到额外的价值,所以客户在接受 4S 店所提供的售后服务时,所得到的感受在很大程度上受到企业品牌服务形象的影响。因此,服务形象价值在客户综合价值中占有一定的地位。

(五)使客户满意的要素

使客户满意的要素如图 4-3 所示。

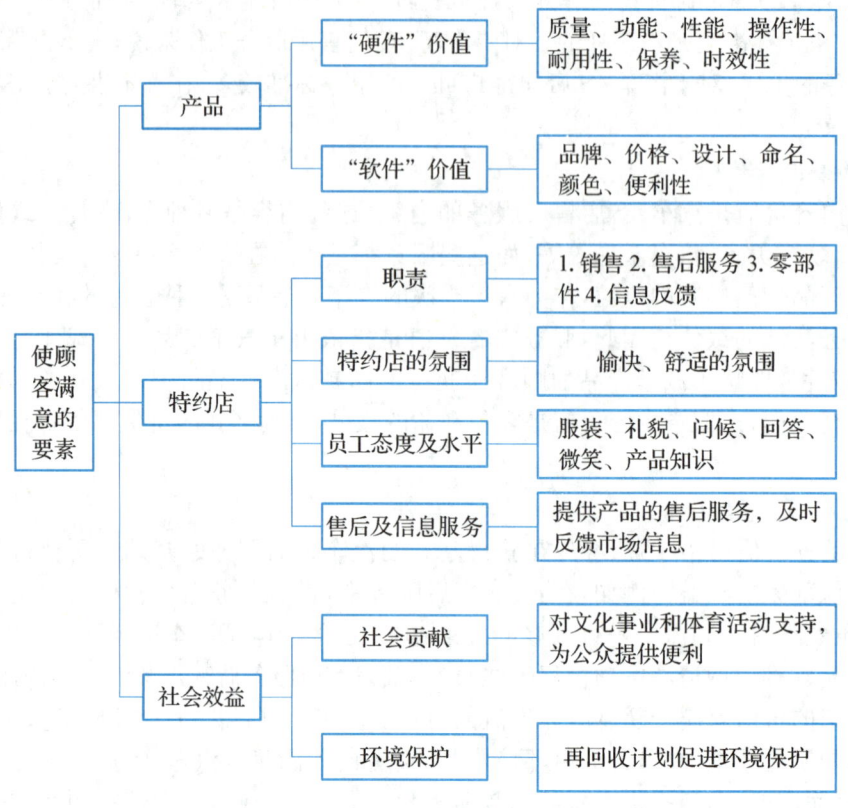

```
                                            ┌─ "硬件"价值 ── 质量、功能、性能、操作性、
                                            │               耐用性、保养、时效性
                              ┌─ 产品 ──────┤
                              │             └─ "软件"价值 ── 品牌、价格、设计、命名、
                              │                              颜色、便利性
                              │
                              │             ┌─ 职责 ──────── 1.销售 2.售后服务 3.零部
                              │             │                件 4.信息反馈
                              │             │
          使顾                │             ├─ 特约店的氛围 ─ 愉快、舒适的氛围
          客满 ───────────────┼─ 特约店 ────┤
          意的                │             ├─ 员工态度及水平 服装、礼貌、问候、回答、
          要素                │             │                 微笑、产品知识
                              │             │
                              │             └─ 售后及信息服务 提供产品的售后服务，及时
                              │                              反馈市场信息
                              │
                              │             ┌─ 社会贡献 ──── 对文化事业和体育活动支持，
                              └─ 社会效益 ──┤                 为公众提供便利
                                            │
                                            └─ 环境保护 ──── 再回收计划促进环境保护
```

图 4-3 使客户满意的要素

（六）让客户很不满意的情形

1. 缺乏产品知识

缺乏产品知识是不会使客户满意的，维修中心的维修接待员和维修工人都必须具备丰富的专业知识，这样才能够使客户满意。

2. 不遵守承诺

服务顾问答应客户在某时间交车，结果到时间仍然没有办法交车，还让客户改天再来一次，这种不遵守承诺的行为会造成客户的不满。

3. 不以正确的态度对待顾客

服务人员要么与客户平起平坐，要么高高在上，没有端正自己的态度，这样的态度也会导致客户不愉快。

4. 对老客户不重视

开发一个新客户的成本是保持一个老客户的几倍，而老客户不仅曾经给企业带来利润，还会通过再次购买、介绍朋友购买等方式，给企业带来更多的利润，因此，重视老客户越来越得到各个公司的认同。

5. 待人态度冷淡

有时候服务顾问的态度比较冷淡，也许情有可原，因为他一天讲了太多的话，接待了很多顾客。但是从另外一个方面来看，每个顾客来的时候并不知道在他以前你接待了多少个顾客,他总认为自己是你接待的第一个顾客,所以你如果态度冷淡,他就会非常生气,因为顾客认为没有受到应有的尊重。

二、客户忠诚

客户忠诚是指顾客满意后,产生对于某种产品品牌和公司的信赖和维护的心理倾向,并且会至少产生3次以上的重复购买行为。

(一) 客户忠诚对企业的重要性

1. 客户忠诚管理创造经济特许权

经济特许权是企业的超级利润之源。一项经济特许权的形成,来自具有以下特征的产品和服务:它是客户需要或希望得到的;被客户认定为找不到类似的替代品;不受价格上的管制。

这三个特点体现公司对所提供的产品与服务进行主动提价从而赚取更高的资本报酬率的能力。经济特许权还能够容忍不当的管理,无能的经理人虽会降低经济特许权的获利能力,但不会对他构成致命伤害。一般企业管理不善是会倒闭的。相对的,一般企业要获取超额利润就只能成为低成本的营运商,或产品和服务是唯一的。

企业的本金在总价值中占的比例越大,受未来通货膨胀的影响越大。现金流量越大,企业的价值越高。持续竞争优势越突出的企业,有形资产在价值创造中的作用越小,企业声誉、技术等无形资产的作用越大,超值回报率越高,经济商誉也就越大。

2. 减少客户流失,形成竞争壁垒

消费者一旦对某一产品品牌形成偏好和忠诚时,就很难为竞争者的产品所动,这样就在无形中减少了企业的竞争压力。优秀的客户服务可以提高客户忠诚度,可以保持客户。而企业获得新客户却要花费5~10倍精力,因此,企业只要保持5%的客户其经济收益就会翻番。

当消费者对品牌忠诚度高时,就会减少来自新产品的威胁,还可以降低竞争对手采用的有奖销售、折扣销售的吸引力,从而形成一道市场壁垒。

3. 创造巨大的经济收益

(1) 客户重复购买将使经济组织的收入增加,老客户保持时间越长,购买量越大。

(2) 因为招揽客户费用减少,使经济组织的总成本降低。

(3) 老客户会推荐他人购买,从而增加新顾客。

(4) 有助于员工更容易地达成绩效目标并且增强自信心。

(5) 客户满意度提高可以改善工作条件,提高员工福利,减少优秀员工的流失。

(二) 客户满意与顾客忠诚的区别和联系

1. 满意与忠诚是完全不同的两个概念

(1) 满意:是消费者对产品或服务的期望水平与实际水平之间的主观比较,客户满意的心理根源在于客户感知服务质量,服务质量决定顾客满意,客户满意可以部分决定顾客忠诚。客户满意具体可以用五种情绪来形容是不是"满意"。

满足指产品可以接受或容忍。

愉快指产品带给人以积极、快乐的体验。

解脱指产品解除了人们的消极状态。

新奇指产品带给人以新鲜和兴奋的感觉。

惊喜指产品令人出乎意料地高兴。

（2）忠诚：客户忠诚就是重复购买同一品牌的行为，并且只考虑这种品牌，不进行其他品牌尝试的客户。忠诚是一种非理性的行为，可以按照忠诚的程度分为四个层次：

认知忠诚是由产品品质信息直接形成的，认为本产品优于其他产品而形成的忠诚，这是最浅层次的忠诚。

情感忠诚是指客户使用本产品并且持续获得满意之后，对产品形成的偏爱。

意向忠诚是指客户十分向往再次购买本产品，并且不时会有重复购买冲动，但是这种冲动还没有化为行动。

行为忠诚是忠诚的意向已经转化为实际行动，客户甚至愿意克服障碍实现购买。客户忠诚是有目的性的，是经过思考而决定的购买行为。

2. 满意与忠诚的联系

从理论上看，客户感知服务质量水平会导致三种心理状态，不满意、满意、愉悦。

（1）客户愉悦＝获得优异的服务质量；

（2）客户满意＝获得优良的服务质量或者获得"可接受的服务质量"；

（3）客户不满意＝获得难以接受的服务质量。

提供优异的服务并不需要增加额外的和附加的服务，只要在服务过程当中给客户"小小的惊喜"即可。

企业必须清楚客户满意是在总资源的限度内，在保证其他利益者（员工、供应商、股东）能够接受的情况下，尽力提高客户满意水平。

构成客户整体利益的因素＝产品价格＋品质＋产品创新＋服务品质＋企业形象。

三、汽车服务企业的客户满意度管理

（一）汽车售后服务对客户满意度的影响因素

1. 企业整体形象

客户会根据企业的整体形象来构筑自己对汽车售后服务企业的整体感觉。比如，好的店面形象和室内设计会让顾客感到这家企业"信誉好、价格标准统一、经营正派"；而没有品牌标识，私人经营的小维修店铺，则会使客户产生"经营不正规、维修技术差、收费混乱"等感觉。企业的形象会直接影响客户的满意度。

2. 维修质量

汽车的维修技术是汽车售后服务中影响客户满意度最基本也是最主要的因素。汽车出现故障，客户绝对是要把维修的质量放在第一位，假如故障排除不了，对客户来说就没有任何满意度可言。

3. 服务质量

汽车是高档消费品，所以客户对汽车售后服务的档次要求也自然不会低。客户在考虑维修质量的同时也一定会注重考虑服务的质量，优质的服务会大大提高客户的满意度。客户在汽车没有故障的时候，通常会去维修站对汽车做一些常规的检查和保养，这时，维修站服务人员的行为举止、业务素质、知识水平以及服务态度等都会影响客户的满意度。

4. 收费是否合理

客户进行消费,一定会考虑商品或服务的价格,考虑是否物有所值。汽车维修服务也一样,路边维修点的价格同品牌店的价格差距是很大的,选择了品牌店的客户在付出了一定的费用后,就希望能够得到品牌店的服务,比如有宽敞明亮的接待大厅、热情周到的服务态度、温馨舒适的休息室、先进的维修设备、高超的维修技术等。合理的收费,才能提高客户的满意度,才会让客户觉得物有所值。

5. 维修服务效率

维修服务的效率也是影响客户满意度的因素之一,这是由于现代生活质量提高、生活节奏在加快,所以客户要求获得高效率的维修服务。客户到维修站维修保养需要花费一定的时间,在时间就是金钱的时代,高效率的服务能够获得较高的客户满意度。

(二)提高客户满意度的对策

1. 树立企业形象

汽车售后服务企业应从内、外形象和用户环境上下功夫,树立起企业良好的整体形象,建立自己的品牌。多数高档汽车乃至一些经济型汽车的车主在选择售后服务时,大多都倾向于选择品牌企业。可以通过统一企业的品牌形象,建立宽敞明亮的接待大厅和维修车间,配备设施齐全、温馨舒适的客户休息室来树立起良好的企业形象。

2. 更新服务观念

汽车售后服务市场是一个提供服务的市场,关键是要树立和更新现代汽车售后服务的服务观念,主要在三个方面更新观念。

一是要树立"全方位服务的观念"。提供服务的主体不仅是生产厂家、销售商、维修厂、美容店,也包括政府部门的管理服务和各种社会机构的服务;服务的内容不是单一汽车修理、换件,还包括汽车资讯、消费信贷、技术培训、办证、年检、抢险救援、二手车经营、汽车改装、汽车文化等,是一种综合服务。

二是要树立"标准化服务的观念"。服务是规范的不是随意的,质量是有保障的不是假冒伪劣的,收费是有标准的不是胡乱加价的,承诺是能兑现的不是空头支票。总之,无需消费者花很多的时间和很大的精力去货比三家,只要付同样的费用就可以获得同等的服务。

三是要树立"人性化服务的观念"。服务的对象是人而不单是车。一切要从人的需要出发,替他们着想,给他们提供方便,为他们排忧解难,帮助他们实现人与车的完美结合。也就是说,要通过所提供的服务,让有车的人真正能感受到有车的方便、荣耀、幸福与快乐,充分地享受着现代的生活。

3. 提升自身的服务品位

要想有效提升客户满意度,首先要了解客户想要什么,企业能做什么,企业努力可以实现什么,企业可以更多地提供什么,新的提供是否可以让客户更便利、更满足?这里最重要的是客户的需求信息,服务人员是否可以用心挖掘这些信息,公司是否可以有效利用和重视这些信息三者的有效结合。虽然服务质量是没有100%的,但企业仍要时刻关注客户需求,想客户之所想,加强对客户的沟通工作和关怀工作。让程式化的问询变成一种交流,让枯燥的等待变成一种享受。

4. 建立"一站式"售后服务模式

"一站式"汽车服务模式包括维修、喷漆、轮胎、保养、洗车、美容、装饰、用品、年审、保险等全方位服务。目前国内汽车售后服务形式多以单一或多项服务的形式存在，对客户的服务也仅仅是局部服务，当客户需要多项服务的时候，往往因不能满足客户的需求而使客户流失。汽车服务行业应该学习零售业先进科学的经营理念，在现有条件下增加服务项目，提高服务附加值，导入汽车全方位服务理念。

5. 采用先进的技术和设备

在现实生活中，像关注汽车价格一样，汽车维修费用的高低，也同样会受到用户的关注。若要降低维修费用必须提高效率、缩短维修周期、降低维修成本。要实现这一点除需要维修人员的专业技术水平外，必须借助专业化、现代化的汽车诊断、检测与维修设备和仪器，才能快速简捷地诊断出故障并加以解决。有些汽车服务企业已建立"汽车远程故障诊断技术服务"，对所属网点可快速处理复杂疑难技术问题，极大提高了服务质量。

6. 提高服务人员的素质

汽车工业是一门全学科的工程技术专业。汽车售后服务虽然是一项商业性的工作，但它也是一项技术性很强的工作。因此，要有一支既懂汽车基本原理，又懂汽车新结构、新技术，适应机电一体化的售后服务维修队伍。汽车售后服务企业选择服务人员应该有严格的用人标准，除了具有相应的学历标准外，还应制定相应的培训计划，特别是对综合素质方面的培训，以使服务人员具有高质量的服务水准。汽车服务企业要定期开展业务技术培训，有条件的企业可委托大专院校代培，不断充实员工的专业技术知识，只有这样才能使技术人员适应不断变化的市场形势，更好地开展售后服务工作。

7. 完善价格体系

由于价格因素是影响客户满意度的因素之一，所以建立合理的价格体系，给消费者提供良好的消费环境，也是提高客户满意度的重要方法。只有按照统一、透明、公开的原则，将市场价格稳定下来，让消费者对自己选择的产品和服务更加明确，才能使消费者觉得物有所值。

8. 提高售后服务效率

对售后服务人员进行专业培训，提高售后服务人员的素质，并且根据汽车维修养护技术的更新而不断为技术人员举办各种业务培训班，建立起一支具有雄厚技术力量和维修检测能力的高素质技术队伍。只有这样，才能够为客户的车辆进行快速准确的诊断和进行故障排除，也才能够形成集汽车维修、零部件供应以及各类服务于一身的一体化服务，最大程度地提高服务效率，保证消费者的利益。

9. 建立详细、规范的服务标准

汽车服务企业对于体系的管理必须要有详细的、规范的服务标准，建立统一的信息管理系统，以此对服务行为进行规范和管理。通过规范的管理使得各项工作有序进行，出现问题可以追查到具体的个人，极大地增强了员工的责任意识，提高了服务水平，同时给客户提供了标准一致的服务，使得客户更加放心，也提高了客户的满意度。

10. 建立完善的信息反馈系统

企业希望在竞争中取胜，希望客户长期光顾，要创造持久的服务优势，就需要获得各方面最新而准确的信息,为此企业必须通过对故障修复、质量担保、专题跟踪、网点巡视、用户投诉、生产质量、新产品、网点的经营管理情况等信息的收集整理,建立完善的用户信息管理系统、内部故障信息反馈和改进渠道、重大和批量用户故障反应机制、网点考核管理系统和产品信息系统等。针对网点反馈信息和相关部门发现的重要疑难故障,由售后服务部门成立专门小组,依照专门的工作流程技术对网点援助和指导,以便于及时解决问题,提高企业竞争力。

(三) 客户与企业关系的处理

在服务行业以往人们习惯把客户称为"上帝",而在汽车维修行业,我们认为将客户当成朋友更为合适。处理人际关系要相互尊重,从而达到互相满意,这就是"双胜无败原则"。从客户与企业的关系来看,大致可出现四种情况:

1. 客户的行为与员工的行为都正确

使客户得到最想得到和应该得到的利益,员工也得到最想得到和应该得到的利益,大家的需求都得到了满足,在人际关系的处理上大家都赢得了胜利。

2. 客户的行为与员工的行为都不正确

客户没得到应有的利益,从此不但不再光临,而且造成很差的口碑效应,而员工的不正确行为将导致企业门庭冷落,最终被激烈的市场竞争无情地淘汰,员工与企业也将最终丧失自己应该获得的利益。这种双败无胜的结局是最差的境界、最坏的结局。客户与员工从内心来说都不希望出现并努力想避免这种结局。

3. 客户正确、员工不正确

从客户来分析,他们付了钱,要求获得优质服务的要求是正确的、应该的,而且他的实际行为也符合客人的身份。但由于企业与员工一方的种种原因,导致客人利益获得受阻,造成心理失望。

4. 客户不正确、员工正确

员工既然是人对人服务,那么客户由于利益、认识差异等原因,客户与员工之间发生矛盾甚至冲突在所难免,而在那些矛盾与冲突中,员工选择了极力满足客户的期望或正确劝导客户的无理要求。员工忍受委屈,全心地投入工作,可能会让客户满意,也可能让客户不满意。但员工的努力将客户不满意度降到了最低点,企业可设立"委屈奖",以安慰和鼓励员工。

四、客户投诉的处理

(一) 客户投诉

当顾客购买商品时,对商品本身和企业的服务都抱有良好的愿望和期盼值,如果这些愿望和要求得不到满足,就会失去心理平衡,由此产生抱怨和想"讨个说法"的行为,这就是顾客的投诉。

1. 客户投诉产生的过程

找上门来只是最终投诉的结果,实际上投诉之前就已经产生了潜在化的抱怨,即产品或者服务存在某种缺陷。潜在化的抱怨随着时间推移就变成显在化的抱怨,而显在化的抱怨即将转化为投诉。比如说,你购买了一辆汽车,总出故障,这时还没有想到去投诉。但随着问题所带来的麻烦越来越多,就变成显在化抱怨,显在化抱怨变成了潜在投诉,最终看到的是投诉。

2. 客户投诉产生的原因

客户不满是客户因自己的期望没有得到满足时的一种心理上和行动上的反应,通常表现在产生抱怨和提出异议两个方面。

抱怨是客户对自己的期望没有得到满足的一种表述。由于市场竞争日趋激烈,顾客面前有多种选择,所以会变得越来越挑剔。正因为人的欲望永无止境,顾客要求物更美、价更廉、服务更加完善,然而商品的改进和服务的范围毕竟是有限的,因此,顾客产生不满情绪便成为自然而然的现象了。对企业来说,客户抱怨是一个弥补服务或产品欠佳带来的损失、挽回不满意的顾客的机会。抱怨可以称得上是客户送给企业的一份礼物,企业只需小心地打开这个特殊的礼包,再看看里面有什么,便能从中获益。

根据某公司对148项投诉资料的统计表明,客户抱怨的原因多种多样,该项统计见表4-1所示。对该表进行统计,可以得出这样的结果:对产品质量、功能、价钱等方面(类型为1)的不满共75次,占总数的50.67%;待客、服务态度等方面(类型为2)的不满共63次,占总数的42.57%;顾客本身的原因、天灾等非人为因素和不明原因共10次,占总数的6.76%。通过对上面的统计数据进行分析不难看出,造成顾客不满的常见因素通常有以下一些方面。

表4-1 客户抱怨原因统计表

序号	客户抱怨的原因	发生次数	类别
1	产品质量差	38	1
2	服务态度	17	2
3	意外、故障	14	1
4	掺杂异物(食品)	10	1
5	错认顾客、疏忽	10	2
6	订货出错	9	2
7	让顾客久等(交货期)	5	2
8	拖延回答、不回应	5	2
9	顾客的无知或常识不足	5	3
10	对于产品的疑问	4	1
11	出差错	3	2
12	不知是买方或卖方的错	3	4
13	希望破灭	3	1
14	说明技巧差	2	2
15	介绍错误	2	2
16	无法满足客人的要求	2	2

续　表

序号	客户抱怨的原因	发生次数	类别
17	不把顾客的抱怨当作一回事	2	2
18	付出的钱太多	2	1
19	由于疏忽而造成的抱怨	1	2
20	不合理的抱怨	1	4
21	推荐其他的制造商	1	2
22	遗失	1	1
23	天灾等非人为因素	1	4
24	技术不够纯熟	1	2
25	马马虎虎地敷衍	1	2
26	立场不同	1	2
27	价格	1	1
28	知识不足	1	2
29	延迟送货	1	2
30	货品售完	1	1

(1) 提供的产品不良

提供的产品不良，一般可以从制造商的制造责任、经营者的管理责任和消费者自身的责任加以追究。

从顾客的角度来说，零售商遭受他们抱怨、异议等任何形式的不满都是正常的。例如瓶装饮料中出现异物时，零售业者并非全然没有责任。以往在遭遇这种问题时，零售商通常站在消费者这一边，共同谴责制造商。但是，最近的趋势已不再如此，因为卖方同样有监督商品的责任。假如卖方引进了次品而不知道，将这些次品出售，对一个零售店来说，根本无法免除遭受批评的责任。

如果因消费者使用不当而使商品破损的责任，按理说应由消费者承担，但成功的经营者应主动向消费者详细介绍产品的使用方法，并力争让顾客了解和掌握。如果某些经营场所在售货时对产品有关知识介绍不详而导致商品出现问题，经销商也应负有一定的责任。

(2) 提供的服务不佳

此处所说的"服务"是指招揽顾客的"服务方式"。企业销售出去的商品属于硬件物质，而"服务"是软件的"精神商品"，服务的好坏是影响顾客满意与否的关键因素。

① 应对不得体。

顾客对零售商的服务有所不满大多是营业员在应对上不得体而产生的。例如，接待慢，搞错了顺序，甚至会出现后来的顾客已得到接待，而先到的顾客却仍没有人招呼的现象；缺乏语言技巧，不会打招呼，也不懂得回话，说话没有礼貌，说话口气生硬；对于商品的相关知识不足，无法满足顾客的询问，等等。

② 态度不好。

比如,不管顾客的反应,一味地说明;只顾自己聊天,不理会顾客;紧跟在顾客身后,唠叨地怂恿顾客购买;顾客不买时,马上板起面孔,不理会顾客;强迫顾客购买;不愿意将展柜中陈列的精美商品拿出来供顾客挑选;瞧不起顾客,言语中流露出蔑视的语气,尤其是当那些衣着寒酸的顾客在挑选商品的过程中表现出犹豫不决或试图压低价格时,营业员便以"买不起别买"之类的话来羞辱顾客,表示对顾客的怀疑;对顾客挑选商品表现出不耐烦,甚至冷嘲热讽,等等。

③ 员工自身的不良行为。

如售后服务人员在工作时抱怨不满现在的工作环境、待遇等;对其他顾客评价、议论;衣着不整,奇装异服,浓妆艳抹,纪律性差;员工之间不合,发生争吵,互相拆台等。

④ 说明不足。

商品的使用说明不够详细,用了没多久就坏了;说明不实,以至于买错了商品。

⑤ 金钱上的疏忽。

少找了钱给顾客;算错钱,向顾客多要了钱。

⑥ 礼品包装不当。

忘了撕下价格标签,使客人丢脸;弄错了贺卡。

⑦ 不遵守双方的约定。

顾客依照约定的日期前来提货,却发现商品还没有订购;顾客要求把商品改装,可是过了一星期还没有弄好。

⑧ 运送不当招致抱怨。

货物送得太迟;送错地方;使商品污损。

⑨ 商品标示与内容不符。

标签上标示着红色的毛巾,回家拆开才发现里面装的是蓝色的毛巾;买了5个,却发现里面只有4个,等等。

(二) 客户投诉管理

对于大多数公司而言,客户抱怨中只有10%的客户可以有机会向公司明确表述出来;而剩下的90%客户没有机会向公司表述,这些抱怨只能反映到一些行为中,例如拖欠公司的应付账款,对一线的客户服务人员不够礼貌,等等。而且,借助于互联网,这些不开心的客户很容易会让上千人知道他的感受。因此,企业必须要在这个不愉快的事情发生之前快速解决,尽量给客户一个倾诉抱怨的机会,让他们说出心中的不畅,同时尽量解决这些使人心情不畅的问题。

企业可以根据客户响应时间、客户趋势分析来设立公司的准则。服务不周造成的危害是显而易见的,弥补这种危害带来的影响应被视为是一次机遇而不仅仅是痛苦的例行公事。我们解决客户抱怨的时候,应从两方面入手,一是为客户投诉提供便利,二是对这些投诉进行迅速而有效的处理。

1. 建立健全各种规章制度

要有专门的制度和人来管理顾客投诉,并明确投诉受理部门在公司组织中的地位。要明文规定处理投诉的目的,规定处理投诉的业务流程,根据实际情况确定投诉部门与高层经营者之间的沟通关系。另外,还要做好各种预防工作,减少顾客投诉。

2. 确定受理投诉的标准

在处理投诉上关键的一件事情,就是要把处理的品质均一化。当处理同一类型的投诉时,如果经办人处理办法不同或同时对各个投诉者有不同的对待态度,势必会失去客户的信赖。因此,不管从公正处理的角度,还是从提高业务效率的角度来说,都应该制定出合乎本企业的投诉处理标准。

3. 一旦出现客户投诉,应及时处理

对于客户投诉,各部门应通力合作,迅速做出反应,力争在最短的时间里全面解决问题,给客户一个满意的答复,拖延和推卸责任会进一步激怒投诉者,使事情复杂化。试想,客户购买的商品发生了故障,偏巧遇到周末,如果不能立刻修理,客户不得不始终想着这件烦人的事情,这使得原本应该很轻松的周末变得有点沉重。反之,如果客户与企业联系后,立刻得到回应,必然会争取到客户对企业的好感与信赖,因此,企业应规定投诉的受理时间。

4. 处理问题时应分清责任,确保问题妥善解决

不仅要分清造成客户投诉的责任部门和责任人,而且需要明确处理投诉的各部门、各类人员的具体责任与权限以及客户投诉得不到及时圆满解决的责任。对于处理投诉的责任人,究竟应该给予怎样的责任与何种程度的权限,事先需进行书面化的规定。同时,对接待人员尽量给予大幅度的权限。如果事事均向上级请求,会降低客户对接待人员的信赖,甚至强化不满情绪。

对于重复出现的常规问题,则按规定的程序与方法予以及时处理。对非常规问题,则授权给合适的部门根据具体情况创造性地予以处理,以提高组织在处理投诉上的响应速度,减少经济上和信誉上的损失,避免恶化客户关系。

5. 建立投诉处理系统

建立处理系统,对每一起客户投诉及处理都要做出详细的记录,包括投诉内容、处理过程、处理结果、客户满意度等。用计算机管理客户投诉的内容,不断改进客户投诉处理办法,并将获得的信息传达给其他部门,做到有效、全面地收集统计和分析客户意见,立即反应,做出明确适时的处理,并经常总结经验,吸取教训,为将来更好地处理客户投诉提供参考。

随着市场竞争手段、竞争意识的知识化、专业化,提供高质量、高技术的产品,提供优质服务是企业永恒的主题,而有效的客户投诉管理是企业获得竞争优势的重要途径。因此,企业必须重视和加强对客户投诉的有效管理使其更加规范化、系统化,从而培育更加融洽的客户关系,以便在激烈的市场竞争中立于不败之地。

(三) 客户投诉的处理

1. 接受客户投诉的步骤

(1) 接受投诉

客户投诉处理方法的第一步叫作"接受投诉",要求迅速受理,绝不拖延,这是第一个要素。避免对客户说"请您等一下",因为你并不了解这位客户的性格,这个投诉对他生活工作带来多少影响。投诉处理的目的不仅仅是避免给企业带来的麻烦,更重要的是希望通过有

效处理投诉,能够挽回客户对企业的信任,使企业的口碑得到良好的维护,有更多的"回头客"。

(2) 平息怨气

客户在投诉时,多带有强烈的感情色彩,具有发泄性质,因此要平息怨气。在客户盛怒的情况下当客户的出气筒,需要安抚客户,采取低姿态,承认错误,平息怨气,让客户在理智的情况下,分析解决问题。

(3) 澄清问题

需要给客户一个宣泄不满和委屈的机会,来分散心里积压的不满情绪,如果放弃这个机会,就不利于投诉最终的处理。用提问题的方法,把投诉由情绪带入事件。

通过提问题,用开放式的问题引导客户讲述事实,提供资料。当客户讲完整个事情的过程以后,用封闭式的问题总结问题的关键。例如:"您刚才所说的情况是您在最近一段时间,您的车子经常出故障,是这样的吗?"

(4) 探讨解决,采取行动

探讨解决是指投诉怎么处理?是修,是换,还是赔偿。很多客户服务人员往往是直接提出解决方案,客户失去了一个选择的余地,他就没有做上帝的感觉。真正优秀的客户服务人员是通过两步来做:第一步是先了解客户想要的解决方案,客户服务人员主动提出"您觉得这件事情怎么处理比较好?"然后第二步,才是提出你的解决方案,迅速有效解决客户投诉的问题。

(5) 感谢客户

感谢客户是最关键的一步,这一步是维护客户的一个重要手段和技巧。客户服务人员需要说三句话来表达三种不同的意思:

第一句话是再次为给客户带来的不便表示歉意;

第二句话是感谢客户对于企业的信任和惠顾;

第三句话是向客户表决心,让客户知道我们会努力改进工作。

2. 处理客户抱怨的策略

客户与企业的沟通中,因为存在沟通的障碍而产生误解,即使如此,也决不能与客户进行争辩。当客户抱怨时,往往有情绪,与客户争辩只会使事情变得更加复杂,使客户更加情绪化,导致事情恶化,结果是赢得了争辩,失去了客户与生意。在坚持上述原则的基础上,还应学习一些处理客户抱怨的策略。

(1) 对客户的抱怨要有足够的重视

当客户投诉或抱怨时,不要忽略任何一个问题,这可能有一些深层次的原因。重视客户的抱怨,不仅可以增进企业与客户之间的沟通,而且可以诊断企业内部经营与管理所存在的问题,可利用客户的投诉与抱怨来发现企业需要改进的领域。

(2) 分析抱怨的原因

客户因为不同的原因而产生抱怨,处理客户抱怨时,首先应仔细地分析客户产生抱怨的原因。比如,一个客户在某商场购物,对于他购买的产品基本满意,但他发现了一个小的问题,提出来替换,而售货员不大礼貌地拒绝了他,这时他开始抱怨,投诉产品质量。事实上,他的抱怨中,更多的是售货员服务态度问题,而不是产品质量问题。

（3）及时解决问题

对于客户的抱怨应该及时地处理，拖延时间只会使客户的抱怨变得越来越强烈，使得客户感到自己没有受到足够的重视。例如，客户抱怨产品质量不好，企业通过调查研究，发现主要原因在于客户的使用不当，这时应及时地通知客户维修产品，告诉客户正确的使用方法，而不能简单地认为与企业无关，不加以理睬，虽然企业没有责任，这样也会失去客户；如果经过调查，发现产品确实存在问题，应该给予赔偿，尽快告诉客户处理的结果。

（4）做好客户情况记录

对于客户的抱怨与解决情况，要做好记录，并且企业应定期总结，发现在处理客户抱怨中存在的问题，对产品质量问题，应该及时通知生产方；对服务态度与技巧问题，应该向管理部门提出，加强教育与培训。这种记录不是在商场简单登记，而是作为系统管理的一个部分。

3. 有效处理客户投诉的技巧

企业的员工在处理客户抱怨时，除了依据客户处理的一般程序外，还要注意与客户的沟通，改善与客户的关系。掌握一些技巧，有利于减少与客户之间的隔阂，赢得客户的谅解。

（1）以不变应万变的技巧

对于客户的抱怨，员工最好以不变应万变，始终保持一种平和的心态，做到你气我不气，你恼我不恼，心静如水，以柔克刚。

客户抱怨时常常带有情绪，比较冲动，作为员工应该体谅客户的心情，以平常心对待客户的过激行为，不要把个人的情绪变化带到抱怨的处理之中。另外，要坚持认为客户总是有理的，当然，这并不是说客户总是正确的，这是两个不同的概念。其实，一个人不可能永远是正确的，实际上，有些客户的抱怨往往是错误的。但即使是错误的意见，也并非说客户不能抱怨，内容的误差不等于行动上的误差。试想一下，在为了满足需求的前提下，谁最有理由抱怨需求没有得到充分满足呢？当然是客户。作为购买者的客户完全有理由抱怨，哪怕他们的抱怨并不那么正确。不管是大交易还是小买卖，只要把客户的需求作为基点，把服务工作作为变点，一切疙瘩都容易解开。顺着这一思路，只要以不变应万变，就不会在洽谈中窝着冤枉气，也不会争辩真理究竟在谁手里，比试一番谁强谁弱。以不变应万变，这是员工对待和处理客户抱怨的基点。

（2）以微笑应对客户抱怨的技巧

客户的抱怨对于企业来说，其危害性是不容轻视的，因为抱怨将给客户以极大的消极心理刺激，使客户在认识上和感情上产生对员工直至对企业的对抗。一个客户的抱怨可以影响到一大片客户的尖刻评价，比广告宣传更具有权威性。抱怨直接损害产品与企业的形象，在此，保持微笑应对客户的抱怨是十分必要的。俗话说："伸手不打笑脸"，员工真诚的微笑能化解客户的激愤情绪，满怀怨气的客户在面对春风般温暖的微笑时会不自觉地减少怨气，与企业合作，达到双方满意的结果。

（3）以重视的态度应对客户抱怨的技巧

员工在应对客户的抱怨时，一定要以重视的态度来对待，要站在企业生死存亡的高度来看待客户的抱怨，切不可以个别客户抱怨无关大碍的麻痹心理来应对客户。如果轻视客户的抱怨，不仅有损于员工个人的形象和信誉，同时，也影响到企业信誉，甚至还可能会给企业带来极大的损失。

(4) 以非语言沟通应对客户抱怨的技巧

当人感情冲动时,心跳加快,有人双手颤抖、呼吸急促,有人甚至捶胸顿足、又蹦又跳,为的是解心中闷气。这个时候,积极运用非语言沟通平息客户怒气,比用其他方式更起作用。

在聆听客户抱怨的同时,积极地运用非语言沟通,可以促进客户的了解。比如,用眼神关注客户,使他感受到被重视;在他讲述过程中,不时点头,表示肯定与支持。这些都可以鼓励客户表达自己真实的意念。当然,还可以运用敬重的方式,比如友善地握手,给人以诚相见的印象,这是应有的礼节。正确的握手姿势与力度,可以控制抱怨客户的情绪,起到镇定的作用,解除对方可能指手画脚的"企图",使得双方动口不动手。客户如果一时拒绝握手,员工可以借故反复多次试探,对方盛情难却,现场气氛便会很快融洽起来。在条件许可的场合,员工对抱怨的客户可以略施恩惠,以示安慰,比如敬一支烟、泡一杯茶等。

(5) 以移情的方式应对客户抱怨的技巧

客户抱怨的时候,总爱寻求旁观者的支持,也就是说抱怨时现场的人越多,他的指责就越苛刻、越离谱,这是客户的一种普遍心理。遇到这种客户,员工应迅速将当事人带离现场,到办公室或人群稀少的清静处商谈问题,切莫在公众面前与之争辩,因为在大庭广众面前,员工纵有千百个理由解释说明,客户也会认为自己"得道多助"。应急的另一个办法是当面请客户谅解,这是与客户联络感情的有效方式。如果客户还不能表示完全的同情,员工至少也应该在某一点上持请求谅解的态度,对客户表示"多亏您的指点……","您有理由不高兴……","对这个问题我也有同感……","感谢您这个问题的提醒……"这样的话往往会使抱怨的客户息怒消气。

(6) 以拖延方式应对客户抱怨的技巧

如果员工对客户的抱怨一时找不到其中的缘由,或者有些抱怨根本就不能成立,或弄清了缘由但一时无法解决,这时应对客户的最好办法就是拖延了。

碰到此类情况,老练的员工大多采取拖延的办法,把眼前的纠纷搁置一旁,暂缓处理,比如答复对方:"我马上去车间调查一下情况,明天给您回复","等主管回来后我们研究研究,保证解决您的问题"。特别是遇到冲动而性急的客户时,不要急于马上着手处理抱怨、草率行事。员工可以停顿一下,先与客户谈点别的话题,如天气、社会新闻、对方情况,目的是使客户平心静气地提意见,理智地谈问题,这种方法也能有效处理顾客户的抱怨。

4. 投诉客户的类型及应对方法

(1) 主导型客户

特征:往往只重结果,而不关心过程,通常没有耐心。主导欲望强烈、容易烦躁,注重身份,做事一般只看结果。

应对方法:清楚、具体、击中实质;有准备、安排有序;问具体问题;抓住问题、不跑题;注重事实;提供的事实有逻辑性;给出选择。

(2) 分析型客户

特征:希望精确,注重事实、数据,做事认真。做事喜欢分析、权衡利弊后再做决定;使用精确的语言,特别注重细节。

应对方法:有所准备;考虑问题的所有方面;具体说明你能做的事情;树立衡量体系;坚持立场;给他们时间做决定。

(3) 社交型客户

特征：乐观、善于交流有说服力，努力使别人认可其观点。面带微笑，健谈甚至喋喋不休，喜欢与人交往。

应对方法：让他们畅谈自己的想法；给他们时间和你交往；谈论他们的目标；询问他们对事情的看法；要使他们兴奋、有乐趣；提供证据。

(4) 发泄型客户

特征：来店抱怨发泄是主要目的之一，本身并没有明确的目的是索取赔偿或者歉意，只是为了借机发泄对某些认为不合理又无法说出口的事情的不满，比如加价购买车辆、超出保修期的维修、保养费用过高的抱怨。

应对方法：花点时间耐心倾听，等客户自己冷却，安抚情绪，适当给予其他方面的优惠，平衡客户心理。

(5) 被迫型客户

特征：客户本身并没有什么抱怨或者对我们的处理感到可以接受，但客户的上司、老婆或者朋友有很多意见、建议，客户夹在中间进退两难，不得已做出投诉的样子。

应对方法：动之以情，晓之以理，使客户做出自己的判断；给客户向他人解释的依据，让客户帮忙说话；直接和客户的上司、老婆对话，说明真实情况。

(6) 习惯型客户

特征：像专家、领导或者长者一样，习惯挑毛病或指出不足；本身并没有什么特别的不满，总喜欢表现自己的见多识广和高人一等；个别地区的文化习惯。

应对方法：用谦虚、尊敬的态度，耐心听取客户意见；表现出立即行动的姿态；尝试请客户给出建议，满足客户虚荣心。

(7) "秋菊"型客户

特征：不管问题大小，无论如何也要个说法，甚至宁愿自己承担所需费用也在所不惜，精力旺盛、坚韧不拔。

应对方法：委婉但明确地让客户了解处理的底线，降低客户的期望值；收集足够的依据，重塑客户期望值；可请客户信任的第三方参与，一起劝导客户；给予一定的补偿；如有机会就要当机立断，快速解决；做好持久战的准备。

(四) 汽车4S店客户投诉处理

1. 处理客户投诉的基本要求

(1) 4S店必须在业务大厅明显位置张贴本企业和总公司的客户投诉电话号码。

(2) 4S店员工应将客户投诉放在首位，遇到客户投诉时，不可敷衍了事，不逃避每一位客户的投诉。

(3) 由总经理和服务经理负责解决客户投诉，以避免客户投诉到媒体。

(4) 售后服务部门必须尽力处理好客户投诉案件，做好售后服务质量跟踪回访。

(5) 应建立相关的奖励制度，鼓励员工全力解决客户的投诉。

2. 客户投诉处理流程

客户投诉的发生是难以避免的，但对已发生的投诉要有足够的预防措施，并杜绝类似投诉案件的发生。

客户投诉处理流程如图 4－4 所示。

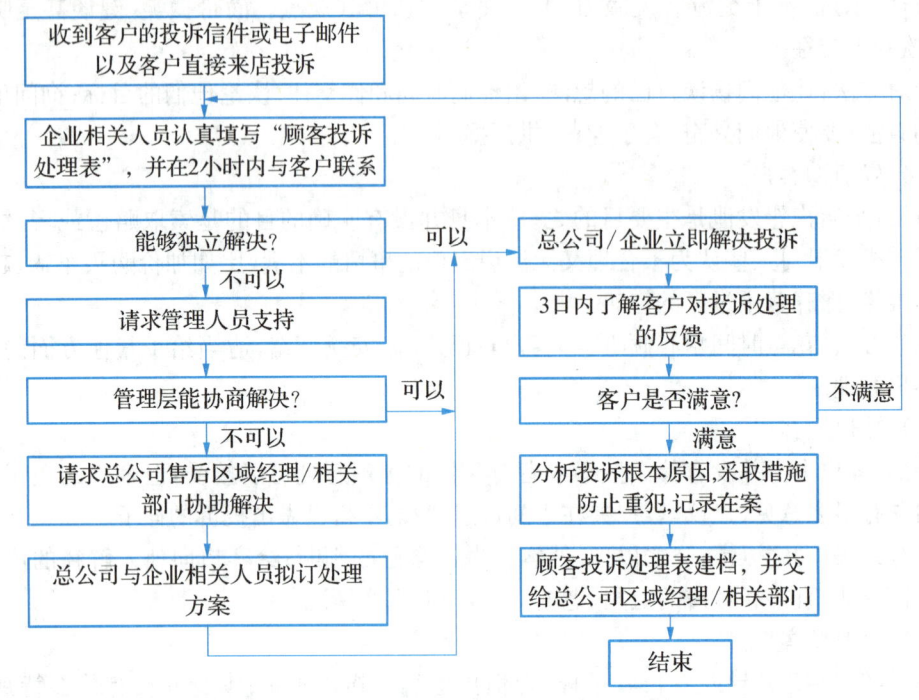

```
收到客户的投诉信件或电子邮件
   以及客户直接来店投诉
            ↓
企业相关人员认真填写"顾客投诉
处理表"，并在2小时内与客户联系
            ↓
      能够独立解决？ ——可以——→ 总公司/企业立即解决投诉
         ↓不可以                        ↓
   请求管理人员支持              3日内了解客户对投诉处理
         ↓                              的反馈
   管理层能协商解决？ ——可以——→         ↓
         ↓不可以                  客户是否满意？ ——不满意
   请求总公司售后区域经理/相关          ↓满意
      部门协助解决                分析投诉根本原因，采取措施
         ↓                       防止重犯，记录在案
   总公司与企业相关人员拟订处理          ↓
         方案                    顾客投诉处理表建档，并交
                                 给总公司区域经理/相关部门
                                         ↓
                                        结束
```

图 4－4　4S 店客户投诉处理流程

（1）当 4S 店售后服务中心接到顾客投诉（包括电话、信件、电子邮件等）或总公司转来投诉，相关人员应认真填写"顾客投诉处理表"（见表 4－2），必须在 2 小时内与顾客联系。

表 4－2　顾客投诉处理表

车辆识别号码		里程数		车型	
车牌号		车主		电话	
特约售后服务中心名称		售后区域经理		状态	
处理人员		联系方式			
投诉内容及时间：					
处理方案：					
最后结果					

（2）重大投诉案件或相同案件多次处理无法完成，要及时向总公司售后区域经理及相关人员汇报、备案。

（3）处理困难案件要及时向上级反映或请相关部门相互支持，依靠团队的力量共同处理。

（4）每一投诉案件完成后应呈报最高主管，指定改善计划，利用在职教育方式再教育相关人员。

（5）客户投诉处理完成后，4S店服务中心人员应在"顾客投诉处理表"上登记处理完成日期及处理方案。

（6）客户投诉处理后应在投诉完成处理后3日内采取后续追踪的方式了解客户对处理的满意程度。追踪的形式可以是电话、电子邮件、信函或登门走访。

（7）后续追踪客户仍不满意，应再深入了解，评估处理过程。

（8）必要时再做一次追踪，使客户的抱怨被处理得尽量完善，达到客户的期望值。

（9）投诉处理完成后应及时将处理进程、措施和结果反映给总公司售后区域经理。

3. 对重大投诉案件的处理

（1）重大投诉案件处理需要总公司的支持。重大投诉（如有人员伤亡、重大质量事故、媒体司法介入等）应在4小时内将相关投诉信息和处理意见以书面形式反馈给总公司相关部门。

（2）总公司相关部门与4S店一起商讨解决方案，并协助4S店进行解决。

（3）重大投诉案件由总经理与客户联系，将处理方案回复给客户。

（4）4S店在投诉处理后，应将投诉处理的进程、措施和结果及时反馈给总公司相关部门。

汽车维修管理

项目五

扫码可见本项目微课

任务描述

客户李先生的某品牌轿车行驶里程达 4 万公里,来到 4S 店要求对其车辆进行检查和维护。维修车间接到任务后,车间主管需要安排维修班组进行车辆维修,并保证维修质量。

能力培养目标

专业能力

1. 熟悉我国的汽车维修制度;
2. 能够对汽车的维修过程进行管理;
3. 能够对车辆进行维修质量检验;
4. 能够进行维修车间的日常管理;
5. 能够执行车间 5S 管理。

方法能力

1. 自学能力;
2. 使用企业信息资源的能力;
3. 组织协调管理能力;
4. 相关信息的收集能力;
5. 工作结果的评价与反思。

社会能力

1. 沟通能力;
2. 团队协作能力;
3. 工作责任心;
4. 优质服务意识;
5. 安全环保意识。

项目五　汽车维修管理

5.1　汽车维护与修理概况

一、汽车维修企业

(一)汽车维修企业的特点

汽车维修企业一般是指从事汽车维修业务,为车主提供维护和修理服务的经济组织,汽车维修企业包括汽车特许经销商(4S店)。汽车维修企业的特点如下:

(1)汽车维修作业的对象是在用汽车。汽车是一种结构复杂、技术密集的现代化运输工具,也是一种对可靠性、安全性要求较高的行走机械。

(2)汽车维修业具有社会分散性。

(3)汽车维修行业是随着公路运输业和汽车制造业的发展而发展的,加之企业点多面广和专业服务的特点,决定了该行业具有较强的市场调节属性。

(4)汽车分布在千家万户、各行各业。

(二)汽车维修企业分类

1. 按照行业管理分类

(1)汽车整车维修企业。按照规模大小不同,汽车整车维修企业分为一类汽车整车维修企业和二类汽车整车维修企业。

(2)汽车专项维修业户。通常称为三类汽车维修企业。

2. 按照经营形式分类

按照经营形式汽车维修企业可分为4S特约维修店、大型修理厂(综合修理厂)、快修店、专项维修店、小型修理部、汽车改装厂等多种。

二、汽车维修制度

根据交通运输部《汽车运输业车辆技术管理规定》,汽车维修应贯彻"定期检测、强制维护、视情修理"的方针。

1. 定期检测

定期检测是指汽车必须按技术文件规定的运行间隔,在指定的专业检测站(点),对汽车、总成、零部件的技术状况进行检测,以确定汽车的技术状况或工作能力,并为汽车维护附加修理作业项目的确定提供依据。

2. 强制维护

强制维护是指汽车行驶到交通运输主管部门规定的维护周期(行驶里程或间隔里程),必须进行维护,不得拖延,用不准上路等强制手段,保证维修制度的贯彻执行。

3. 视情修理

视情修理是通过检测诊断手段和技术鉴定的结果,视情安排不同作业范围和深度的修理作业。这样,既可防止拖延修理造成的恶化,又避免了提前修理造成的浪费。

三、汽车维护

1. 汽车维护的定义
汽车经使用一定的里程和时间间隔后,根据汽车维护技术标准,按规定的工艺流程、作业范围、作业项目和技术要求所进行的预防性作业即为汽车维护。

2. 汽车维护的目的
汽车维护的目的在于保持车容整洁,及时发现和消除故障隐患,防止车辆早期损坏,从而达到下列要求:

(1) 车辆经常处于良好的技术状况,随时可以出车;
(2) 在合理使用条件下,不会因机件损坏而影响行车安全;
(3) 在运行过程中,降低燃料、润滑油以及配件和轮胎的消耗;
(4) 减少车辆噪声和排放污染物对环境的污染;
(5) 各部总成的技术状况尽量保持均衡,以延长汽车大修间隔里程。

3. 汽车维护制度分级
汽车维护必须贯彻"定期检测,强制维护"的原则,我国目前执行的汽车维护制度划分为日常维护、一级维护和二级维护的三级汽车维护制度,并在二级维护前强制进行检测诊断和技术评定,根据诊断评定结果视情维修,确定附加作业或小修项目。

强制维护是一种计划预防制度,就是在汽车行驶到规定的维护周期时,必须按期强制进行维护。汽车维护作业必须保证维护质量,但维护作业时是不准对汽车主要总成进行大拆大卸的,只有在发生故障需要解体时,才允许解体。

4. 汽车维护周期
汽车维护周期是指汽车进行同级维护之间的间隔期(行驶里程或时间)。汽车维护周期和作业项目的确定,主要根据车辆结构性能、使用条件、故障规律、配件质量及经济效果等综合因素考虑。

对于不便使用行驶里程统计、考核的汽车,用行驶时间间隔确定一、二级维护周期。其时间(天)间隔可依据汽车使用强度和条件,参照汽车一、二级维护里程周期确定。

5. 汽车维护的中心作业内容
汽车维护作业以清洁、检查、紧固、润滑、调整和补给等六大作业为中心作业内容。

6. 汽车维护的作业范围
(1) 日常维护

汽车日常维护也称例行保养,是各级维护的基础,是指驾驶员在每日出车前、行车中、收车后,针对车辆使用情况所做的一系列预防性为主的日常维护作业。中心内容是:清洁、补给和安全检视。日常维护为日常性作业,由驾驶员负责执行。

主要作业内容:清洁、补给和安全检视,做到坚持三检(出车前、行车中、收车后检查),保持四清(机油滤清器、空气滤清器、燃油滤清器和蓄电池清洁),防止四漏(漏水、漏气、漏油、漏电)以及保持车容整洁。

(2) 一级维护

汽车一级维护是指车辆行驶到一定里程(间隔里程因车、因使用条件而不同)后,除完成日常维护作业外,进行以清洁、润滑和紧固为中心的作业内容,并检查有关制动、操纵等安全部件,由专业维修人员负责执行的车辆维护作业,过去称为一级保养。根据我国现行的维护制度,一级维护应由专业维修企业负责执行,即应进厂维护。

汽车一级维护的工艺流程如图 5-1 所示。

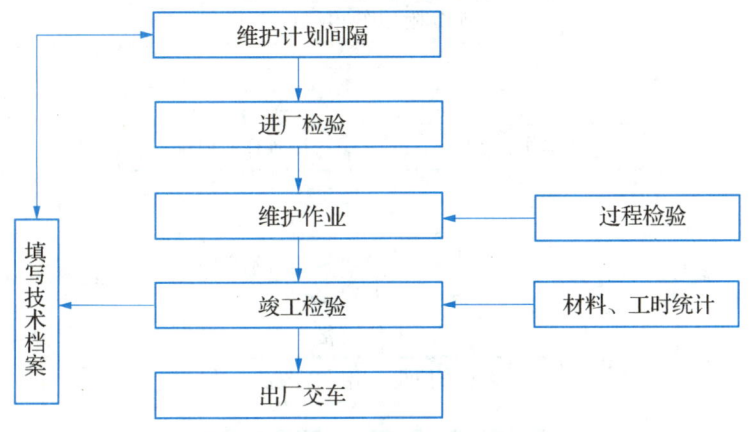

图 5-1 汽车一级维护的工艺流程

(3) 二级维护

汽车二级维护是指车辆行驶到一定里程(间隔里程因车、因使用条件而不同)后,除完成一级维护作业外,以检查、调整转向节、转向摇臂和悬架等经过一定时间使用后容易磨损或变形的安全部件为主,并拆检轮胎,进行轮胎换位,检查调整发动机工况和排气污染装置等,由维修企业负责执行的车辆维护作业。

二级维护作业过程:

根据汽车技术档案的记录资料(包括车辆运行记录、维修记录、检测记录、总成修理记录等)和驾驶员反映的车辆使用技术状况(包括动力性、异响、转向、制动及燃润料消耗等)确定所需检测。

依据检测结果及车辆实际技术状况进行故障诊断,从而确定附加作业项目。

二级维护作业过程中要进行过程检验,过程检验项目的技术要求应满足相关的技术标准或规范。

二级维护作业完成后,应经维修企业进行竣工检验,竣工检验合格的车辆,由维修企业填写《汽车维护竣工出厂合格证》后方可出厂。

汽车二级维护的工艺流程如图 5-2 所示。

```
                    ┌─────────────┐
                    │  汽车进厂    │
                    └──────┬──────┘
                           ↓
        ┌──────────────────────────────────────┐
        │ 按规定的检测项目及驾驶员反映的车辆技术状况确定检测项目 │
        └──────────────┬───────────────────────┘
                       ↓
                ┌─────────────┐
                │  检测与诊断  │
                └──────┬──────┘
                       ↓
                ┌─────────────┐
                │ 确定附加作业项目 │
                └──────┬──────┘
                       ↓
           ┌───────────┴───────────┐
           ↓                       ↓
    ┌─────────────┐         ┌─────────────┐
    │  基本作业项目 │         │  附加作业项目 │
    └──────┬──────┘         └──────┬──────┘
           └───────────┬───────────┘
                       ↓
                ╱─────────────╲     不合格
               ╱  竣工检验     ╲────────────┐
               ╲               ╱            │
                ╲─────────────╱             │
                       │ 合格                │
                       ↓                    │
                ┌─────────────┐             │
                │签发维护竣工出厂合格证│        │
                └──────┬──────┘             │
                       ↓                    │
                ┌─────────────┐             │
                │ 填写维护档案  │             │
                └──────┬──────┘             │
                       ↓                    │
                ┌─────────────┐             │
                │  汽车出厂    │             │
                └─────────────┘             │
```

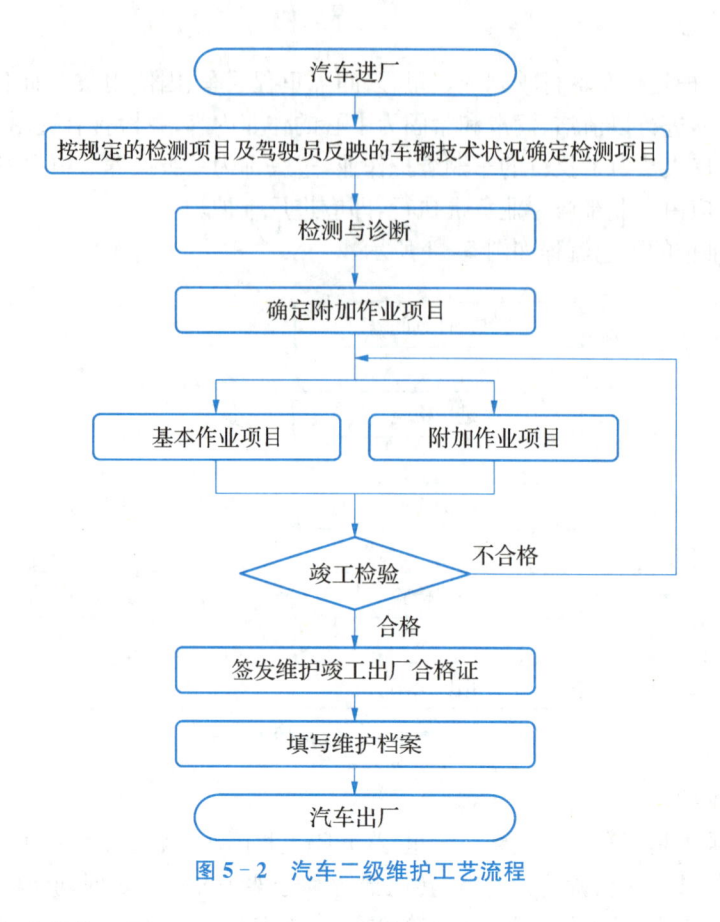

图 5‑2　汽车二级维护工艺流程

(4) 汽车走合维护

新车、大修车以及刚装用大修过发动机的汽车在初始一段里程内所进行的维护称为走合维护，过去称为磨合保养。

汽车的走合里程一般规定为 1 500～2 500 km，或按汽车使用说明书规定的里程执行。

汽车在走合期的各项维护作业，要按汽车使用说明书的规定执行，一般分为走合前、走合中和走合后三个阶段的维护。

(5) 汽车季节性维护

季节、气候的变化，必然导致与汽车运行条件密切相关的气温、气压等参数的变化。为了使汽车在不同的地区、不同的季节里都能可靠地工作，在季节转换之前，结合定期维护，并附加一些相应的作业项目，使汽车能够顺利适应变化了的运行条件，这种附加性维护称为季节维护或换季保养。

季节维护有换入夏季和换入冬季时的两种典型季节性维护。

四、汽车修理

1. 汽车修理的定义

汽车修理是指为恢复汽车各部分规定的技术状况和工作能力所进行的活动的总称。修理是汽车有形损耗的补偿，它包括故障诊断、拆卸、鉴定、更换、修复、装配、磨合、试验等作业。

汽车修理应贯彻定期检测、视情修理的原则,即根据汽车检测诊断和技术鉴定的结果,视情况按不同作业范围和深度进行,既要防止拖延修理造成车况恶化,又要防止提前修理造成浪费。

2. 汽车修理的分类

汽车修理按作业内容分为:车辆大修、总成大修、车辆小修和零件修理。

(1) 车辆大修

是指新车或经过大修后的汽车在行驶一定里程(或时间)后,经检测诊断和技术鉴定,用修理或更换任何零部件的方法恢复其完好的技术状况,使之完全或接近完全恢复汽车技术性能的恢复性修理。

(2) 总成大修

是汽车主要总成经过一定使用里程(或时间)后,用修理或更换总成中任何零部件(包括基础件)的方法,使之恢复其完好技术状况的恢复性修理。

(3) 车辆小修

是用修理或更换个别零件的方法,保证或恢复汽车工作能力的运行性修理。其目的是消除汽车在运行中或维护作业中发生的临时故障或局部隐患。

(4) 零件修理

是指对因磨损、腐蚀、变形等而不能继续使用的零件,采用各种加工工艺以恢复其使用性能的有关修理作业。

3. 汽车维修工种

(1) 汽车维修工

汽车维修工是从事汽车发动机、底盘系统的维护、修理和调试工作的工种,其工作内容包括了汽车维护、修理的最重要的工作,并对汽车主要的技术状况和安全性提供保障,具有极其重要的作用。

汽车维修工应当熟悉汽车发动机、底盘的构造和工作原理及其修理标准和工艺规程,能正确使用常用维修设备、机具、仪表,独立完成汽车维护作业和总成修理作业,排除汽车故障。

(2) 汽车维修电工

汽车维修电工主要从事汽车电气设备的维护、修理和调试工作。一个熟练的汽车维修电工,必须具备汽车电气理论和电子学知识,掌握汽车电气装置的结构原理,有进行汽车电气、线路故障的判断和修理能力。此外,计算机等高新技术在现代轿车的应用中对汽车维修电工提出了新的更高的要求。

(3) 汽车维修钣金工

钣金工的任务就是通过修补、整形和更新,恢复这些部分的尺寸、形状和使用性能。

汽车驾驶室、客车车身的修理作业,不仅工作量大,而且质量要求高,其修理质量将在一定程度上影响汽车使用寿命和性能,将关系到驾驶员的劳动条件和安全生产,关系到汽车的外观质量。为此,要求钣金工应当具有较高的操作技能以满足汽车修理工作的需要。

(4) 汽车维修喷漆工

汽车维修喷漆工是从事汽车车身、车架、总成件涂漆工作的工种。

制造汽车的大部分材料是钢铁,其防蚀性能较差,容易被氧化或其他介质所腐蚀,而且由于受日晒雨淋、风沙、冰雪、严寒、酷暑这些多变环境条件的影响,更容易使车身锈蚀。为了保护汽车基体不受腐蚀,通常使用相应的涂料使其与外界的腐蚀介质隔开,从而延长材料的使用寿命。

4. 汽车修理基本方法

(1) 就车修理法

就车修理法是指从车上拆下的零件、合件、总成凡能修复的,经修复后仍装回原车,不进行互换的修理方法。这种修理方法,各总成、合件、零件的修复所需时间不等,影响汽车总装的连续进行,因此,汽车停车修理时间长,生产效率低,适用于承修车型种类多、生产量不大的小型汽车修理企业。

(2) 总成互换修理法

总成互换修理法除车架和车身经修复仍装回原车外,其余需修的总成、合件、零件均换用储备件,而替换下来的总成、合件、零件修复后送入备品库作为储备件的修理方法。

这种修理方法,减少了因修理总成、合件、零件所耽搁的时间,保证了总装的连续性,缩短了停车修理时间,有利于组织流水作业,适用于车型少、生产量大、配件储备充足的大、中型汽车修理企业。

5. 汽车修理的作业方式

(1) 定位作业法

是将汽车拆散和装配的作业固定在一定的工作位置(即车架不变动位置)来完成,而拆散后的修理作业仍分散到各专业工组进行修理的作业方式。

优点:占地面积小,所需设备简单,拆装作业不受连续性限制,生产的调度与调整比较方便。

缺点:总成及笨重零件要来回运输,劳动强度大。

(2) 流水作业法

将汽车的拆散和装配作业沿着流水顺序,分别在各个专业工组或工位上逐步完成全部拆装的修理作业方式。

流水作业法又可分为连续流水和间歇流水两种方式。

连续流水作业:汽车车架沿拆装流水线有节奏地连续移动(可利用连续传送机构)的作业方式。

间歇流水作业:汽车车架在流水线上移到每个工组(或工段)停歇一定时间,等该工组的作业完成后,再移到下一个工组的作业方式。

优点:专业化程度高,分工细致,修车质量好,同时总成和大件运输距离短,生产效率高。

缺点:必须具有完善的工艺、设备,要求承修车型单一和有足够的备用总成。

5.2 汽车维修质量管理

一、汽车维修质量的定义

(一) 质量与质量管理

1. 质量

质量,是最难定义的概念之一。它不同于物理意义上的质量概念,也不是哲学意义上的"质"和"量"的组合。目前最恰当的理解是"品质"。

所谓质量,是人们在工作和生活中逐步形成的、用以评价产品或工作优劣程度的概念。

产品质量是指产品或服务本身特征和特性的质量,它构成了产品的客观属性。

服务质量是指为满足用户对产品或服务的需要而完成的服务的质量,它是在产品使用过程中或服务过程中为满足用户的需要而做的主观努力。

汽车维修企业的质量既包含维修作业质量又包含维修服务质量,两者相辅相成。维修与服务质量是贯穿于维修工作的各个环节质量的综合表现,因而每个工作环节的质量管理对维修服务质量起着决定性的作用。

2. 质量管理

所谓质量管理,就是在企业各项生产经营管理职能中,围绕着企业质量方针,建立质量管理机构,制订质量管理制度,并根据产品技术标准和工艺规范,对影响产品质量及服务质量形成的各个环节(如设计、生产和服务)进行全面预防和全过程控制,用最经济有效的手段使产品或服务达到规定的质量要求,从而为用户提供满意的产品和服务所进行的质量工作的总称。

质量的死对头是缺陷,缺陷是混在产品中的人们不喜欢、不想要的东西,它对产品没有好处只有坏处。缺陷越多质量越低,缺陷越少质量越高,提高产品质量的基本手段是消除产品的缺陷。

(二) 汽车维修质量

汽车维修质量是指汽车维修作业对汽车完好技术状况和工作能力维持或恢复的程度。从服务角度讲,汽车维修质量是指用户对维修服务的态度、水平、及时性、周到性以及收费等方面的满意程度。

汽车维修企业的维修质量则包括技术质量和服务质量。前者是指维修企业对汽车完好技术状况和工作能力维持或恢复的程度,基本上是客观的评述;后者则是指用户对维修服务的态度、水平、及时性、周到性以及收费等方面的满意程度,大量涉及主观的评述。

二、汽车维修质量管理

(一) 全面质量管理

所谓"全面质量管理",就是通过全面的、全员的、全过程的质量保证体系,最经济地为用户提供最满意质量的产品和服务的一整套质量管理的体系、手段和方法。

1. 全面质量管理的指导思想

(1) 质量第一。企业要以质量求生存、以质量求发展。

(2) 用户至上。企业要树立以用户为中心、为用户服务的思想。

(3) 质量是做出来的,而不是检出来的。为此要突出人的因素,并突出以预防为主的原则。

(4) 在质量管理中一切要用数据说话。

2. 全面质量管理的基本宗旨

在汽车维修的全过程中,全面地贯彻质量标准,动员全体职工都来关心和保证产品质量与服务质量,从而为用户多、快、好、省地提供优质服务和修好车辆,对用户负责。

3. 全面质量管理的基本特点

全面质量管理的基本特点是"三全一多",即全面的、全过程的、全员的,而其管理方法可以是多种多样的。

(1) 全面的质量管理

所谓全面的质量是指广义质量,它包括产品质量和服务质量。工作质量是形成产品质量的原因,产品质量则是工作质量的结果。

(2) 全过程的质量管理

所谓全过程的质量管理,是指对产品质量与服务质量形成的全过程(即从产品市场调查、设计制造、使用维修到销售及售后服务全过程)进行质量管理。

(3) 全员的质量管理

全面质量管理所涉及的产品质量和服务质量最后都将归结为企业全体员工(上至厂长、下至工人)的工作质量。

(4) 以预防为主,防检结合

产品质量不是检验出来的,产品质量有一个逐步生产和形成的过程,所以就要层层把关;当然,以预防为主,并不排斥事后的检验,而是预防与检验结合起来。

(5) 把数理统计方法作为全面质量管理的重要手段

把质量问题数量化,用数据反映质量状况,可以做到"心中有数";更要从数据的分析中,找出质量变异的规律来指导提高产品质量。

4. 全面质量管理的基本步骤

全面质量管理工作可分为四个阶段:

第一阶段——计划。确定质量目标、方针,制定质量活动计划和管理项目等。

第二阶段——实施。根据第一阶段的计划组织员工付诸行动。

第三阶段——检查。对实施的情况进行检查、总结,肯定成绩和经验,找出存在的问题和原因。

第四阶段——处理。根据检查的结果,采取相应的措施。

计划、实施、检查、处理四个阶段,简称PDCA,画成一个圆环,叫作"戴明环",如图5-3所示。

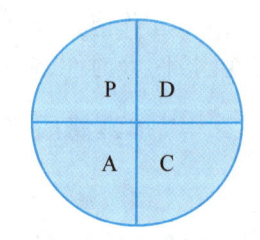

图5-3 "戴明环"示意图

循环每转动一周,水平就提高一步。通过不断地改进,就会不断地提高质量,如图 5-4 所示。

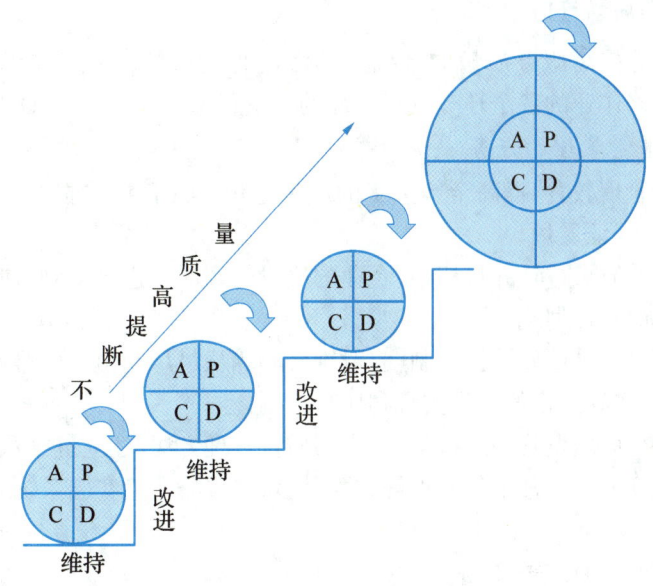

图 5-4　"戴明环"转动

5. 全面质量管理中常用的数理统计方法

(1) 排列图法

又称主次因素分析法、巴雷特法,它是找出影响产品质量主要因素的一种简单而有效的图表方法。

其原理是"关键的少数和次要的多数"。也就是将影响产品质量的众多影响因素按其对质量影响程度的大小,用直方图形顺序排列,找出主要因素。

(2) 因果分析图

又叫鱼骨图(又称石川图),它是一种透过现象看本质的分析方法。

鱼骨图经常用在生产中,来形象地表示生产车间的流程,是整理和分析影响质量(结果)的各因素之间的一种工具。通过因果分析图,可以形象地表现探讨问题的思维过程,通过有条理地逐层分析,更可以清楚地看出"原因—结果""手段—目标"的关系,使问题的脉络完全显示出来,如图 5-5 所示。

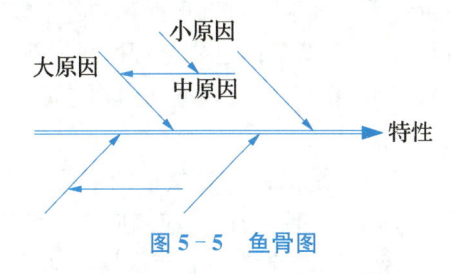

图 5-5　鱼骨图

(3) 直方图

又称柱状图、质量分布图。在质量管理中,如何预测并监控产品质量状况,如何对质量波动进行分析？直方图就是一目了然地把这些问题图表化处理的工具。它通过对收集到的貌似无序的数据进行处理，来反映产品质量的分布情况，判断和预测产品质量及不合格率。

（二）维修作业质量管理

维修作业质量是提高服务质量的基础。维修作业质量是每个工作环节品质的综合表现，因此，必须对维修作业的各个环节进行全面的质量管理。

1. 汽车维修质量管理的任务

（1）加强质量管理教育，提高全体员工的质量意识，牢固树立"质量第一"的观念，做到人人重视质量，处处保证质量。

（2）制定企业的质量方针和目标，对企业的质量管理活动进行策划，使企业的质量管理工作有方向、有目标、有计划地进行。

（3）严格执行汽车维修质量检验制度，对维修车辆从进厂到出厂的维修全过程、维修过程中的每一道工序，实施严格的质量监督和质量控制。

（4）积极推行全面质量管理等科学、先进的质量管理方法，建立健全汽车维修质量保证体系，从组织上、制度上和日常工作管理等方面，对汽车维修质量实施系统的管理和保证。

2. 汽车维修质量管理机构

质量管理机构的主要职责是：

（1）贯彻执行国家和交通运输部颁布的有关汽车维修技术标准、规范以及汽车生产企业要求的技术标准。

（2）根据国家标准和汽车生产企业的技术要求，制定和贯彻本企业的汽车维修工艺和操作规程。

（3）建立健全企业内部质量保证体系，加强质量检验，掌握质量动态，进行质量分析，推行全面质量管理。

（4）建立质量评优与奖惩制度，搞好修后质量跟踪服务。

3. 汽车维修质量管理制度

汽车维修企业必须建立健全维修服务管理制度，以保证维修质量的不断提高。

（1）进厂、解体、维修过程及竣工出厂检验制度

车辆从进厂经过解体、维修、装配直到竣工出厂，每道工序都应通过自检、互检，出厂要进行终检，并做好检验记录，以便查验。

（2）零部件的检验制度

配件质量是保证维修质量的重要因素。对汽车拆解的各个零部件和修复的零件要逐一进行检测，根据技术标准进行鉴定。对新配件也要进行检验，"新件不等于好件"。销售服务店要按照汽车生产厂的要求从汽车生产厂售后服务部门购进原厂配件。

（3）技术素质培训制度

提高员工的服务意识和技术水平是保证维修质量的重要手段。企业要根据生产情况，不断组织员工进行培训，并按不同岗位和级别进行应知应会的考核，考核的结果是确定员工级别的重要因素，以激励员工不断进取的自觉性。销售服务店必须参加汽车生产企业组织的技术和业务培训，并进行店内二次培训以保证培训的深度和广度。大的服务店或修理厂要设置专门的内部培训员（一般由技术总监担任）。

(4) 岗位责任制度

维修质量是靠每个岗位的操作者实现的,是由全员来保证的。因此,必须建立严格的岗位责任制度,以增强每个职工的质量意识。定岗前要合理配备,量才适用,定岗后要明确职责,并保持相对稳定,以便提高岗位技能和责任心。

(5) 质量保证期制度

车辆经过维修后,在正常使用情况下,按规定都有一定的质量保证期。其计算方法有的按时间,有的按行驶里程。在保证期内发生的质量事故,应由厂方承担责任。因此,承修厂签发维修合同和出厂合格证时,均应注明质量保证期限。

三、汽车维修质量检验

(一) 汽车维修质量检验的定义

汽车维修质量检验是指采用一定的检验测试手段和检查方法,测定汽车维修过程中和维修后(含整车、总成、零件、工序等)的质量特性,然后将测定的结果同规定的汽车维修质量评定参数标准相比较,从而对汽车维修质量做出合格或不合格的判断。

(二) 汽车维修质量检验的目的

对于汽车维修企业,进行汽车维修质量检验的目的是对汽车维修过程实行全面质量控制,判断汽车维修后是否符合有关质量标准。对于汽车维修质量管理机构,进行汽车维修质量检验是为了实施行业质量监督。

(三) 汽车维修质量检验的分类

(1) 按维修程序分类:按维修程序分为进厂检验、零件分类检验、过程检验和出厂检验。

(2) 按检验职责分类:按检验职责分为自检、互检和专职检验,亦称"三检制度"。这是我国目前普遍实行的一种检验制度。有的汽车销售服务店对大的维修项目和涉及行车安全的维修项目则采用自检、质检员检验和技术总监终检的"三级质检制度"。

(四) 汽车维修质量检验的方法

汽车维修质量检验的方法分为两类:

一是传统的经验检视方法;

二是借助于各种量具、仪器、设备对其进行参数测试的方法。

(五) 汽车维修质量检验的标准

汽车维修的技术标准是衡量维修质量的尺度,是企业进行生产和技术、质量管理工作的依据,具有法律效力,必须严格遵守。质量检验就是要遵守标准,满足标准要求。认真贯彻执行标准,对保证维修质量、降低成本、提高经济效益和保证安全运行都有重要作用。

我国汽车维修的技术标准分四级,即国家标准、行业标准、地方标准和企业标准。汽车维修作业一般采用汽车生产厂制定的企业技术标准。

(六) 汽车维修质量检验的内容

1. 材料的质量检验

材料的质量检验包括采购前的质量检验、入库质量检验、库存质量检验和出库质量检验。材料主要是指汽车配件,也包含其他辅助性用料,例如砂纸、手套等。

（1）采购前的质量检验

采购前的质量检验包括对供应商的调查、样品的采集检测、对采购材料的质量评估等。

具体内容可以根据企业的具体制度和采购的材料不同而定。采购后的质量检验，主要指的是根据库存质量检验和出库质量检验获得的信息，对采购行为和供应商进行评估和选择。

（2）入库质量检验

入库质量检验指的是在采购入库过程中，检验材料的质量。入库检验是材料检验中最初也是最重要的部分，其内容包括采购前、采购中和采购后的检验。

（3）库存的质量检验

库存的质量检验指的是在材料的保管过程中，观察并记录其外观和内在质量的变化，并做出反馈，还包括对库存材料的定期和不定期检查。

（4）出库的质量检验

出库的质量检验指的是对材料出库状况的检测、记录和在使用过程中的质量状况的跟踪，包括对维修、检验、出厂后以及返修的情况跟踪。

2. 维修流程的质量检验

（1）接车检验

① 接车时，向车主询问维修记录并在自己的计算机系统中查询其维修记录。

② 业务接待人员和检验人员负责对送修车辆进行预检，按规范填写有关单据中的检验记录。

③ 车辆预检后，根据驾驶员的反映及该车技术档案和维修档案，通过检测或测试、检查（初诊），确定基本作业内容，并告知车主。

④ 把应该作业的内容进行记录。

（2）维修过程的检验

① 过程检验实行自检、互检和专职检验相结合的"三检"制度。

② 检验内容分为汽车或总成解体，清洗过程中的检验，主要零部件的检验，各总成组装、调试检验。

③ 各检验人员根据分工，严格依据检验标准、检验方法认真检验，做好检验记录。

④ 经检验不合格的作业项目，需重新作业，不得进入下一道工序。

⑤ 对于新购总成件，必须依据标准检验，杜绝假冒伪劣配件。

⑥ 对于影响安全行车的零部件，尤其要严格控制使用标准。对不符合要求的零部件必须进行维修或更换，同时要及时通知前台，并协助前台向车主做好说明工作。

（3）维修总检

① 所有维修的车辆，在结算前必须进行总检。

② 在总检之前，各个项目必须完成自检。

③ 总检的范围根据维修的分类而定：大修车辆必须进行全车检查，按照交通运输部的标准执行；普通保养则按照各个车型制造厂的标准进行；小修则按照车间规定进行。

④ 总检员必须在检验单上签名，对自己的检验结果负责。

⑤ 对于检验不合格的车辆，一律不得结算出厂。

⑥ 如果出厂以后车主发现不合格现象,返工责任由检验员与项目维修人承担。

(七)汽车维修质量检验人员素质要求

(1) 具有中专以上文化程度,掌握全面质量管理的基本知识。
(2) 熟悉汽车维修技术。
(3) 掌握汽车维修标准,出厂检验员还需有与准驾车相符的正式驾驶执照。
(4) 掌握公差配合与技术测量的基本知识。
(5) 会正确使用量检具,熟悉和掌握测试技术。
(6) 责任心强,办事公道,身体健康,无色盲,无高度近视。
(7) 受过专门培训,并取得交通行业主管部门的认可。

5.3 汽车维修车间管理

一、车间生产调度管理

1. 生产调度的任务
对企业生产过程直接进行组织、协调和控制,使生产按企业预定安排顺利进行。

2. 生产调度的主要内容
(1) 指导、检查生产前的作业准备:人员到岗,设备工具准备状态,车间场地卫生,作业区安全状况,车间动力供应准备状况。
(2) 下达生产指令,安排工作任务:下达工单,应明确规定作业项目、内容、工期、作业处班组。
(3) 巡视车间,实施现场指导、协调、监督:调度管理是逐日逐时的管理,对车间各生产环节、各生产阶段、各班组、各工序(主要的)作业活动要进行适时组织和调整,促进文明生产,保证生产计划进度。
(4) 控制、协调生产过程中的配件材料供应:了解材料供应情况,督促配件材料及时到位。
(5) 检查、督促车间合理使用、维护设备,监督日常操作,检查维护情况。
(6) 做好工单完成情况的检查、记录、统计、分析,及时解决出现的问题。
(7) 检查、监督安全生产工作:督促按规章规程作业;检查车间安全保障设施完好情况。
(8) 组织好生产调度会:组织车间调度,及时排除生产过程出现的问题。调度会如果以早会形式进行,应严格掌握早会时间和内容。

3. 调度管理中的注意事项
(1) 派工,应注意车间生产均衡性和班组生产能力特点。
(2) 接交车辆时,注意工单与车钥匙的核对、登记、签收。
(3) 车间巡视,要有责任心。巡视中要注意员工情绪、车间生产整体运行状态、动力供应情况,及时掌握待修原因,及时处理突发意外事情。
(4) 小组视检,发现问题及时解决。技术问题立即通知技术人员到场;生产问题按章现场解决;配件问题及时与配件部协调解决。

4. 车间生产现场管理的主要内容

(1) 作息纪律:强调按时上、下班;不得迟到、早退。

(2) 员工进入车间须穿工作服,并保持整洁统一、佩戴标志。

(3) 上班时间员工必须坚守岗位,不得串岗、闲逛。员工待工统一在员工休息室。

(4) 车间内严禁吸烟,严禁私自携带易燃物品。

(5) 员工必须维护车间整洁卫生。下班时应做到"设备复位、工具归箱、场地整洁"。

(6) 员工必须爱护设备工具,禁止违章操作,坚持班前检查、班后维护。

(7) 车间安全保障设施齐备、完好。

(8) 车间车辆统一由管理专人调度,其他员工不得随意开动。

(9) 绝对服从统一调度。

(10) 凭工单施工。禁止无单施工和随意更改施工内容。

(11) 上班时间员工不得携带与生产无关的物品进车间。

(12) 上班时间一般不打私人电话。

(13) 上班时间,员工要离开车间必须请假。

(14) 禁止非工作性质地起动汽车电器。

(15) 车间班前会一般不超过 10 分钟,不占用生产时间。车间工作会一般不超过 1 小时。

5. 班组管理

(1) 班组,是最基本的生产单位,整体性是其重要特征,一般由 3 到 4 人组成。

(2) 班组是按工艺专业化原则组成的生产单位,人员搭配应符合生产作业要求。

(3) 班组长要有组织生产能力,能带领全班组协调工作。

(4) 接受工单,按工单要求组织生产作业,完成生产任务。

(5) 负责过程自检、竣工自检。

(6) 负责填报生产工单、技术检验单、领料单。

(7) 负责本班组生产区的环境卫生、机具设备维护。

二、工时、费用管理

(一) 工时与工时定额

1. 工时

工时不单纯指汽车维修保养过程中人工所付出的工作时间数。工时费包括人工操作费用、设备使用费用、低值易耗品费用、水电费等,并且根据技术难度的不同,工时标准在实际工作所需要的时间基础上做一定的调整,因此有些工时标准要比实际工作的工时要高;工时的单位为小时,最小单位为 0.1 个工时。如一个标准工时为 100 元,则最小单位为 0.1 个工时,即 10 元。

2. 工时定额

所谓的定额,就是对某一事物规定的数量标准,对某一事物发展过程中规定的额度。

在汽车维修生产作业中,定额就是在一定作业条件下,利用科学的方法制定出来的完成质量合格的单位作业量,所必需消耗的人力、物力、机械班次或资金的数量标准。

工时定额是汽车维修生产中许多经济技术定额中最重要的一种定额,是在一定生产、技术条件下进行维修作业所消耗的劳动时间标准,即具有标准熟练程度的维修人员在标准的维修作业条件下完成某一车型的某一维修项目所需要的工作时间,一般用小时数来表示。

(二) 汽车维修工时定额的类别

汽车维修工时定额包括以下 4 种:

1. 汽车大修工时定额

汽车大修工时定额是指对一部汽车完成大修作业所需要的工时限额。汽车大修工时定额应分别按照车辆的类别、车辆型号,并参考车辆厂牌制定。

2. 汽车总成大修工时定额

汽车总成大修工时定额是指对汽车某一总成完成大修作业所需的工时限额。汽车总成大修工时定额应分别按照车辆的类别、车辆型号,并参考车辆厂牌的总成特点制定。

3. 汽车维护工时定额

汽车维护工时定额是指对一部汽车完成维护作业所需的工时限额。汽车维护工时定额应分别按照车辆的类别、车辆型号,并参考车辆厂牌维护级别标准而制定。

4. 汽车小修工时定额

汽车小修工时定额是指对一部汽车进行每项小修作业所需的工时限额。汽车小修工时定额应分别按照车辆的类别、车辆型号,并参考车辆厂牌的每项具体作业特点制定。

(三) 制定汽车维修工时定额的原则与方法

1. 制定维修工时定额的基本原则

(1) 客观现实性

劳动定额水平相对合理要从行业管理水平、企业管理水平、维修人员的技术水平以及设备、工具、仪器、材料、辅料、配件的实际条件出发,经过评估,把定额制定在行业平均先进水平上。这个水平就是在短期内争取达到的定额水平。

(2) 合理性

要求不同车型之间、不同工种之间的定额水平保持平衡,要使其定额的现实比例和超额比例大体接近,避免相差悬殊、宽严不等。

(3) 发展性

要求定额的水平要有超前意识,即对新时期内的新技术、新工艺、新结构应考虑到。

(4) 特殊性

对在不同条件下或特殊情况下的作业,应采取不同定额标准。

2. 制定维修工时定额的方法

(1) 经验估计法

是由定额员、维修人员、技术质量检验人员根据自己的维修生产实际,经对维修项目、工艺规程、生产条件(设备、工具、仪器)以及现场实际情况等诸多因素分析并结合同类维修作业的经验资料,用估计的方法来确定维修工序的时间。

优点:简便易行、易于掌握、工作量小、便于定额的及时制定和修改,主要用于维修量小、工序多或临时的作业中。

缺点：由于此方法对构成的各因素缺乏定量地分析，技术依据不足，且容易受到评估人员的主观因素影响，因而定额的准确性差一些。

（2）统计分析法

是根据过去同类维修项目的实际工时消耗的统计资料，进行分析整理，并根据当前维修项目施工的组织技术和生产条件来制定工时定额的方法。

优点：以大量统计资料为依据，简便易行，在资料数据比较多、统计制度健全的条件下运用此方法是比较准确的。

缺点：当维修工艺较复杂时统计工作量繁重，从而影响到资料数据的准确性。

（3）技术测定法

根据对生产技术条件和组织条件的分析研究，再通过技术测定和计算确立合理的维修工艺和工时消耗，从而制定出维修工时定额。

根据确定时间所用方法的不同，可分为分析研究法和分析计算法两种。

优点：分析维修工艺技术条件和生产组织结构条件的内容比较全面、系统，有较充分的技术数据，因而是一种比较科学严谨的方法，准确性最高。

缺点：由于此方法细致复杂，需要大量的人力、大量的资料积累，所以操作起来时间较长。

（4）类比法

是以现有车型的维修项目工时定额为基本依据，经过对比分析，推算出另一种车型同类维修项目工时定额的方法。用来比较推理的必须是相近似车型的统一维修项目。

优点：简便易行，结果分析对比细致，也能保证维修工时定额具有一定的准确性。

缺点：容易受到统一维修项目的可比性限制，故应用的广泛性受到局限。

（5）典型定额法

典型定额法是根据同一维修项目挑选出代表性的车型作为样板，首先为样板车型制定出工时定额（可以采用经验估计法、统计分析法、技术测定法等）作为典型车型的工时定额。然后，其他同类维修项目便可以根据其相同维修部位构造、维修难易程度等情况，用样板车型的工时定额比较修正来确定工时定额。

（6）幅度控制法

幅度控制法是由主管部门或维修企业历史资料或同类车型的先进企业或同类维修项目的工时定额，结合本地区、本企业的实际情况，考虑不断提高维修生产效率的可行性制定工时定额的方法。

（四）汽车维修费用及计算方法

1. 汽车维修工时费用

汽车维修工时费用是指汽车维修所付出的劳务费用，即完成一定的维修作业项目而消耗的人工作业时间所折算的费用。

汽车维修工时费用的计算公式为：

$$工时费用 = 工时单价 \times 定额工时$$

每个工种的工时费用所包含的内容各不相同。

机电工时费除了人工费用外,还包括拆卸、安装、更换、分解、清洗、测量、调整、紧固、仪器测试等操作过程,并且包括维修中使用的低值易耗品,如少量的密封胶、绝缘胶布、润滑油、螺钉、螺母、拉带等,以及清洗过程中用到的汽油;"拆装"与"更换"是同样的操作工时;拆装某部件过程中包含其他拆装的部件时,如果还更换过程中的配件,那么只计算最终的维修工时;某些部件的拆装过程关联到其他部件的拆装,那么需要这两个过程累计计算工时。

钣金工时费除了人工费用外,还包括平整损坏部位,拆卸、安装、调整、测量、更换部件等,氧气、乙炔、二氧化碳气体费,电焊机、整形机的电费,也包括维修严重碰撞时使用大梁校正仪。

喷漆工时费除了人工费用外,还包括油漆、腻子、砂纸、胶带、烤房燃油费、红外烤灯、电费等所有消耗材料费。

2. 汽车维修材料费用

(1) 配件费用

外购配件费用即使用汽车维修企业购进的汽车配件的费用,按实际购进的价格收费。

自制配件费用指使用汽车维修企业自己制造加工的汽车配件的费用。属于国家(或省)统一定价的,按统一价格收费;无统一定价的,按实际加工成本价收费;对个别加工成本较高的配件,可与用户协商定价。

修旧配件费用是指由汽车维修企业将具有修复价值的旧件,经过加工,使其几何形状及机械性能得以恢复,以备车辆修理时使用。旧件修复成本及必要的管理费用之和,就是修旧配件费用。

(2) 辅助材料费用

汽车维修辅助材料费用是指汽车维修过程中消耗的棉纱、砂布、锯条、密封纸垫、开口销、通用螺栓、螺母、垫圈、胶带等低值易耗品。汽车维修过程中这类材料的消耗不易单独核算费用,因此,交通行业主管部门和物价管理部门统一规定了"汽车维修辅助材料费用定额",作为汽车维修辅助材料费用的收费标准。汽车维修企业应依据汽车维修辅助材料费用定额收取汽车维修辅助材料费用。

(3) 油料费用

油料费用是指汽车维修过程中消耗的机油、齿轮油、润滑脂、汽油、柴油、制动液、清洗剂等油品的费用。对汽车维修过程中各种油料的消耗,交通行业主管部门和物价管理部门一般也规定统一的"油料消耗定额"。各种油料的费用应依据规定的油料消耗定额与油料的现行市场价格进行计算和收取。

3. 其他费用

(1) 材料管理费

是指在汽车维修过程中使用维修企业的外购汽车配件时,在其购进价格的基础上加收的一部分费用。材料管理费的实质,是对汽车维修企业外购汽车配件过程中所发生的采购费用、运输费用、保管费用以及材料损耗等费用的补偿。

材料管理费的计算方法:

$$材料管理费 = 汽车维修过程中所消耗的外购配件费用 \times 材料管理费率$$

（2）外协加工费

是指在汽车维修过程中，由于承修企业的设备与技术条件所限不能进行的加工项目，由承修企业组织到厂外进行的加工。

外协加工项目，如果属于客户报修的维修类别规定的作业范围之外的项目，其外协加工费用一般由承修企业事先垫付，然后向客户照实收取。但如果外协加工项目包含在客户报修的维修类别规定的作业范围之内，承修企业应按相应的标准工时定额收取工时费用，不得再向客户加收外协加工费。

4. 汽车维修总费用的计算

$$维修总费用＝工时费用＋材料费用＋其他费用$$

三、车间安全管理

（一）事故与安全管理

1. 产生事故的原因

（1）人为因素造成的事故

由于不正确使用机器或工具，穿着不合适的衣物，或由于技术员不小心造成的事故。

（2）自然因素造成的事故

由于机器或工具出现故障，缺少完整的安全装置，或者工作环境不良造成的事故。

2. 安全管理基本要求

（1）车间整洁、布局合理，应设有总成修理间、工具库房、配件库房和废旧件存放库房，制度要齐全，并统一格式上墙张贴。车间各工位明显处张贴该岗位安全操作规程，在特殊区域（如发电房、油料房等）、特殊工位、特殊设备要于醒目处张贴禁止事项。

（2）设备、工具配备合理、齐全、性能良好，实行定置管理。

（3）维修人员着装整齐、清洁，佩戴工作牌，持证上岗。

（4）修理过程中实行"三不落地"（工具不落地、配件不落地、油污不落地），保持工作场地的清洁。

（5）维修过程的每道工序都要检验，并在过程检验单上记录，合格才可放行。

（二）车间安全管理措施

1. 工作着装

（1）工作服

为防止事故的发生，工作服必须结实、合身，以便于工作。为防止工作时损坏汽车，不要暴露工作服的带子、纽扣，防止受伤或烧伤的安全措施是不要裸露皮肤。

（2）工作鞋

工作时要穿安全鞋。因为穿着凉鞋或运动鞋危险，易摔倒并因此降低工作效率，还能使穿戴者容易因为偶然掉落的物体而受到伤害。

（3）工作手套

提升重的物体或拆卸热的排气管或类似的物体时，建议戴上手套。然而，对于普通的维护工作戴手套并非一项必需的要求。根据要做的工作的类型来决定是否必须戴手套。

2. 工作安全注意事项

（1）始终使工作场地保持干净来保护自己和其他人免受伤害

不要把工具或零件留在自己或者其他人有可能踩到的地方。将其放置在工作架或工作台上，并养成好习惯。

立即清理干净任何飞溅的燃油、机油或者润滑脂，防止自己或者他人滑倒。

工作时不要采取不舒服的姿态。这不仅会影响工作效率，而且有可能会使自己跌倒和伤害到自己。

处理沉重的物体时要极度小心，因为如果它们跌落到自己脚上你可能会受伤。记住如果试图举起一个对自己来说太重的物体，背部可能会受伤。

从一个工作地点转移到另外一个工作地点时，一定要走指定的通道。

不要在开关、配电盘或电机等附近使用可燃物。因为它们容易产生火花，并造成火灾。

（2）使用工具工作时，遵守如下的预防措施来防止发生伤害

如果不正确地使用电气、液压和气动设备，可能导致严重的伤害。

使用产生碎片的工具前，戴好护目镜。使用过砂光机和钻孔机一类的工具后，要清除其上的粉尘和碎片。

操作旋转的工具或者工作在一个有旋转运动的地方时，不要戴手套。手套可能被旋转的物体卷入，伤到你的手。

用举升机升起车辆时，初步举升到轮胎稍微离开地面为止。然后，在完全升起之前，确认车辆牢固地支撑在举升机上。举升后，千万不要试图摇晃车辆，因为这样可能导致车辆跌落，造成严重伤害。

（三）车间防火

1. 采取如下的预防措施来防止火灾

（1）如果火灾警报响起，所有人员应当配合扑灭火焰。

（2）除非在吸烟区，否则不要抽烟，并且要确认将香烟熄灭在烟灰缸里。

2. 在易燃品附近遵照如下预防措施

（1）吸满汽油或机油的碎布有可能自燃，所以它们应当被放置到带盖的金属容器内。

（2）在机油存储地或可燃的零件清洗剂附近，不要使用明火。

（3）千万不要在处于充电状态的电池附近使用明火或产生火花，因为它们产生了可以点燃的爆炸性气体。

（4）仅在必要时才将燃油或清洗溶剂携带到车间，携带时还要使用能够密封的特制容器。

（5）不要将可燃性废机油和汽油丢弃到阴沟里，因为它们可能导致污水管系统产生火灾。始终将这些材料倒入一个排出罐或者一个合适的容器内。

（6）在燃油泄漏的车辆没有修好之前，不要启动该车辆上的发动机。修理燃油供给系统，例如拆卸汽油泵时，应当从蓄电池上断开负极电缆以防止发动机被意外启动。

3. 正确地使用电气设备

如果发现电气设备有任何异常，立即关掉开关，并联系管理员/领班；如果电路中发生短路或意外火灾，在进行灭火步骤之前首先关掉开关；向管理员/领班报告不正确的布线

和电气设备安装;有任何保险丝熔断都要向上级汇报,因为保险丝熔断说明有某种电气故障。

4. 其他注意事项

(1) 不要靠近断裂或摇晃的电线。
(2) 为防止电击,千万不要用湿手接触任何电气设备。
(3) 千万不要触摸标有"发生故障"的开关。
(4) 拔下插头时,不要拉电线,而应当拉插头本身。
(5) 不要让电缆通过潮湿或浸有油的地方,以及通过炽热的表面或者尖角附近。
(6) 在开关、配电盘或电机等物体附近不要使用易燃物,因为它们容易产生火花。

四、有害废弃物的处置

在车间内有许多有害的化学物质。为了避免这些化学物质危及健康,一定要了解其化学性质,并学会安全使用。废弃的化学物质会对健康和环境造成危害。因此,当地法律或法规对这些化学物质废弃前的处理有具体要求,应完全遵照这些要求去做。

五、车间 5S 管理

(一) 5S 的含义

5S 是日文 SEIRI(整理)、SEITON(整顿)、SEISO(清扫)、SEIKETSU(清洁)、SHITSUKE(修养)这五个单词,因为五个单词前面发音都是"S",所以统称为"5S"。它的具体类型内容和典型的意思就是倒掉垃圾和仓库长期不要的东西。

整理:区分必需和非必需品,现场不放置非必需品。
目的:将混乱的状态收拾成井然有序的状态,腾出空间,防止误用。
整顿:要的东西依规定定位、定量摆放整齐,明确标识。
目的:工作场所一目了然,减少找寻物品的时间,保持井井有条的工作秩序。
清扫:将岗位保持在无垃圾、无灰尘、干净整洁的状态。清除工作场所内的脏污,设备异常马上修理,并防止污染的发生。
目的:使不足、缺点明显化,是品质的基础。
清洁:将上面3S的实施制度化、规范化,并维持效果。
目的:通过制度化来维持成果,并显现"异常"之所在。
素养:人人依规定行事,养成好习惯。
目的:提升"人的品质",变成对任何工作都持认真态度的人。
5个S之间的关系如图5-6所示。

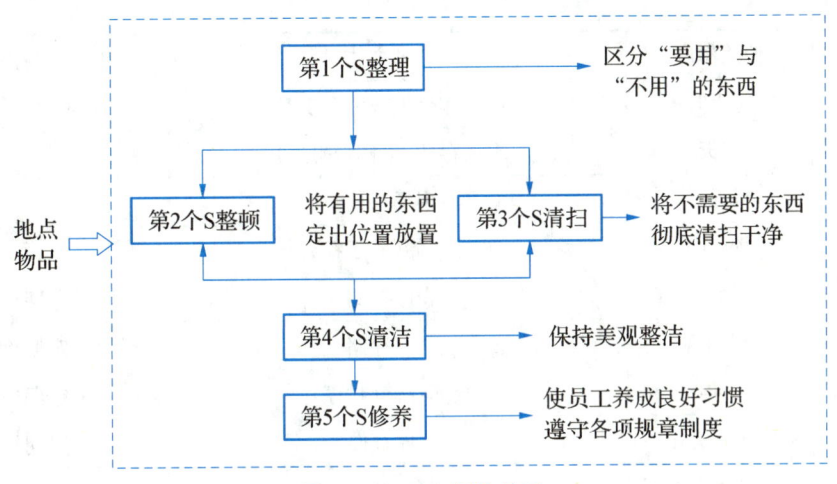

图 5-6　5S 之间的关系

(二) 5S 的推进步骤

1. 整理

(1) 作用

① 可以使现场无杂物,通道通畅,增大作业空间,提高工作效率。

② 减少碰撞,保障生产安全,提高产品质量。

③ 消除混料差错。

④ 有利于减少库存,节约资金。

⑤ 使员工心情舒畅,工作热情高涨。

(2) 因缺乏整理而产生的常见浪费

① 空间的浪费。

② 零件或产品因过期而不能使用,造成资金浪费。

③ 场所狭窄,物品不断移动的工时浪费。

④ 管理非必需品的场地和人力浪费。

⑤ 库存管理及盘点时间的浪费。

(3) 实施要领

① 马上要用的、暂时不用的、长期不用的要区分对待。

② 即便是必需品,也要适量,将必需品的数量降到最低程度。

③ 在哪都可有可无的物品,不管有多昂贵,也要处理掉。

➤ 明确什么是必需物品。

所谓必需物品是指经常使用的物品,如果没有它,就必须购入替代品,否则影响正常工作的物品。非必需品则可分为两种,一种是使用周期较长的物品,如一个月,三个月,甚至一年才使用一次的物品。另一种是对目前工作无任何作用的,需要报废的物品,如已不生产产品的样品、图纸、零配件、设备等。一个月使用一两次的物品不能称之为经常使用物品,而称之为偶尔使用物品。

必需品和非必需品的区分和处理见表 5-1。

表 5-1 必需品和非必需品的区分

类别	使用额度	处理方法	备注
必需物品	每小时	放工作台上或随身携带	
	每天	现场存放（工作台附近）	
	每周	现场存放	
非必需物品	每月	仓库存储（易于找到）	
	三个月	仓库存储	定期检查
	半年	仓库存储	定期检查
	一年	仓库存储（封存）	定期检查
	未定　有用	仓库存储	定期检查
	不需要用	变卖/废弃	定期清理
	不能用	变卖/废弃	立刻废弃

> 增加场地前必须进行整理。

当场地不够时，不要先考虑增加场所，要整理现有的场地，会发现竟然很阔绰。

（4）推进的步骤

① 现场检查。对工作场所进行全面检查，包括看得见和看不见的地方。如文件柜顶部、桌子底下等。

② 区分必需品和非必需品。管理必需品和清除非必需品同样重要，先判断出物品的重要性，然后根据其使用频率决定管理方法，对于非必需品区分是需要还是想要是非常关键的。

③ 清理非必需品。清理非必需品的原则是看物品现在有没有使用价值，而不是原来的购买价值。

④ 非必需品的处理（见表 5-2）。

表 5-2 非必需品的处理

类别	特性	处理方法
无使用价值	—	折价变卖
	转为其他用途	另作它用
		作为训练工具 展示教育
有使用价值	涉及机密专利	特别处理
	普通废弃物	分类后出售
	影响人身安全 污染环境物品	特别处理

⑤ 每天循环整理。现场每天都在变化,昨天的必需品在今天可能是多余的,每天的要求可能有所不同,所以整理贵在回回做,时时做,偶尔突击就失去了意义。

2. 整顿

(1) 作用

① 提高工作效率。

② 异常情况能马上发现(丢失、损坏等)。

③ 将寻找时间减少为零。

④ 其他人也能明白要求和做法。

⑤ 不同的人去做,结果是一样的(已标准化)。

(2) 因没有整顿而产生的浪费

① 寻找时间的浪费。

② 认为没有而多余购买的浪费。

③ 停止和等待的浪费。

④ 计划变更而产生的浪费。

⑤ 交货期延迟而产生的浪费。

(3) 实施的要领

① 彻底地进行整理。彻底进行整理,只留下必需品在工作岗位,只能摆放最低限度的必需品,正确判断是个人所需品还是小组共需品。

② 确定放置场所。进行布局研究,可制作一个(1/50)的模型,便于规划,经常使用的物品放在最近处,特殊物品、危险品设置专门场所进行保管,物品放置100%定位。

③ 规定摆放方法。产品按机能或种类分区放置,摆放方法各种各样(如架式、箱内、悬吊式等),尽量立体放置,充分利用空间,便于拿取和先进先出,直角在规定区域放置,堆放高度应有限制,一般不超过1.2米,容易损坏的物品要分隔或加防护垫保管,防止碰撞,做好防潮、防尘、防锈措施。

④ 进行标识。采用不同的油漆、胶带、地板砖或栅栏划分区域。通道最低宽度为人行道:1米以上;单向车道:最大车宽+0.8米;双向车道:最大车宽×2+1.0(米)。

一般区分:

➢ 绿色:通行道/良品;

➢ 绿线:固定永久设置;

➢ 黄线:临时/移动设置;

➢ 红线:不良区/不良品;

➢ 白线:作业区。

(4) 推进的步骤

① 分析现状。从物品的名称、分类、放置等方面的规范化情况进行调查分析,找出问题所在,对症下药,如不知道物品放在哪里,不知道要取的物品叫什么,存放的地点太远,存放地点太分散,物品太多,难以找到,不知道是否用完或别人正在使用等。

② 物品分类。根据物品各自的特征,把具有相同特点、特性的物品划为一个类别,并制定标准和规范,为物品正确命名,标识物品的名称。

③ 决定储存方法。物品的存放,常采用"定置管理"。定置管理是根据物流运动的规律

性,按照人的生理、心理、效率、安全的需求,科学地确定物品在工作场所的位置,实现人与物最佳结合的管理方法。

定置管理的两种基本形式:

➤ 固定位置:场所固定,物品存放位置固定,物品的标识固定,即"三固定",此法适用于那些物流系统中周期性地回归原地,在下一生产活动中重复使用的物品,如仪器仪表、工艺装备、搬运工具等,这可使人的行为习惯固定,从而提高工作效率。

➤ 自由位置:即相对地固定一个存放物品的区域,非绝对的存放位置,具体存放的位置是根据当时生产情况及一定规则决定。与上一种相比,物品存放有一定自由度,称为自由位置,此法适用于物流系统中那些不固定不重复使用的物品,如原材料、半成品。自由位置的定置标志可采用可移动的牌架、可更换的插牌标识,对不同物品加以区分。

标识与定置管理:

➤ 引导类标识:引导信息可告诉人们物品放在哪里,便于人与物的结合,如仓库的台账,每类物品都有自己的编号,这种编号是按"四号定位"的原则来编码的,四号即库区架位。

➤ 确认类标识:是为了避免物品混乱和放错地方所需的信息,各种区域的标志线,标志牌和色彩标志告诉人们"这是什么场所"。废品存放区与合格品存放区的不同标志可避免混淆,各种物品的卡片和悬挂卡片的框架也是一种确认信息,在卡片上说明物品名称、规格、数量、质量等,相当于核实物品信息。

良好的定置管理,要求标识达到五个方面的要求,即五种理想状态:

➤ 场所标识清楚;
➤ 区域定置有图;
➤ 位置台账齐全;
➤ 物品编号有序;
➤ 全部信息规范。

④ 实施。按决定的储存方法把物品放在它流放的地方。

➤ 工作场所的定置要求:首先要制定标准比例的定置图,工作场地、通道、检查区、物品存放区都要进行规划,明确各区域的管理责任人,零件、半成品、设备垃圾箱、消除设施、易燃的危险品用鲜明、直观的色彩或信息牌显示出来,凡与定置图要求不符的现场物品,一律清理撤除。

➤ 生产现场各工序、工位的定置要求:首先必须要有各工序、工位定置图,要有相应的图纸、文件。硬件、工具、仪表、设备在工序、工位上停放应有明确的定置要求。材料、半成品及各种用具在工序、工位摆放的数量、方式也应有明确要求。附件箱、零件货架的编号必须同账目相一致。

➤ 工具箱的定置要求:工具箱应按标准的规定设计定置图。工具摆放要严格遵守定置图,不准随便放,定置图及工具卡片要贴在工具箱上,工具箱的摆放位置要标准化、规范化和统一化。

➤ 仓库的定置要求:首先要设计库房定置图,按指定地点定置,有存储期限要求物品的定置,在库存报表、数据库管理上要有对时间期限的特定信号标志。库存账本应有序号和物品目录,注意账物相符,即实物、标志卡片、账本记录和计算机数据四种信息一致,对于那些易燃、易爆、易污染且存储期有要求的物品,要按要求实行物别定置。

➢ 检查现场的定置要求：首先要检查现场定置图,并对检查现场划分不同的区域,以不同颜色加以标志区分,分为半成品待检区、成品待检区、合格品区、废品区、返修品区、待处理品区等。待检区以白色标志,合格品区用绿色标志,返修品区以红色标志,待处理区以黄色标志,废品区以黑色标志。

3. 清扫

(1) 作用

经过整理、整顿,物品必须处于立即能取出状态,但取出物品还必须完好可用。这是清扫的最大作用。

清扫不仅只是打扫卫生,还要对生产设备仪器进行点检和保养、维护工作,以利于保持设备良好的状态,及时发现故障隐患。

(2) 实施的要领

① 领导以身作则。成功与否的关键在于领导,如领导能够坚持这样做十天,大家都会很认真对待这件事。

② 人人参与。公司所有部门、所有人员(含总经理)都应一起来执行这个工作。

③ 一边清扫,一边改善设备状况,把设备的清扫与点检、保养结合起来。

④ 明确每个人应负责清洁的区域,分配区域时须绝对清楚地划清界限,不能留下没有人负责的区域(即死角)。

⑤ 寻找并杜绝污染源,建立相应的清扫基准。促进清扫工作的标准化。

(3) 推进的步骤

① 准备工作

➢ 安全教育：对员工做好清扫的安全教育,对可能发生的受伤、事故(触电、碰伤)、坠落砸伤、灼伤等不安全因素进行警示和预防。

➢ 设备基本常识教育：对为什么老化、出现故障、如何减少损失进行教育,学习设备基本构造、工作原理,使员工对设备有一定了解。

➢ 技术准备：制定相关指导书,明确清扫工具位置、维护具体步骤等。

② 从工作岗位扫除一切垃圾灰尘

作业人员动手清扫而非由清洁工代替,清除长期堆积的灰尘、污垢,不留死角。

③ 清扫点检机器设备

➢ 仪器设备本是干干净净的,每天都要恢复到原来的状态,这一工作是从清扫开始的。

➢ 不仅设备本身,连带其附属、辅助设备也要清扫。

➢ 一边清理,一边改善设备状况,把设备的清扫与点校、保养、润滑结合起来,把污渍、灰尘清除掉,这样松动、变形等设备缺陷就暴露出来,可以采取相应的措施加以弥补。

④ 整修清扫中发现的问题

地板凹凸不平要修整,松动的螺丝要紧固,维修精度不准的仪器、仪表,更换绝缘层已老化或损坏的电线,清理堵塞的管道,更换破损的水管、气管、油管。

⑤ 查明污垢发生源,从根本上解决问题

查明污垢的发生源,制定详细的清单,按计划逐步改善,将污垢从根本上灭绝。

⑥ 实施区域责任制

对于清扫应该进行区域划分,实行区域责任制,责任到人,不可存在卫生死角。

4. 清洁

(1) 作用

① 维持作用,将 5S 后所取得的作用维持下去,成为公司的制度。

② 改善作用,对已取得的良好成绩,不断进行持续改善,使之达到更高境界。

(2) 实施的要领

① 贯彻 5S 意识,为了促进改善,必须想出各种激励的办法让全体员工每天保持正在进行 5S 评价的心情,充分利用各种办法,如 5S 标语、5S 宣传画等活动,让员工每天都感到新鲜、不厌倦。

② 一旦开始了实施就不能半途而废,否则公司又很快回到原来情形。

③ 对长时间养成的坏习惯,要花长时间改正。

④ 深刻领会 5S 含义,彻底贯彻 5S,力图进一步提高。所谓"彻底贯彻 5S"就是连续、反复不断地进行整理、整顿、清扫活动。

(3) 推进的步骤

① 对推进组织进行教育。人的思维是复杂而多变的,必须统一思想,才能朝着同样的目标奋斗,所以必须对 5S 将基本思想向组员和全体员工进行必要的教育和宣传。

② 整理。区分工作区的必需品和非必需品。带领组员到现场,将目前所有的物品整理一遍,并调查它们的使用周期,将这些物品记录起来,再区分必需品和非必需品。

③ 向作业者进行确认说明。只有该岗位的作业者最清楚他的岗位要求,知道某些设定的不完善或不适用的地方,所以在区分必需品与非必需品时,应向作业者询问确认清楚,并说明一些相关的事情。

④ 撤走各岗位的非必需品。迅速撤走各个岗位上的非必需品。

⑤ 整顿,规定必需品的摆放场所。现场必需品该怎样摆放,是否阻碍交通,是否阻碍作业者操作,拿取是否方便,必须根据实际条件、作业者的习惯、作业的要求,合理地规定摆放位置。

⑥ 规定摆放方法。摆放场所必须确认摆放高度、宽度和数量,以便于管理,并将这些规定形成文件,便于日后改善、整体推进和总结。

⑦ 进行标识。必须做一些标识,标示规定的位置、规定的高度、规定的宽度和数量,方便员工识别,减少员工的记忆劳动。

⑧ 将放置方法和识别方法对作业者说明。将规定的放置方法和识别方法教会作业者,将工作从推进人员的手中移交给作业者日常维护,但必须说明作业者在实施过程中对认为不对的地方可提出意见,改善规定,但不能擅自取消或更改。清扫并规划出区域,明确各责任区和责任人。

5. 修养

(1) 作用

① 重视教育培训,保证人员基本素质。

② 持续推动 5S 直至成为全员习惯。

③ 使每位员工严守标准,按标准作业。

④ 净化员工心灵,形成温馨快乐的气氛。

⑤ 培养优秀人才,铸造战斗型团队。

⑥ 成为企业文化的起点与最终归属。

(2) 实施的要领

① 持续推动 4S 直至全员成为习惯。通过 4S（整理、整顿、清扫、清洁）的手段，使人们达到工作的最基本要求修养，也可理解为：通过推动 4S 而达到最终精神上的"清洁"。

② 制定相关的规章制度。规章制度是员工的行为准则，是人们达成共识，形成企业文化的基础，制定相应的《语言礼仪》《电话礼仪》及《员工守则》等能够保证员工达到修养的最低限度的要求。

③ 对员工进行教育，培训是非常必要的。培养员工的责任感，激发其热情，需要改变员工消极的利己思想，培养对公司、部门及同事的热情和责任感。

(3) 推进的步骤

修养的形成过程如图 5-7 所示。

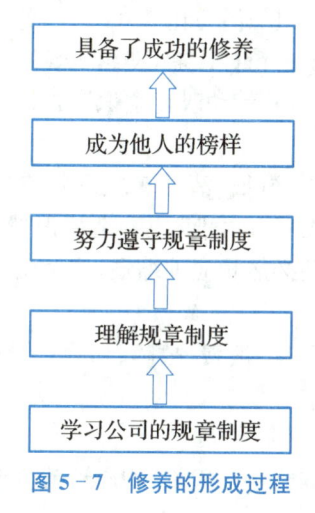

```
┌─────────────────┐
│ 具备了成功的修养 │
└─────────────────┘
         ↑
┌─────────────────┐
│  成为他人的榜样  │
└─────────────────┘
         ↑
┌─────────────────┐
│ 努力遵守规章制度 │
└─────────────────┘
         ↑
┌─────────────────┐
│   理解规章制度   │
└─────────────────┘
         ↑
┌─────────────────┐
│ 学习公司的规章制度│
└─────────────────┘
```

图 5-7　修养的形成过程

(四) 推行 5S 的目的与作用

1. 推行 5S 的目的

做一件事情，有时非常顺利，然而有时却非常棘手，这就需要 5S 来帮助我们分析、判断、处理所存在的各种问题。实施 5S，能为公司带来巨大的好处，可以改善企业的品质，提高生产力，降低成本，确保准时交货，同时还能确保安全生产且能保持并不断增强员工们高昂的士气。

(1) 改善和提高企业形象

整齐、整洁的工作环境，容易吸引顾客，让顾客心情舒畅；同时，由于口碑的相传，企业会成为其他公司的学习榜样，从而能大大提高企业的威望。

(2) 促成效率的提高

良好的工作环境和工作氛围，加上很有修养的合作伙伴，员工们可以集中精神，认认真真地干好本职工作，必然就能大大地提高效率。如果员工们始终处于一个杂乱无序的工作环境中，情绪必然就会受到影响。推动 5S，是促成效率提高的有效途径之一。

(3) 改善零件在库周转率

需要时能立即取出有用的物品，供需间物流通畅，就可以极大地减少那种找所需物品时所滞留的时间。因此,能有效地改善零件在库房中的周转率。

(4) 减少直至消除故障,保障品质

优良的品质来自优良的工作环境。只有通过经常性的清扫、点检和检查,不断地净化工作环境,才能有效地避免污损东西或损坏机械,维持设备的高效率,提高生产品质。

(5) 保障企业安全生产

整理、整顿、清扫,必须做到储存明确,东西摆在规定的位置上,工作场所内都应保持宽敞、明亮,通道随时都是畅通的,地上不能摆设不该放置的东西,工厂有条不紊,意外事件的发生自然就会相应地减少,当然安全就会有保障。

(6) 降低生产成本

一个企业通过实行或推行5S,就能极大地减少人员、设备、场所、时间等方面的浪费,从而降低生产成本。

(7) 改善员工的精神面貌,使组织活力化

推行5S可以明显地改善员工的精神面貌,使组织焕发一种强大的活力。员工都有尊严和成就感,对自己的工作尽心尽力,并带动改善意识形态。

(8) 缩短作业周期,确保交货

推行5S,通过实施整理、整顿、清扫、清洁来实现标准的管理,企业的管理就会一目了然,使异常的现象明显化,人员、设备、时间就不会造成浪费。企业生产能相应地非常顺畅,作业效率必然就会提高,作业周期必然相应地缩短,确保交货日期万无一失。

2. 推行5S的作用

推行5S有八个作用:亏损、不良、浪费、故障、切换产品时间、事故、投诉、缺勤等8个方面都为零,也称之为"八零工厂"。

(1) 亏损为零——5S是最佳的推销员

整理、整顿、清扫、清洁和修养维持得很好,相应地就会形成一种习惯。以整洁作为追求目标之一的企业具有更大的发展空间。

(2) 不良为零——5S是品质零缺陷的护航者

产品严格地按标准要求进行生产。干净整洁的生产场所可以有效地提高员工的品质意识。机械设备的正常使用和保养,可以大为减少次品的产生。员工应明确并做到事先就预防发生问题,而不能仅盯在出现问题后的处理上。

(3) 浪费为零——5S是节约能手

5S的推行能减少库存量,排除过剩的生产,避免零件及半成品、成品的库存过多。若企业内没有5S,则势必因零件及半成品、成品的库存过多而造成积压,甚而致使销售和生产的循环过程流通不畅,最终企业的销售利润和经济效益的预期目标将难以实现。

(4) 故障为零——5S是交货期的保证

车间无尘土、碎屑、屑块、油漆,经常擦拭和进行维护保养,机械使用率会提高。模具、工装夹具管理良好,调试寻找故障的时间会减少,设备才能稳定,它的综合效能就可以大幅度地提高。

(5) 切换产品时间为零——5S是高效率的前提

模具、夹具、工具经过整顿随时都可以拿到,不需费时寻找,可以节省时间。当前这个时代,时间就是金钱和高效率。整洁规范的工厂,机器正常运作,作业效率可以大幅度地提升。

（6）事故为零——5S是安全的软件设备

整理、整顿后，通道和休息场所都不会被占用。工作场所的宽敞明亮使物流一目了然，人车分流，道路通畅，减少事故。危险操作警示明确，员工能正确地使用保护器具，不会违规作业。所有的设备都进行清洁、检修、预防，发现存在的问题，消除了安全隐患。消防设施齐备，灭火器放置定位，逃生路线明确，万一发生火灾或者地震，员工的生命安全必然会有所保障。

（7）投诉为零——5S是标准化的推动者

人们能正确地执行各种规章制度，去任何岗位都能规范地作业，明白工作该怎么做。工作既方便又舒适，而且每天都有所改善，并有所进步。

（8）缺勤为零——5S可以创造出快乐的工作岗位

一目了然的工作场所，没有浪费，岗位明确、干净、没有灰尘、垃圾。工作已成为一种乐趣，员工不会无缘无故地旷工。

实施5S活动，确实能给企业带来巨大的好处。一个实施了5S的企业，可以降低生产成本，提高工作效率，确保企业的安全生产并能鼓舞员工士气，还可以不断地改善和提高企业的整体形象，增强企业活力，提高企业在国内外市场的竞争力。因此，推行5S活动，进行规范化的管理经营活动，是企业存在、发展和壮大的有效途径之一。

（五）5S的检查与管理规范

1. 5S的检查

5S的检查分为定期检查和非定期检查。

（1）定期检查

定期检查又可分为日检、周检、月检三种。

① 日检。由各部门主管负责，组织班组长利用每天下班前的10分钟，对辖区进行5S检查，重点是整理和清扫。

② 周检。由各部门经理负责，组织主管利用周末下班前的30分钟，对辖区进行5S检查，重点是清洁和保养。

③ 月检。由总经理牵头，组织部门经理利用月底最后一个下午，对全厂进行5S检查。

（2）非定期检查

一般是企业中、上层在维修工作繁忙，或接到客户、员工投诉或下情上达的渠道受阻时，临时对基层进行的5S检查。

不论是定期检查还是非定期检查，都必须认真做好记录，及时上报和反馈，与5S标准比较，凡不合格项必须发出整改通知，限期整改验收。

2. 5S管理规范

5S管理的规范内容很多，详见表5-3所示。

表 5－3 5S 管理规范表

序号	项目	规范内容
1	整理	工作现场物品（如旧件、垃圾）区分要用与不用的，定时清理
2		物料架、工具柜、工具台、工具车等正确使用与定时清理
3		办公桌面及抽屉定时清理
4		配件、废料、余料等放置清楚
5		量具、工具等正确使用，摆放整齐
6		车间不摆放不必要的物品、工具
7		将不立即需要（三天以上）的资料、工具等放置好
1	整顿	物品摆放整齐
2		资料、档案分类整理入卷宗、储放柜、书桌
3		办公桌、会议桌、茶具等定位摆放
4		工具车、工作台、仪器、废油桶等定位摆放
5		短期生产不用的物品，收拾定位
6		作业场所予以划分，并加注场所名称，如工作区、待修区
7		抹布、手套、扫帚、拖把等定位摆放
8		通道、走廊保持畅通，通道内不得摆放任何物品
9		所有生产使用工具、零件定位摆放
10		划定位置收藏不良品、破损品及使用频率低的东西，并标识清楚
11		易燃物品定位摆放
12		电脑电缆绑扎良好，不凌乱
13		消防器材要容易拿取
1	清扫	地面、墙壁、天花板、门窗清扫干净，无灰尘
2		过期文件、档案定期销毁
3		公布栏、记事栏内容定时清理或更换
4		下班前，打扫和收拾物品
5		垃圾、纸屑、烟蒂、塑料袋、破布等扫除
6		工具车、工作台、仪器及时清扫
7		废料、余料、待料等随时清理
8		地上、作业区的油污及时清理
9		清除带油污的破布或棉纱等

续　表

序号	项目	规范内容
1	清洁	每天上下班前5分钟做5S工作
2		工作环境随时保持整洁干净
3		设备、工具、工作桌、办公桌等保持干净无杂物
4		花盆、花坛保持清洁
5		地上、门窗、墙壁保持清洁
6		墙壁油漆剥落或地上划线油漆剥落修补
1	素养	遵守作息时间,不迟到、早退、无故缺席
2		工作态度端正
3		服装穿戴整齐,不穿拖鞋
4		工作场所不干与工作无关的事情
5		员工时间观念强
6		使用公物时,用后保证能归位,并保持清洁
7		使用礼貌用语
8		礼貌待客
9		遵守厂规厂纪

项目六 汽车配件管理

扫码可见本项目微课

任务描述

某 4S 店的配件管理人员在盘点库存时发现有些配件库存不足,于是需要科学地计算配件采购量,并进行配件的采购,在接到配件到货通知后进行配件入库验收和上架业务。

能力培养目标

专业能力

1. 能够识别汽车配件;
2. 掌握 4S 店配件管理的相关业务规定;
3. 能够进行配件的入库检验和出库管理;
4. 能够进行配件库存盘点和配件仓储管理;
5. 能够进行配件库存量控制及配件采购。

方法能力

1. 自学能力;
2. 使用企业信息资源的能力;
3. 决策能力;
4. 相关信息的收集能力;
5. 工作结果的评价与反思。

社会能力

1. 沟通能力;
2. 团队协作能力;
3. 工作责任心;
4. 勇于承担相关责任。

6.1 汽车配件管理概述

汽车配件是指能直接用于汽车装配或维修的零部件物品,是进行维修服务的重要物质条件。车辆配件管理是车辆维修业务管理的内容之一,车辆维修所使用的配件,直接影响车

辆维修后的质量、安全、企业信誉和经济效益。因此,汽车 4S 店和车辆维修企业须加强对配件的管理,建立和健全包括采购、保管、使用等过程的质量管理体系,有效压缩库存量,降低成本,不断改进管理方法、提高企业信誉和经济效益。

一、汽车配件的分类

1. 实用性分类

根据我国汽车配件市场供应的实用性原则,汽车配件分为易耗件、标准件、车身覆盖件和保安件等四类。

(1) 易耗件。在对汽车进行二级维护、总成大修和整车大修时,易损坏且消耗量大的零部件称为易耗件。

(2) 标准件。按国家标准设计与制造的,并具有通用互换性的零部件称为标准件。汽车上属于标准件的有气缸盖紧固螺栓及螺母、连杆螺栓及螺母、发动机悬挂装置中的螺栓及螺母、主销锁销及螺母、轮胎螺栓及螺母等。

(3) 车身覆盖件。为使乘员及部分重要总成不受外界环境的干扰,并具有一定的空气动力学特性的构成汽车表面的板件,如发动机罩、翼子板、散热器罩、车顶板、门板、行李厢盖等均属于车身覆盖件。

(4) 保安件。汽车上不易损坏的零部件称为保安件,保安件有曲轴、起动爪、正时齿轮、扭转减振器、凸轮轴、汽油箱、喷油泵、调速器、机油滤清器总成、机油硬管、发电机、起动电机、离合器压盘及盖总成、离合器硬油管、变速器壳体及上盖、操纵杆、前桥、桥壳、转向节、轮胎衬带、钢板弹簧总成、载货汽车后桥副钢板总成及零件、转向摇臂、转向节臂等。

2. 标准化分类

汽车零部件总共分为发动机零部件、底盘零部件、车身及饰品零部件、电器电子产品和通用件共五大类。根据汽车的术语和定义,零部件包括总成、分总成、子总成、单元体、零件五种。

(1) 总成。由数个零件、数个分总成或它们之间的任意组合而构成一定装配级别或某一功能形式的组合体,具有装配分解特性的部分就是总成。

(2) 分总成。由两个或多个零件与子总成一起采用装配工序组合而成,对总成有隶属装配级别关系的部分就是分总成。

(3) 子总成。由两个或多个零件经装配工序或组合加工而成,对分总成有隶属装配级别关系的部分就是子总成。

(4) 单元体。由零件之间的任意组合而构成具有某一功能特征的功能体组合,通常能在不同环境独立工作的部分就是单元体。

(5) 零件。不能用装配程序制成的单一成品、单个制件,或由两个以上连在一起具有规定功能,通常不能再分解的(如含油轴承、电容器等外购小总成)制件就是零件。

3. 按照汽车配件的功能分类

汽车配件按照功能的不同,可分为如下几类。

(1) 发动机配件:发动机、发动机总成、节气门体、气缸体、张紧轮等。

(2) 传动系配件:离合器、变速器、变速换挡操纵杆总成、减速器、磁性材料等。

(3) 制动系配件:制动总泵、制动分泵、制动器总成、制动踏板总成、压缩机、制动盘、制动鼓等。

（4）转向系配件：主销、转向机、转向节、球头销等。

（5）行驶系配件：后桥、空气悬架系统、平衡块、钢板等。

（6）电器仪表系配件：传感器、汽车灯具、火花塞、蓄电池等。

（7）汽车灯具：装饰灯、防雾灯、顶灯、前照灯、探照灯等。

（8）汽车改装：轮胎打气泵、汽车顶箱、汽车顶架、电动绞盘等。

（9）安全防盗：方向盘锁、车轮锁、安全带、摄像头等。

（10）汽车内饰：汽车地毯（脚垫）、方向盘套、方向盘助力球、窗帘、太阳挡板等。

（11）汽车外饰：轮毂盖、车身彩条贴纸、牌照架、晴雨挡板等。

（12）综合配件：黏结剂、密封胶、随车工具、汽车弹簧、塑料件等。

（13）影音电器：胎压监视系统、解码器、显示器、车载对讲机等。

（14）化工护理：冷却液、制动液、防冻液、润滑油等。

（15）车身及附件：雨刮器、汽车玻璃、安全带、安全气囊、仪表台板等。

（16）维修设备：钣金设备、净化系统、拆胎机、校正仪等。

（17）电动工具：电冲剪、热风枪、电动千斤顶、电动扳手。

4. 按照汽车配件的科技含量分类

（1）高科技类。发动机总成、齿形带、V型泵、消声器、风扇离合器、空调设备、后视镜、座椅、油封、中央接线盒、汽车仪表、汽车铸件、模具、软内饰、特种油品、安全玻璃等。

（2）科技类。变速器总成、保险杠（大型塑料）、活塞、活塞环、气门、连杆、轴瓦、油箱、空气滤清器、机油滤清器、离合器、盘式制动器、转向器、刮水器、门锁、安全带、发电机与起动机、组合开关、分电器、等速万向节、紧固件、灯具、汽车锻件、轴承、音响设备与车载电视、特种带材（轴瓦、散热器用）等。

（3）一般类。高压油管、散热器、制动软管、转向器、传动轴、后桥齿轮、减振器、钢板弹簧、钢圈、玻璃升降器、风窗洗涤器、暖风机、点火线圈、火花塞、喇叭、电线束、灯泡、随车工具、蓄电池等。

二、汽车配件管理

汽车配件管理是指对汽车售后服务所需要的材料和各类零配件的订购、入库、保管和出库等业务活动所进行的计划、组织、指挥、监督和调节。通过规范化管理，及时准确地为维修车间或客户提供所需的零件或配件，充分利用有限的库存空间和人员经费，保证零件的品种和库存量。

1. 配件管理工作的要求

（1）满足本单位的配件需求。

（2）为本单位提供纯正原厂配件。

（3）实现配件采购、物流IT化。

（4）及时、正确地满足用户的配件需求。

（5）保证配件入库工作高效、准确地进行。

（6）确保入库配件的完好，入库信息准确无误并及时地传递。

（7）保证配件发料工作更好地为其他部门和用户服务，在正确的时间提供正确的配件，准确地传递最新配件库存信息。

(8) 保证配件销售工作超越用户的满意度,为用户提供优质服务。

2. 配件管理的流程

特性和规模不同的汽车 4S 店或汽车维修企业其配件管理的特点不完全相同,但大致可归纳出基本管理流程,如图 6-1 所示。

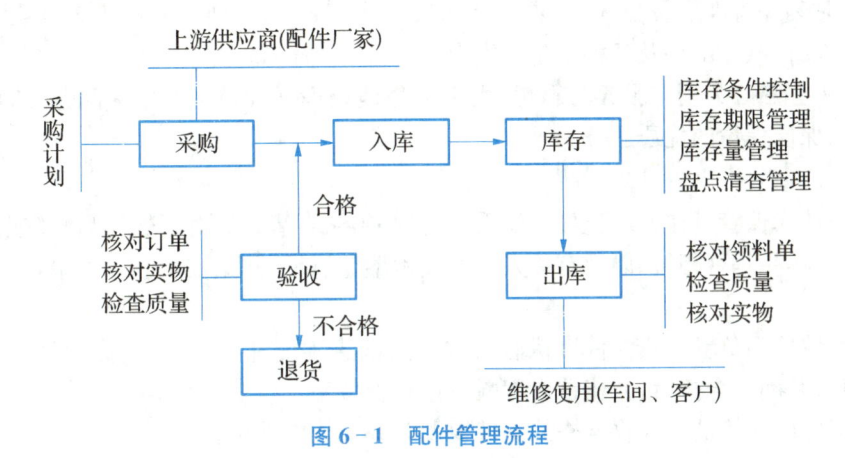

图 6-1 配件管理流程

3. 配件管理人员的职责

(1) 认真验收入库汽车配件的包装和品名、规格、型号、单价、产地、数量及质量,看是否合乎规定要求,如发现问题,及时与有关方面联系,以便进行处理。

(2) 对汽车配件按条理化管理的各项要求进行管理,做好保管、保养和出库发运工作,严格遵守各项手续制度,做到收有据、发有凭,及时准确登账销账,手续完备,把好收、管、发三关。

(3) 汽车配件出库做到先进先出,品名、规格、型号、单价、产地、数量无误,包装完好,地点(即到站,收货单位、发货单位)清晰,发货及时。

对发货后的库存量,做到有运必对,卡物相符。

(4) 加强业务学习,不断提高物资保管业务水平,了解汽车的基本结构以及汽车材料的基础知识;能正确使用常用计算工具、量具和测试仪器;熟悉分管配件的质量标准,能识别配件质量的明显变化;懂得主要易损、易耗配件的使用性能、安装部位及使用寿命。

(5) 运用配件合理分区、分类管理办法,在库容使用上做到货位安排合理、利用率高、安全牢靠、进出畅通、收发方便,便于清数对账和检查。

(6) 根据分管配件的保管要求,不断提高保管、保养技术水平。

针对配件的特性和库房温度、湿度的变化,采取相应的密封、通风、降温、防潮、防腐、防霉变、防锈、防冻、防高温、防鼠咬虫蛀、防台风、防水涝等措施,创造文明卫生的保管环境,确保配件不受损失。

(7) 定期和经常盘点检查库存物资,做到数量准确,质量完好。

熟练准确地填表、记账、对账盘点,保证账、卡、物三者相符。

对于超保本期,特别是那些长期积压的滞销配件,按保本期管理办法,及时向有关部门和人员提出,催促其尽快处理。

(8) 负责保管好罩用品和包装物,以及生产用的各种工具。

做到合理使用、妥善保管，尽量延长其使用寿命，节约费用开支，降低成本。

（9）加强经济核算，改善经营管理。

经常分析库房的利用率、各项储存定额和出入库动态；研究分析造成配件损耗和发生盈余的原因，采取积极有效办法，把损耗率降到最低限度。

（10）时刻保持高度警惕，做好防火、防盗、防破坏的工作，防止各种灾害和人身事故的发生，确保人身、汽车配件及各种设备的安全。

（11）树立热心为用户服务的思想，实事求是地处理好收、管、发中的问题，给用户提供及时、准确、保质保量的优质服务。

4. 4S店的配件业务管理规定

（1）配件库保管员在办理配件入库手续时，必须认真清点核对所购物品与《配件采购申请单》中所列物品是否相符，以及有关人员的技术鉴定意见，并据实填制入库单，记入库存材料台账。

（2）配件部门负责人或配件库保管员要对所购进零配件的规格、名称、产地、价格等进行全面验收，并确认合格后，方能在入库验收记录上签字。

（3）配件库保管员对验收合格的配件要及时办理入库手续。

① 对办理入库手续的配件要及时做账，做账以正式收发凭证为依据。

② 入库配件要及时制办配件专用卡，清楚入库配件的名称、型号、规格、级别、储备额和实际储存量。

③ 配件入库后要统一登记，一物一档，统一编号，便于查询。

（4）配件保管员要注意处理好配件的库存保管事宜，要对配件进行合理的分区、分架、分层管理，以便于电脑查询和出库，节省配件仓库的使用空间。

（5）配件库保管员要努力做到安全库存，对于不常用的配件不宜储存过多，对于易变形、易损坏的配件要谨慎存放，处理好配件仓库的安全防火事宜，定期清仓、盘点，掌握配件变动情况，避免配件的积压、损坏或丢失，保证账、卡、物相符。

（6）要与维修车间密切配合，认真做好旧配件的回收管理工作。

（7）为了及时掌握库存配件的变化情况，避免配件的短缺、丢失或超储积压，必须每周定期对配件进行盘点。

① 盘点的内容：查明实际库存的数量与账、卡上的数字是否相符，检查配件收发有无错误，查明有无超储积压、损坏、变质等情况发生。

② 盘点的形式：盘点主要有永续盘点、循环盘点、定期盘点和重点盘点等形式。

"永续盘点"——是指配件保管员每天对有收发动态的配件盘点一次，以便及时发现收发差错；

"循环盘点"——是指配件保管员对自己所管物品分轻重缓急，做出每月重点日盘点计划，并按计划日进行盘点；

"定期盘点"——是指在月、季、年度组织清仓盘点小组，全面进行盘存清查，并造出库存清册；

"重点盘点"——是指根据季节变化或工作需要，或因为某种特定目的而对仓库物资进行的盘点和检查。

③ 盘点中出现问题的处理：对于盘点后出现的盈亏、损耗、规格串混、丢失等情况，应组织复查落实，分析产生的原因，并及时予以处理。

④ 合理储耗：对易挥发、潮解、溶化、散失、风化等物品，允许有一定的储存损耗。凡在合理储耗标准以内的，由配件保管员填报"合理储耗单"，经批准后，即可转财务部门核销。正常储耗的计算，一般一个季度进行一次。其计算公式如下：

$$合理储耗量＝保管期平均库存量×合理储耗率$$

$$实际储耗量＝账存数量－实存数量$$

$$储耗率＝保管期内实际储耗量÷保管期内平均库存量×100\%$$

实际储耗量超过合理储耗量部分作盘亏处理，凡因人为的原因造成配件丢失或损坏的，不得计入储耗内。

⑤ 盈亏和调整：在盘点中发生盘盈或盘亏时，应反复落实，查明原因，明确责任。由配件保管员填制"物品库存报告单"，经配件部门负责人审签后，按规定报经企业主管领导审批。

⑥ 报废和削价：由于保管不善，造成霉烂、变质、锈蚀的零配件，在收发、保管过程中已损坏并已失去部分或全部使用价值的，因技术淘汰需要报废的，经有关方面鉴定并确认不能使用的，由配件保管员填制"物品报废单"报经企业主管领导审批。由于上述原因需要削价处理的，经技术鉴定后，由配件保管员填制"物品削价报告单"，报经企业主管领导审批。

⑦ 事故处理：由于被盗、火灾、水灾、地震等原因，或因配件保管员失职致使零配件数量和质量受到损失的，应作为事故向企业主管领导报告，并按企业有关规定处理。

⑧ 调剂余缺：在盘点过程中，还应清查有无本企业多余或暂时不需用的配件，以便及时把这些配件调剂给其他需用的单位。

（8）积压配件处理办法

① 要查清楚积压配件的型号、名称、规格、数量、市场价格。

② 在维修过程中尽量使用积压的配件，并参考市场价格。

③ 对积压配件适当削价处理。

④ 积极与配件供应商协商，争取以货换货。

⑤ 对于已经淘汰的车型配件，作为废件处理。

（9）旧配件管理办法

① 维修车间修车所换下的旧配件，应以旧换新，由配件部门集中存放。

② 车辆维修完工后，将旧配件进行清点，做好清洁、打好包，并填写清单，如车牌、车型、旧零配件名称、数量等。

③ 如果车主要求带走的，便将旧配件放到客户车辆的尾箱里。如果车主不带走的可利用旧配件，则存入旧配件库，不能利用的则作为废品处理。

④ 对可利用旧配件要造册登记，进行统一分类管理。

（10）特约维修的旧配件处理办法

① 特约维修的索赔配件应由该车型的特约维修负责人向本企业交代清楚，维修车间换下的索赔旧配件应做好卫生清洁、打好包，填写好清单，交有关人员进行索赔处理。

② 本企业应指定专人作为索赔车型的协作人，以便于及时与厂方联系，争取得到较好的处理结果。如不能及时结案，该协作人应即时将索赔配件交配件部门保管。

③ 配件部门所收的索赔旧配件应分类保管，用专用记录本详尽登记每次索赔旧配件的业务明细，以备日后查验。

④ 如违反本办法所规定的操作程序而造成旧配件遗失的,由违规者照价赔偿。
⑤ 凡属索赔的配件必须经过有关人员的检验和有关负责人的确认,否则不予索赔。
⑥ 任何人不得以配件索赔的名义向客户索取财物,任何人不得以非本企业的更换件冒充本企业的更换件。
⑦ 要认真执行配件索赔前的检验规定,不够索赔要求的一律不予索赔。

(11) 废旧物品管理办法
① 执行以旧换新制度,积极加强废旧物品的管理。
② 对于更换下来的废旧配件能够进行修理的,一定要进行修理,同时检验其安全性和可靠性,检验合格的作为储备配件,降价处理(必须事先与客户讲清情况)。
③ 对于没有修理价值的废旧物品,可以集中报废处理。

6.2 配件库存管理

一、配件出库管理

1. 汽车配件的编码

为了保证汽车零部件在生产、采购、仓储和销售时的准确性和便于进行微机管理,各汽车制造厂都对所生产的汽车零部件实行代码分类,即不同的零件具有不同的代码。但目前各汽车制造企业汽车配件的代码编制方法不同,不能通用。

(1) 汽车零配件原厂编号

为便于对汽车零部件的检索、流通和供应,我国汽车行业有《汽车零部件编号规则》(QC/T 265—2004),把汽车零部件分为 64 个大组,规定完整的汽车零部件编号表达式由企业名称代号、组号、分组号、源码、零部件顺序号和变更代号构成。汽车零部件的编号表达如图 6-2 所示,根据其隶属关系可按下列三种方式进行选择,其中的代码使用规则如下:

a) 零部件编号表达式一

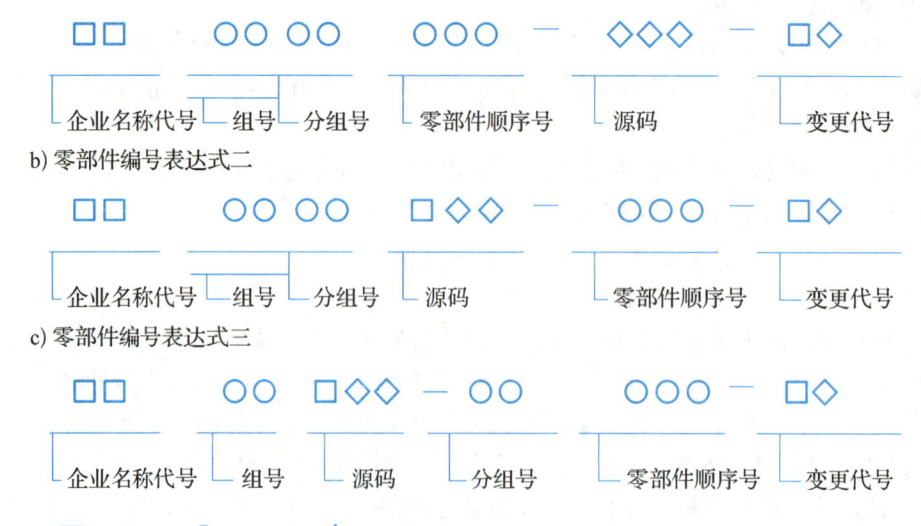

b) 零部件编号表达式二

c) 零部件编号表达式三

注:□表示字母;○表示数字;◇表示字母或数字。

图 6-2 汽车零部件的编号

① 企业名称代号。

② 组号。

③ 分组号。

④ 零部件顺序号。

⑤ 源码。

⑥ 变更代号。

通常,整车制造厂都会对制造汽车所用的配件进行统一编码,编码的规定各不相同,但都有相对固定的规则。这些固定的编码统称原厂编码,由英文字母和数字组成,每一个字符都有特定的含义。

(2) 汽车配件的自编号

大多数汽车配件确实有原厂编码,而且这个编码在一定程度上可以作配件的识别符号,这个识别体系一般来说能够得到行业内人士的普遍认可。但是,由于配件可以分为原厂件、副厂件、自制件,也可以分为新配件、旧配件。就算两种配件原厂编码相同,性能、产地、价值不见得相同,更不见得就是同一种商品。所以原厂编码并没有唯一性,在企业的经营管理中,必须为配件进行自编号工作。在汽车服务企业经营的汽车配件中,原厂编码可以重复,但是自编号不能重复。

下面介绍几种常见的配件自编号规则:

① 分类顺序法。这种编号方法是在自然顺序法的编号规则上变通而来的。就是把配件分类,然后对每一类按照顺序进行编号,这样,配件编号就分为两段,前一段表示配件的类别,后一段表示配件的序号。

② 原厂编码加注法。这种编号方法是在原厂编码的基础上发展而来的。就是在汽车配件的原厂编码的基础上增加前缀或者后缀(通常是后缀),用以表示不同的配件。

③ 车型分类加注法。这种分类方法是把经营的配件按照车系、车型分类,也可以进一步根据系统、子系统细分。然后在分类的后面加上序号和注释内容。

④ 货位序号法。这种编号方法是基于库房管理的货位编号生成的。首先对仓库的货位进行分类编号,给每一种配件规定固定的放置位置,相似的配件往往放在相邻的位置。然后根据货位的不同,给不同配件赋予相应的编号。

2. 配件的出库

汽车配件出库,标志着储存保管阶段的结束,把好"出货关"是安全库存管理工作的重要一环。

(1) 出库前的准备

原包装出库的汽车配件,如发现包装有破损或不良情况时,应随时修理、缝补、加固;要拆件零付的,在入库前即可拆开部分大包装,把零星配件放在货架上,以免临时拆件开箱,延缓付货时间;有些配件需要挑选等级,也可事前拆开大包装放在货架上;堆码、整理、合并货垛时,注意留出适当的墙距、走道与间隔,便于下垛和库内搬运。

(2) 出库的程序

① 核对单据。业务部门开出的供应单据是仓库发货、换货的合法依据。保管员接到发货或换货单据后,先核对单据内容、收款印戳,然后备货或换货。

② 备货。备货前应将供应单据与卡片、实物核对,核对无误,方可备货。

③ 复核、装箱。备货后一定要认真复核,复核无误后,用户自提的可以当面点交,属于外运的可以装箱发运。在复核中,要按照单据内容逐项核对,然后将单据的随货同行联和配件一起装箱。如果是拼箱发运的,应在单据的仓库联上注明,如果编有箱号的应注明拼在几号箱内,以备查验。无论是整箱或拼箱,都要在箱外写上运输标志,以防止在运输途中发错到站。

④ 报运。配件经过复核、装箱、查号码后要及时过磅称重,然后按照装箱单内容逐项填写清楚,报送运输部门向承运单位办理准运手续。

⑤ 点交和清理。运输部门凭装箱单向仓库提货时,保管员先审查单据内容及印章以及经手人签字等,然后按单据内容如数点交。

⑥ 单据归档。发货完毕后,应及时将提货单据(盖有提货印章的装箱单)归档,并按照其时间顺序,分月装订、妥善保管,以备查考。

(3) 出库的要求

① 凭单发货;

② 先进先出;

③ 及时准确;

④ 包装完好;

⑤ 待运配件。

(4) 汽车4S店配件出库管理规定

① 职责。备件仓管员负责本单位仓库的物资存放规划、日常存储、入库、出库管理,对库存配件出库负具体管理责任。

备件主管负责本单位备件管理,对备件仓库管理进行把关、督促,对库存配件出库管理负直接领导责任。

售后服务经理负责督促相关责任人认真执行本规定,协调本单位各部门之间有关备件方面的工作关系,对本单位的备件管理负总责。

② 零件报价。备件部应主动了解厂家备件供应情况,动态掌握配件销售价格变化情况,及时更新配件价格表。

常用配件价格应在接待区域醒目位置予以公布。

备件部报价人员必须对所报出的价格负责;受理前台接待人员、车间维修人员及客户询价时,必须严格按统一规定的价格表报价,不得随意报价。

配件报价单只作为报价工具,不得作为出库依据。

③ 备件领料。备件领料分为客户付费维修领料、厂家索赔维修领料、保险理赔维修领料等三种情况。配件出仓前必须确认领料单证的有效性。

客户付费维修领料时,备件出库应按客户签字确认的内容打印配件出仓单。

厂家索赔维修领料时,备件出库应按索赔员签字确认的内容打印配件出仓单;使用厂家无偿提供的用于召回维修的配件时,应在该配件专项进销存账目中办理出库,不得与仓库账混淆。

保险理赔维修领料时,单台维修车辆配件总需求小于等于1 000元的,由前台主管确认,超出1 000元的由售后服务经理确认。备件出库应按上述责任人签字确认的内容打印出仓单。

二、配件入库管理

1. 入库验收的依据和要求

（1）入库验收的依据

① 根据入库凭证(含产品入库单、收料单、调拨单、退货通知单)规定的型号、品名、规格、产地、数量等各项内容进行验收。

② 参照技术检验开箱的比例，结合实际情况，确定开箱验收的数量。

③ 根据国家对产品质量要求的标准进行验收。

（2）入库验收的要求

① 及时。验收要及时，以便尽快建卡、立账、销售，这样就可以减少配件在库停留时间，缩短流转周期，加速资金周转，提高企业经济效益。

② 准确。配件入库应根据入库单所列内容与实物逐项核对，同时对配件外观和包装认真检查，以保证入库配件数量准确，防止以少报多或张冠李戴的配件混进仓库。

如发现有霉变、腐败、渗漏、虫蛀、鼠咬、变色、沾污和包装潮湿等异状的汽车配件，要查清原因，做好记录，及时处理，以免扩大损失。

要严格实行一货一单制，按单收货，单货同行，防止无单进仓。

2. 配件的入库

入库验收包括数量和质量两个方面的验收。

数量验收是整个入库验收工作中的重要组成部分，是搞好保管工作的前提。

库存配件的数量是否准确，在一定程度上是与入库验收的准确程度分不开的。配件在流转的各个环节都存在质量验收问题。

入库的质量验收，就是保管员利用自己掌握的技术和在实践中总结出来的经验，对入库配件的质量进行检查验收。

验收入库的程序如下：

① 点收大件。仓库保管员接到进货员、技术检验人员或工厂送货人员送来的配件后，要根据入库单所列的收货单位、品名、规格、型号、等级、产地、单价、数量等各项内容，逐项进行认真查对、验收，并根据入库配件的数量、性能、特点、形状、体积，安排适当的货位，确定堆码方式。

② 核对包装。在点清大件的基础上，对包装物上的商品标志和运输标志，要与入库单进行核对。

只有在实物商品和运输标志、入库凭证相符时，方能入库。

同时，对包装物是否合乎保管、运输的要求要进行检查验收，经过核对检查，如果发现票物不符或包装有破损异状时，应将其单独存放，并协调有关人员查明情况，妥善处理。

③ 开箱点验。凡是出厂原包装的产品，一般开箱点验的数量为 5%～10%。

如果发现包装含量不符或外观质量有明显问题时，可以不受上述比例的限制，适当增加开箱检验的比例，直至全部开箱。

新产品入库，亦不受比例限制。

对数量不多且价值很高的汽车配件，非生产厂原包装的或拼箱的汽车配件，国外进口汽车配件，包装损坏、异状的汽车配件等，必须全部开箱点验，并按入库单所列内容进行核对验

收,同时还要查验合格证。

经全部查验无误后,才能入库。

④ 过磅称重。凡是需要称重的物资,一律过磅称重,并要记好重量,以便计算、核对。

⑤ 配件归堆建卡。要根据配件性能特点,安排适当的货位。归堆时一般按五五堆码原则(即五五成行、五五成垛、五五成层、五五成串、五五成捆)的要求,排好垛底,并与前、后、左、右的垛堆保持适当的距离。

批量大的,可以另设垛堆,但必须整数存放,标明数量,以便查对。

建卡时,注明分堆寄存位置和数量,同时在分堆处建立分卡。

⑥ 上账退单。根据进货单和仓库保管员安排的库、架、排、号,以及签收的实收数量,仓库账务管理人员逐笔逐项登账,并留下入库单据的仓库记账联,作为原始凭证保留归档。

另外两联分别退还业务和财务部门,作为业务部门登录商品账和财务部门冲账的依据。

配件入库的全部过程到此结束。

3. 入库验收工作中发现问题的处理

(1) 在验收大件时,发现少件或多出的件,应及时与有关负责部门和人员联系,在得到他们同意后,方可按实收数签收入库。

(2) 凡是质量有问题,或者品名、规格串错,证件不全,包装不合乎保管、运输要求的,一律不能入库,应将其退回有关部门处理。

(3) 零星小件的数量误差在2‰以内,易损件的损耗在3‰以内的,可以按规定自行处理,超过上述比例,应报请有关部门处理。

(4) 凡是因为开箱点验被打开的包装,一律要恢复原状,不得随意损坏或者丢失。

4. 4S店配件入库业务

(1) 配件的订购与验收

① 配件计划及订购由配件主管全权负责。

② 配件的计划及订购务求配件库存合理,即保证正常的配件供应及良好的经济效益。

③ 保证单位的配件库存量不得低于汽车厂规定的安全库存量。汽车配件采购员在确定了进货渠道及货源,并签订了进货合同之后,必须在约定的时间、地点,对配件的名称、规格、型号、数量、质量检验无误后,方可接收。

(2) 配件检验

① 对配件品种的检验。规格、名称及型号。

② 对配件数量的检验。对照进货发票,先点收大件,再检查包装及其标识是否与发票相符。整箱配件,一般先点件数,后抽查细数;零星散装配件需点验细数;贵重配件应逐一点数;对原包装配件有异议的,应开箱开包点验细数。

③ 对配件质量的检验。

➢ 采用国家规定质量标准按质量标准验收。

➢ 采用双方协商标准的,按照封存的样品详细记录标准验收。

➢ 接收方对配件的质量提出异议的应在规定的期限内提出,否则视为验收无误。

(3) 责任划分的原则

汽车配件从产地到销地,要经过发货单位、收货单位和承运单位三方共同协作来完成,责任划分一般原则是:

① 汽车配件在铁路、公路交通运输承运部门承运前发生的损失和由于发货单位工作差错,处理不当发生的,由发货单位负责。

② 在中转汽车配件中所发生的损失或由于中转单位工作处理不善造成的损失,由中转单位负责。

③ 汽车配件到达收货地,并与铁路、公路交通运输部门办好交接手续后,发生的损失和由于收货单位工作的问题发生的损失,由收货单位负责。

5. 汽车 4S 店配件入库管理规定

(1) 备件到货验收包括清点备件数量、核对单证和检查备件质量。

① 清点备件数量主要是核对备件的到货数量与到货清单上的数量是否一致,如果不一致必须认真做好登记,及时和供货商沟通,查明原因解决问题。

② 核对单证包括核对计划单、订单与到货清单、发票等计量单位、数量、金额是否准确无误,发现问题必须及时查明原因并解决。

③ 检验备件质量主要是检验是否有损坏的零件,如果有损坏必须及时与供货商(包括承运商、供应商)取得联系,对该批零件进行索赔。

(2) 备件清点的同时,应做好相关记录工作,在备件外包装上标注入库日期,以便在发货时做到"先进先出"。

(3) 清点验收无误立刻办理配件入库手续,在配件入库时必须做到:

① 入库操作时务必认真核对供货商名称、配件编码、配件名称、计量单位、入库数量和金额,确保与到货清单、采购发票等完全一致。

② 办理备件入库时,必须认真核对备件对应的仓位,对于没有仓位的备件应及时合理设置仓位。

③ 外采购零件入库时,其备件编码以该零件原厂编码加后缀的形式确定;对于没有原厂编码的配件,用该配件名称的汉语拼音码代替,同时必须注明该配件的使用车型、年款等配件属性。

④ 将零件按仓位正确摆放在货架上,同时在对应的进销存卡上进行登记。

(4) 所有备件到货必须立即办理验收入库,未办理入库前一律不允许出库。

(5) 配件入库后,及时做好备件损坏情况、订货缺件情况和备件价格变化情况统计、核对,并通报备件计划员、备件主管。

(6) 配件办理入库后,备件部必须及时更新订货看板,及时将到货信息有效通知到订货部门、订货人员,确保及时通知用户或待料班组。

(7) 入库过程中对于厂家更新编码的零件,必须在电脑系统中、备件进销存卡上明确注明替代关系等信息,为日后准确发货创造条件。

三、配件库存管理

1. 库存及库存管理的含义

(1) 库存

是指仓库中为今后预定目的而储存的,处于闲置或非生产状态的物品或商品。在汽车维修企业中,库存按其经济用途可分为商品业务库存、修配业务库存、其他库存三种。

（2）库存管理

就是在保障供给的前提下，使库存商品数量最少，为此所进行的预测、计划、组织、协调、控制等有效补充库存的一系列工作。

2. 库存管理的目标

库存管理的目标就是在确保仓储安全的前提下，通过综合分析，使库存费用、订货费用、缺货损失之总和最小。因为从保管的角度去分析，订货次数多，就可以减少库存量，从而减少库存费用；从订货的角度去分析，订货次数减少就能节省订货费用，因而每次的订货量应大些；从缺货的角度去分析，为了减少缺货损失，就应增加库存。因此，库存管理既要满足消费者的需要，又要面对这些损益背反的问题，必须综合考虑以上三个因素，找出库存量最佳点，使库存总费用减少到最低程度，这就是库存管理的目标。

3. 库存管理的原则

（1）不待料、不断料。保证生产所必需的物料。

（2）不呆料、不滞料。生产所需的物料要及时购进，不需要的物料坚决不能进入库房。

（3）不囤料、不积料。需要多少购进多少，储存数量要适量，减少资金积压。

四、汽车 4S 店配件库存分析

1. 汽车 4S 店配件的特点

汽车配件不同于一般的产品，具有独有的特征。具体到汽车 4S 店配件库存的角度，更是有着不同于其他的特点。配件一般来说是为了缩短修理停歇时间而事先准备的各种修理零部件，作用是为了保持机器的正常运转。因此，相对于一般产品，它要求更高的库存水平。具体来说，汽车 4S 店的服务配件具有以下的几个特点：

（1）供应来源复杂

从 4S 店的供应方向来看，可能来自汽车生产商的地区分销中心，也可能是配件生产商直接提供，配件也有可能来源于国外。复杂的供应来源决定了各种配件的提前期也必然是各不相同，由此配件也需要不同的安全库存量。

（2）需求规律难以掌握

由于汽车服务配件与汽车车型相关，而不同品牌的汽车销售情况不一样。有的卖得好，有的卖得差，所需要的配件数量则有着很大的差异。而且，不同区域配件的需求情况也难以掌握。在当前情况下，只能根据历史数据来预测配件的需求。

（3）配件种类繁多

汽车结构复杂，零部件种类众多。并且随着汽车业的发展，车型也越来越多，备件种类也会越来越丰富。这些配件经济、技术性质各异，有的价值高，有的价值低，有的结构复杂。处理这些配件，需要将这些配件按照某种规则进行分类管理才能达到较好的经济效益。

2. 汽车 4S 店库存的特点

汽车配件的需求与汽车需求量紧密联系，在车型的生命周期内都需提供，有时候还要考虑末次订货问题。与汽车配件的特点对应，汽车 4S 店库存也具有一些不同于其他库存的特点。

（1）汽车 4S 店库存重视库存的周转率。据估计，创办一个一般的 4S 店的资金投入是

1 000万,所需的投入是比较大的。而且因为经营的汽车属于贵重物品,利润高,销售速率比较慢,占用资金比较多。因此,相应要求配件具有较高的库存周转率。

(2) 订货方式和订货规律受所经营汽车的生产厂家制约。现在的汽车4S店可以分为两个阵营。一是某汽车品牌的专营店,一是经营各种汽车品牌的具有独立品牌的经销商。但这两种在配件的采购策略上都要受到汽车生产厂商的影响。汽车生产商会要求其加入它的系统内部的信息网络中,按月汇总需求,订购零部件。对于一些紧急配件和特殊配件也规定了相应的规则。

(3) 配件分类的需求十分强烈。因为配件众多,所具有的特性不一致,必须根据某种规则进行分类,采用不同的管理策略。例如一些公司将订单种类分为常规订单、紧急订单、油品保险单和特殊订单。

3. 汽车4S店配件库存控制的目标

(1) 控制库存成本

汽车配件库存系统作为汽车4S店内部的一个经济体,能够产生经济效益,自然也会产生成本。一般的,汽车4S店库存成本包括订购费用、保管费用、缺货费用和运输费用。但是考虑到汽车的库存积压现象和死库存现象,我们引入一个与库存时间有关的折旧成本概念。配件在库存期间,会发生磨损,或者随着时间的推移有报废的危险。因此,提出折旧成本的概念有利于减少库存积压,加速资金流转。

(2) 提高服务水平

服务水平作为汽车生产商对企业绩效考核的一个标准,关系到对企业的返利。按照汽车4S店的经营水平,汽车生产商会给予一定的奖励。这是对于服务水平的外在需求因素。对于4S店自身,服务水平的提高能够增加销售额,使客户满意程度增加,但为了维持一个较高的服务水平,则会有一个较高的库存,增大库存成本。当然,还可以通过供应链的优化,使订货提前期减小,使得供应敏捷,也可以保持一个较高的服务水平。

(3) 减少资金占用

汽车行业是一个资金需求量非常大的行业。在汽车4S店的配件库存里,有些配件价值很高。储存这些贵重配件会增加企业的利息支出,造成严重的财务负担。但是,从行业的整个利润水平来看,汽车配件业的利润水平是相当高的,据估计是20%—40%,这又支持了配件的库存。因此,从总体来看,应该衡量配件可能带来的收益和备件的利息支出,确定比较合理的资金占用水平,实现精细化管理。

五、汽车配件仓储管理

1. 汽车配件仓储管理的要求

汽车服务企业的仓储管理就是搞好汽车配件的进库、保管和出库,在具体工作中,要求做到保质、保量、及时、低耗、安全地完成仓储工作的各项任务,并节省保管费用。

(1) 保质

就是要保持库存配件原有的使用价值,为此必须加强仓库的科学管理。

(2) 保量

科学规划,提高仓库容量;加强对配件的动态管理,在入出库过程中,要严格执行交接点验制度,随时做到库存配件账、卡、物三相符。

（3）及时

在保证工作质量的前提下，汽车配件在入库和出库的各个环节中，都要体现一个"快"字。

（4）低耗

指配件在保管期间的损耗降到最低限度。

（5）安全

指做好防火、防盗、防霉以及防工伤事故、防自然灾害等工作，保障设备和人身安全。

（6）节省费用

指节省配件的进库费、保管费、出库费等成本。

2. 配件仓库的规划

（1）汽车配件仓库规划的基本要求

① 仓库工作区应有明显的标牌。

② 发料室、备货区、危险品仓库等应有足够的进货、发货通道和配件周转区域。

③ 货架的摆放要整齐划一，仓库的每一过道要有明显的标示，货架应标有位置码，货位要有配件号和配件名称。

④ 不宜将配件堆放在地上，为避免配件锈蚀及磕碰必须保持完好的原包装。

⑤ 易燃易爆物品应与其他配件严格分开管理，存放时要考虑防火、通风等问题。

⑥ 库房内应有明显的防火标志和齐备的消防设施。

⑦ 非仓库人员不得随便进入仓库内。

（2）汽车配件的分区分类

① 按品种系列分类，集中存放。

② 按车型系列分库存放。

③ 配件性质相近和有消费连带关系的汽车配件要尽量安排在一起存储。

④ 出入库频繁的汽车配件，要放在靠近库门处；粗重长大的汽车配件，不易放在库房深处；易碎配件要注意存放处的安全。

3. 库房的管理

（1）库房环境必须保持清洁、有序。

（2）库房内应有足够的进货、发货通道和周转区域，并保持通道畅通。

（3）库房内光线应充足、明亮且分布均匀。

（4）库房必须符合安全、防火规定。

（5）库房必须配备必要的通风设备及窗户。

（6）库房必须按照汽车厂配件部的要求统一配备料架。

（7）常用配件布置应靠近库房发货窗口。

（8）配件按大类分组，标有明显的分类标志。

（9）配件存放应整齐合理（如：消声器、排气管、风挡玻璃等必须垂直摆放），并保持包装完好。

（10）库房库存处理应遵循先入先出的原则，以保证库房处于良性循环。后入库的、经过变更的新配件应和以前的旧配件分开存放，并按先入先出的原则处理。

（11）退换的配件应另外存放并加以标识，以免混淆。

（12）库房中油漆和易燃品必须与其他配件隔离存放。

（13）库房严禁存放非本品牌汽车的纯正配件。
（14）非库房人员严禁入内。
（15）库房内严禁吸烟。
（16）班组人员领料窗口与配件销售窗口必须分开，避免用户与班组人员同时在同一窗口领料。
（17）设立特别订货货架，当特别订货到货时，必须及时通知相关的服务顾问，以便其与用户及时取得联系并提供优质高效的服务。

4. 信息管理

（1）配件主管负责向配件部传送与配件相关的信息。
（2）必须统一管理配件资料。
（3）应不断搜集并及时向配件部提供配件市场信息、资料及竞争对手的有关信息。
（4）应积极搜集并及时向配件部提供仿制件、假件。
（5）应积极搜集并及时向配件部提供横向配套厂的推销信息。
（6）应积极搜集并及时向配件部提供各种价格信息。

5. 库房盘点

（1）盘点基本原则
① 库房盘点必须由配件主管负责，财务人员现场监督实施。
② 定期进行库房实物盘点。
③ 库房盘点工作尽量于一日内全部完成（年终盘点应尽量在2日内完成）。
④ 库房盘点尽量安排在周末，应避免在正常营业时间进行。

（2）盘点的方法
① 定期在月末进行月盘（可以是局部盘点）。
② 每半年进行一次全面盘点。

（3）盘点的步骤
① 盘点准备工作
➢ 建立良好的库位存放系统。
➢ 由库管员制定盘点计划，包括：日期、进度、盘点范围等。
➢ 根据盘点计划配备盘点小组人员，包括：负责人及工作人员。
➢ 开始进行库房清洁工作，清除废品、废物。
➢ 分类整理实物，凡残损、变质的货物应另行堆放，做好标记，记录好数量，以备盘点清楚后处理。
➢ 制作"盘点记录清单"。
➢ 准备好盘点工具。
② 盘点工作
➢ 按计划仔细盘点，每种货物要清点两次。
➢ 盘点的同时要清洁货物。
➢ 认真做好记录。
➢ 配件主管验收盘点结果，必要时可进行抽样核对以核实盘点的正确性。

③ 盘点的后续工作
- 将盘点结果输入微机,形成盘点结果报告。
- 将盘点结果交给配件主管,并到财务部门入账。
- 将盘点结果报告服务经理。
- 由服务经理负责组织研究解决盘点中的问题。
- 及时维护、更新库存信息。

(4) 正确处理库存

① 查明存货残损的原因,及时纠正。

② 随时与预定的最高和最低的库存量限额进行比较,及时发出库存积压或不足的信号,及时组织购销或处理,加速资金周转。

③ 发现呆货应及时改进配件定购计划。

六、汽车配件的储位编码

1. 储位编码的要求

仓库的货位布置可根据仓库的条件、结构、需要,根据已确定的商品分类保管的方案及仓容定额加以确定。货位编号的方法有很多种,可灵活掌握,但无论采用何种货位编号方式,货位摆放往往都需与主作业通道垂直,以便于存取。

货位编号就好比商品在仓库中的住址,必须符合"标志明显易找,编排循规有序"的原则。具体编号时,必须符合以下的要求:

(1) 标志设置要适宜

货位编号的标志设置,要因地制宜,采用适当的方法,选择适当的地方。在无货架的库房内,走道、支道、段位的标志,一般都刷置在水泥或木板地坪上;在有货架的库房内,货位标志一般都设置在货架上。

(2) 标志制作要规范

货位编号的标志如果随心所欲、五花八门,很容易造成单据串库,商品错收、错发等事故。统一使用阿拉伯字码制作标志,就可以避免以上弊端。为了将库房以及走道、支道、段位等级予以区别,可在字码大小、颜色上进行区分,也可在字码外加上括号、圆圈等符号加以区分。

(3) 编号顺序要一致

整个仓库范围内的库房、货棚、货场内的走道、支道、段位的编号,可以按照进门的方向左单右双或自左向右顺序编号的规则进行。

(4) 段位间隔要恰当

段位间隔的宽窄,应取决于货种及批量的大小。

同时应注意的是,走道、支道不宜经常变更位置、变更编号,因为这样不仅会打乱原来的货位编号,而且会使保管员不能迅速收、发货。

2. 储位编码的功能

货位经过编码以后,在管理上具有以下若干功能:

(1) 确定货位资料的正确性。

(2) 提供电脑相对的记录位置以供识别。

(3) 提供进出货、拣货、补货等人员存取货品的位置依据,以方便货品进出上架及查询,节省重复找寻货品的时间且能提高工作效率。

(4) 提高调仓、移仓的工作效率。

(5) 可以利用电脑处理分析。

(6) 因记录正确,可迅速依序储存或拣货,一目了然,减少弊端。

(7) 方便盘点。

(8) 可让仓储及采购管理人员了解掌握储存空间,以控制货品存量。

(9) 可避免货品乱放堆置致使过期而报废,并可有效掌握存货而降低库存量。

3. 储位编码的方法

一般储位编码的方法有下列几种:

(1) 区段方式。把保管区域分割成几个区段,再对每个区段编码。此种编码方式以区段为单位,每个号码所标注代表的储位区域将会很大,因此,适用于容易单位化的货品,以及大量或保管周期短的货品。货品以物流量大小来决定其所占的区段大小,以进出货频率次数来决定其配置顺序。

(2) 品项群方式。把一些相关性货品经过集合以后,区分成好几个品项群,再对每个品项群进行编码。

(3) 坐标式。利用空间概念来编排储位之方式,此种编排方式由于其对每个储位定位切割细小,在管理上比较复杂,对于流通率很小、需要长时间存放的货品比较适用。

(4) 联合货位编码。这种编码方式根据货位距离出库台的远近进行编码,离出库台最近的货位编码为1,由近及远依次递增。

(5) "三号定位"式、"四号定位"式和"五号定位"式。

① "三号定位"用于多层库房的简单编号,是用三个数字连同字母依次表示库房、层楼和仓库。如04H03F08W表示第4库房3层楼8号仓库,其中库房号H,层楼号F,仓库号W。

② "四号定位"指用一组四位数字来确定固定货位的方法。这四个号码是:库号、架号、层号、位号。这就使得每一货位都有一个组号。具体编码如下:

仓库号W,货架号G,层数L,位号

比如08W11G03L23表示第8仓库11货架第3层23号货位。

③ "五号定位"用于多层库房的详细编号,是用五个数字连同字母依次表示库房、层楼、仓库、货架、位号,如04H03F08W11G23,其中库房号H,层楼号F,仓库号W,货架号G。

4. 储位编码实现

仓储管理信息系统要想实现储存定位功能就必须有合适的储位编码作为前提。

因此,针对不同的布局类型,要选择不同的编码方法。

(1) 对于堆垛库的布局类型,选择采取"区段方式"来进行编码。货品以物流量大小来决定其所占的区段大小,以进出货频率次数来决定其配置顺序,并且以"先进先出"为原则。每个区段可以以英文字母来命名,如果划分区段超过24个,则可在字母后加数字以示区别,例如A1,A2……。

对于仓库较多的具体情况,需增加仓库号。配合其他仓库的编号,因此,区段的前面增加仓库的号码,例如第1仓库A区域的货物,货位编码为01WA,其中仓库号用W表示,如图6-3所示。

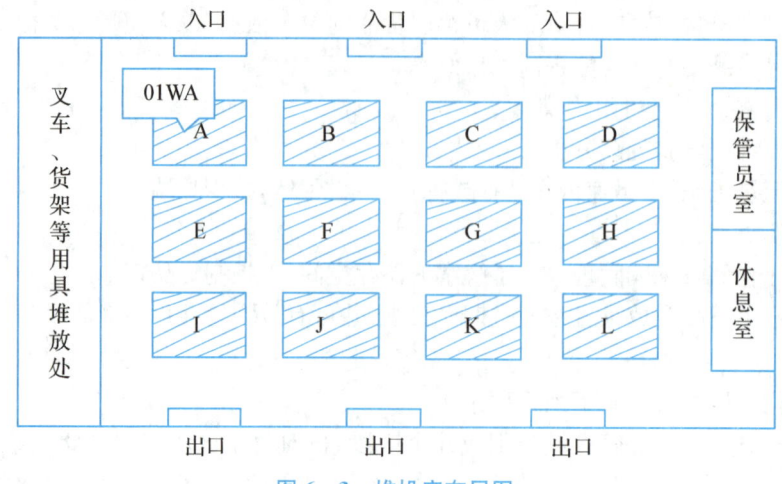

图 6-3　堆垛库布局图

（2）对于高架库的布局类型，选择采取"四号定位"式来进行编码。四个数字按照库号、架号、层号、位号的顺序排列，一般仓库号用 W 表示，货架号用 G 表示，层数用 L 表示。比如第 8 仓库 4 货架第 8 层 16 号货位用 08W4G8L16 表示，如图 6-4 所示。

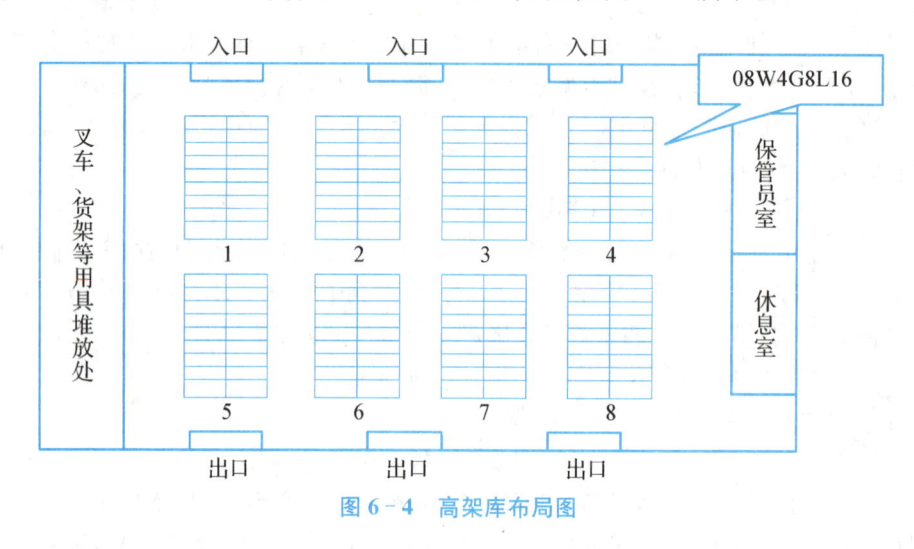

图 6-4　高架库布局图

6.3　配件采购管理

一、合理库存的确定

库存合理化是用最经济的办法实现库存的功能。库存的功能集中体现为对需要的满足，实现被储物的"时间价值"，这是库存合理化的前提或本质。如果不能保证库存功能的实现，其他问题便无从说起了。但是，库存的不合理又往往表现在对库存功能实现的过分强调，因而是过分投入储存力量和其他储存劳动所造成的。所以，合理库存的实质是在保证库存功能实现前提下的尽量少的投入，也是一个投入产出的关系问题。

二、现代库存控制的方法

1. 汽车配件的 ABC 仓储管理法

ABC 分析法是经济活动中应用的一种基本方法,是改善企业经营管理的一项基础工作,是企业经营决策的必要依据。它是一种从错综复杂、名目繁多的事物中找出主要矛盾,抓住重点,兼顾一般的管理方法。ABC 分析法又称重点管理法或分类管理法,广泛应用于商品的销售、采购、储备、库存控制等各个环节,目的在于提高资金利用率和经济效益。

（1）ABC 分析法在汽车配件仓库管理中的实际应用

汽车配件经营品种规格繁多,如何做到库存商品既能及时保证销售的不间断,又尽可能少占用资金而保持适当的库存量,这就需要对仓库所储存的汽车配件,以品种规格及占用资金的大小进行排队,可分为 ABC 三类。

A 类配件品种少,占用资金大。

B 类配件品种比 A 类多,但占用资金比 A 类少。

C 类配件品种多,但资金占用少。

其中,A 类配件品种只占总品种的 10% 左右,却占总资金的 70% 左右;B 类配件品种占 20% 左右,其所占用资金也大致为 20% 左右;C 类配件品种占 70% 左右,资金只占 10% 左右。从重要程度看,A 类最重要,B 类次之,C 类再次之。

① A 类配件

A 类配件一般是常用易损易耗配件,维修用量大、换件频率高、库存周转快、购买力稳定,是经营的重点品种。对这一类配件,一定要有较固定的进货渠道,订货比例较大、库存比例较高,在任何情况下,都不能脱销。

A 类配件的主要品种一般是活塞环、曲轴、汽车缸体、活塞、万向节、汽车缸垫、刹车片、钢圈、半轴、机油等几十个品种。在管理上要选择进货批量,尽量缩短进货间隔时间,做到快进快出,加速周转。在保证销售的前提下,将库存储备压缩到最低水平。

② B 类配件

对 B 类配件只进行一般管理,管理措施主要是做到进销平衡,避免积压。

③ C 类配件

对于 C 类配件,由于品种繁多,资金占用又小,如果订货次数过于频繁,不仅工作量大,经济效果也不好。一般可根据经营条件,规定该类配件的最大及最小储备量。当储备量降到最小时,一次订货达到最大量,以后订货也照此办理,不必重新计算,这样有利于集中力量抓 A、B 两类配件的管理工作。

（2）如何进行 ABC 分类

① 计算每种配件在一定时期内(例如 1 年内)所花费的资金总额,其计算方法是以配件单价乘以需求量,列出品种和资金一览表(见表 6-1)。

② 根据一览表,把每一配件品种资金数按大小顺序排列,计算出各品种占总金额的百分比。

③ 根据配件品种数和资金额占全部品种数和总金额的百分比,将配件分成 A、B、C 三类。

例如,某配件公司每年销售汽车配件 3 421 个品种,年销售总额 8 390 万元(见表 6-1)。通过计算每一种配件资金数及各品种占总金额的百分比,列出占销售总额 75% 的配件品种为 A 类,再划出占销售总金额 15%～20% 的配件品种为 B 类。其余为 C 类。

表 6-1 品种和资金一览表

分类	品种数	占全部品种比例(%)	销售金额累计(万元)	占销售总额的比例(%)
A(5万元↑)	328	9	6 300	75
B(1万元↑)	672	20	1 420	17
C(其余)	2 421	71	670	8
累计	3 421	100	8 390	100

(3) ABC分析法在仓库管理中的作用

① 可使配件库存管理有条理、储备有重点、供应有主次、订货易选择、核算有基础,为配件核算和计划编制工作奠定基础。

② 可以对配件合理分类,较准确地确定订货批量和储备周期。能克服不分主次储备,使储备从定性分析上升为定量分析,做到配件储备定额合理。

③ 以资金大小依次分类,可以使管理人员自觉形成对资金管理的重视,并且懂得管好A类配件,就能取得用好资金的主动权,可以改变管理人员"只管供、不管用,只管物、不管钱"的片面做法。

④ 能有效地帮助仓库管理人员逐步摸索和分析配件进销及库存的数据和规律性,有助于避免配件库存积压,进行合理储备,有助于加速资金周转,便于仓库核算及企业经济效益的提高。

2. 经济订货批量法

经济订货批量法(EOQ)通过费用分析求得在库存总费用为最小时的订货批量,用以解决独立需求物品的库存控制问题。

EOQ库存控制模型中的费用主要包括:

① 库存保管费用;

② 订货费;

③ 缺货费。

EOQ的控制原理就在于控制订货批量,使年度总库存成本量小。其中

$$年度总库存成本 = 年度采购成本 + 库存保管费 + 订货费$$

假设商品需求量均衡、稳定,年需求量为固定常数,价格固定,年度采购成本(指所采购货物的价值,等于年需求量×价格)为固定常数,且与订购批量无关,则年度总库存成本与批量的关系如图6-5所示。

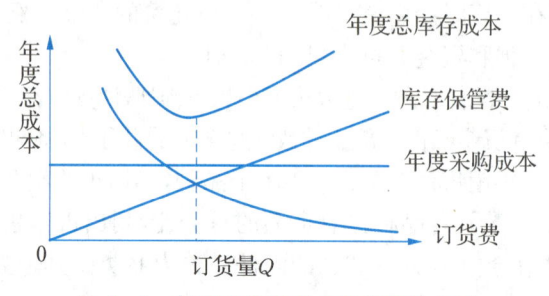

图 6-5 年度总库存成本与批量的关系

由图可见，库存保管费随订货量增大而增大，订货费用随订货量增大而减少，而当两者费用相等时，总费用曲线处于最低点，这时的订货量为 EOQ。

(1) 理想的经济订货批量

$$TC = DP + \frac{DC}{Q} + \frac{QK}{2}$$

式中：TC——年度库存总费用；
  D——年需求量，件/年；
  P——单位采购成本，元/件；
  C——单位订货费，元/次；
  Q——每次订货批量，件；
  K——每次货物平均年库存保管费用，元/(件·年)；
  Q/2——年平均存储量。

理想的经济订货批量指不考虑缺货，也不考虑数量折扣以及其他问题的经济订货批量。在不允许缺货，也没有数量折扣等因素的情况下：

年度总库存成本＝年度采购成本＋库存保管费＋订货费

要使 TC 最小，将上式对 Q 求导数，得到经济订购批量 EOQ 的计算公式为

$$EOQ = \sqrt{\frac{2CD}{K}} = \sqrt{\frac{2CD}{PF}}$$

式中：F——单件货物保管费用与单件货物单位采购成本之比，即年保管费率；
  EOQ——经济订货批量。

(2) 允许缺货的经济订货批量

在实际生产活动中，订货到达时间或每日耗用量不可能稳定不变，因此，有时不免会出现缺货。在允许缺货情况下，经济批量是指订货费、保管费和缺货费之和最小时的订货量，计算公式为

$$EOQ = \sqrt{\frac{2CD}{K}} \cdot \sqrt{\frac{K + C_0}{C_0}}$$

式中：
  C——每次订货费，元/次；
  C_0——单位缺货费，元/(桶·年)。

(3) 有数量折扣的经济批量

为了鼓励大批量购买，供应商往往在订购数量超过一定量时提供优惠的价格。在这种情况下，买方应进行计算和比较，以确定是否需要增加订货量去获得折扣。其判断的准侧是：

若接受折扣所产生的年度总费用小于经济订购批量所产生的年度总费用，则应接受折扣；反之，应按不考虑数量折扣计算的经济订购批量 EOQ 购买。

(4) 考虑运输数量折扣的经济批量

当运输费用由卖方支付时,一般不考虑运输费用对年度总费用的影响。但如果由买方支付,则会考虑对年度总费用的影响。此时,年度总费用需在公式的基础上再加上运输费用,即:年度总库存成本＝年度采购成本＋库存保管费＋订货费＋运输费,用公式表示为

$$TC = DP + \frac{DC}{Q} + \frac{QK}{2} + Y$$

式中:

Y——运输费,元。

简单的比较方法是将有无运价折扣的两种情况下的年度总费用进行对比,选择年度总费用小的方案。

3. 定量订货法

(1) 定量订货法原理

定量订货法是指当库存量下降到预定的最低库存量(订货点 R)时,按规定(数量一般以经济批量 EOQ 为标准)进行订货补充的一种库存控制方法。它主要靠控制订货点和订货批量两个参数来控制订货进货,达到既最好地满足库存需求,又能使总费用最低的目的。

库存量变化如图 6-6 所示。

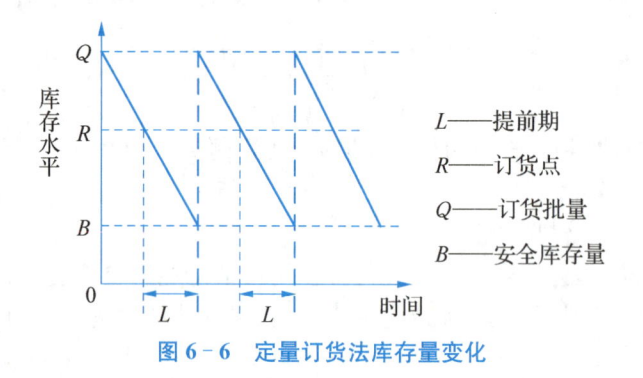

L——提前期
R——订货点
Q——订货批量
B——安全库存量

图 6-6 定量订货法库存量变化

定量订货法的流程如图 6-7 所示。

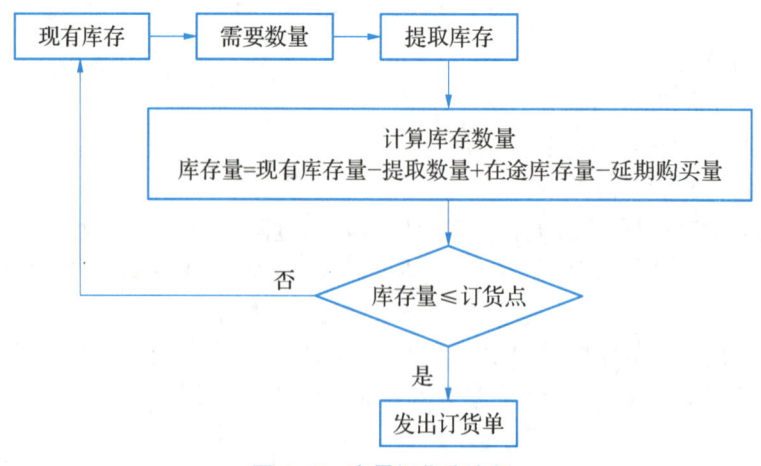

图 6-7 定量订货法流程

(2) 定量订货法控制参数的确定

实施定量订货法需要确定两个控制参数：一个是订货点，即订货点库存量；另一个是订货数量，即经济批量 EOQ。

订货数量，即经济批量 EOQ 的确定，可以按上述经济订货批量法确定。以下重点介绍订货点的确定。

影响订货点的因素有三个：订货提前期、平均需求量和安全库存。根据这三个因素我们可以简单地确定订货点。计算公式为

$$订货点 = 平均每天的需要量 \times 提前期 + 安全库存$$

$$安全库存 = (预计每天最大耗用量 - 每天正常耗用量) \times 提前期$$

(3) 定量订货法的优缺点

① 优点。控制参数一经确定，则实际操作就变得非常简单了。实际中经常采用"双堆法"来处理。所谓双堆法，就是将某商品库存分为两堆，一堆为经常库存，另一堆为订货点库存，当消耗完就开始订货，平时用经常库存，不断重复操作。这样可减少经常盘点库存的次数，方便可靠。

当订货量确定后，商品的验收、入库、保管和出库业务可以利用现有规格化器具和计算方式，可以有效地节约搬运、包装等方面的作业量。

充分发挥了经济批量的作用，可降低库存成本，节约费用，提高经济效益。

② 缺点。要随时掌握库存动态，严格控制安全库存和订货点库存，占用了一定的人力和物力。

订货模式过于机械，不具有灵活性。

订货时间不能预先确定，对于人员、资金、工作业务的计划安排不利。

受单一订货的限制，对于实行多品种联合订货，采用此方法时还需灵活掌握处理。

③ 适用范围。这种方法适合以下类别货物的订货：订购单价便宜，且不便于少量订购的物品，如螺栓、螺母；需求预测比较困难的维修物料；品种数量繁多、库存管理事务量大的物品；计算清点复杂的物品；需求量比较平稳的物品。

4. 定期订货法

(1) 定期订货法的原理

定期订货法是按预先确定的订货时间间隔进行订货补充的库存管理方法。它是基于时间的订货控制方法，它设定订货周期和最高库存量，从而达到控制库存量的目的。只要订货间隔期和最高库存量控制合理，就可能实现既保障需求、合理存货，又可以节省库存费用的目标。

定期订货法的原理：预先确定一个订货周期和最高库存量，周期性地检查库存，根据最高库存量、实际库存、在途订货量和待出库商品数量，计算出每次订货批量，发出订货指令，组织订货。

其库存变化如图 6-8 所示。

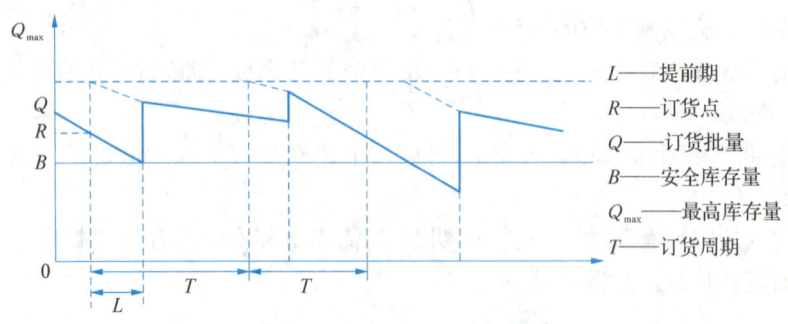

图 6-8 定期订货法库存量变化

定期订货法的流程如图 6-9 所示。

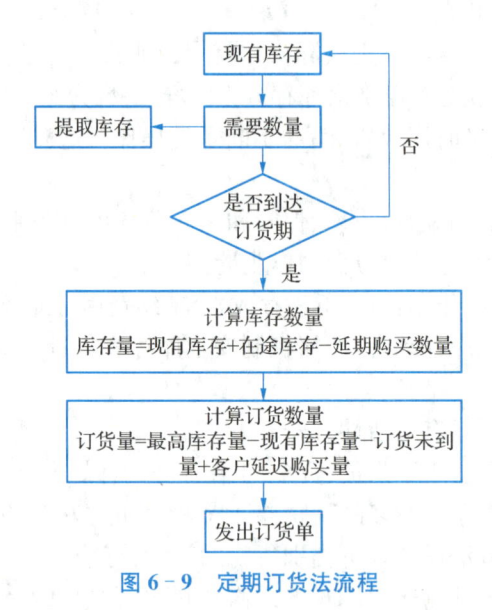

图 6-9 定期订货法流程

(2) 定期订货法的控制参数

① 订货周期 T 的确定。订货周期实际上就是定期订货的订货点,其间隔时间总是相等的。订货间隔期的长短直接决定最高库存量的大小,即库存水平的高低,进而也决定了库存成本的多少。所以,订货周期不能太长,否则会使库存成本上升;也不能太短,太短会增加订货次数,使得订货费用增加,进而增加库存总成本。从费用角度出发,如果要使总费用达到最低,我们可以采用经济订货周期的方法来确定订货周期 T,其公式为

$$T^* = \sqrt{\frac{2C}{KM}}$$

式中:C——每次订货成本;
　　　K——单位货物的年保管费用;
　　　M——单位时间内库存商品需求量(销售量);
　　　T^*——经济订货周期。

在实际操作中,经常结合供应商的生产周期来调整经济订货期,从而确定一个合理可行

的订货周期。当然也可以结合人们比较习惯的时间单位,如周、旬、月、季、年等来确定经济订货周期,从而与企业的生产计划、工作计划相吻合。

② 订货量的确定。定期订货法的订货数量是不固定的,订货批量的多少都是由当时的实际库存量的大小决定的,考虑到订货点时的在途到货量和已发出出货指令尚未出货的待出货数量(称为订货余额),每次的订货量的计算公式为

订货量＝平均每天的需求量×(提前期＋订购间隔)＋安全库存－实际库存量
安全库存＝(预计每天最大耗用量－每天正常耗用量)×提前期

③ 定期订货法的优缺点。

➤ 优点:

可以合并出货,减少订货费。

周期盘点比较彻底、精确,避免了定量订货法每天盘存的做法,减少了工作量,提高了工作效率。

库存管理的计划性强,有利于工作计划的安排,实行计划管理。

➤ 缺点:

需要较大的安全库存量来保证库存需求。

每次订货的批量不固定,无法制定出经济订货批量,因而运营成本较高,经济性较差。

手续麻烦,每次订货都得检查储备量和订货合同,并要计算出订货量。

④ 使用范围:一般适用于企业需要严格管理的重要货物。

三、汽车配件采购

1. 汽车配件采购的原则

(1) 坚持数量、质量、规格、型号、价格综合考虑的购进原则,合理组织货源,保证配件适合用户的需要。

(2) 坚持依质论价,优质优价,不抬价,不压价,合理确定配件采购价格的原则;坚持按需进货,以销定购的原则;坚持"钱出去,货进来,钱货两清"的原则。

(3) 购进的配件必须加强质量的监督和检查,防止假冒伪劣配件进入企业,流入市场。

(4) 购进的配件必须有产品合格证及商标。实行生产认证制的产品,购进时必须附有生产许可证、产品技术标准和使用说明。

(5) 购进的配件必须有完整的内、外包装,外包装必须有厂名、厂址、产品名称、规格型号、数量、出厂日期等标志。

(6) 要求供货单位按合同规定按时发货,以防应季不到货或过季到货,造成配件缺货或积压。

2. 汽车配件采购的方式

(1) 集中进货

企业设置专门机构或专门采购人员统一进货,然后分配给各销售部门(销售组、分公司)销售。集中进货可以避免人力、物力的分散,还可以加大进货量,受到供货方重视,并可根据批量差价降低进货价格,也可节省其他进货费用。

(2) 分散进货

由企业内部的配件经营部门(销售组、分公司)自设进货人员,在核定的资金范围内自行进货。

(3) 集中进货与分散进货相结合

一般是外埠采购以及非同等进货关系的采取一次性进货,办法是由各销售部门(销售组、分公司)提出采购计划,由业务部门汇总审核后集中采购;本地采购以及同等进货关系的则采取分散进货。

(4) 联购合销

由几个配件零售企业联合派出人员,统一向生产企业或批发企业进货,然后由这些零售企业分销。此类型多适用于小型零售企业之间,或中型零售企业与小型零售企业联合组织进货。这样能够相互协作,节省人力,化零为整,拆整分销,并有利于组织运输,降低进货费用。

3. 汽车配件采购流程

汽车配件的定期采购流程如图6-10所示。

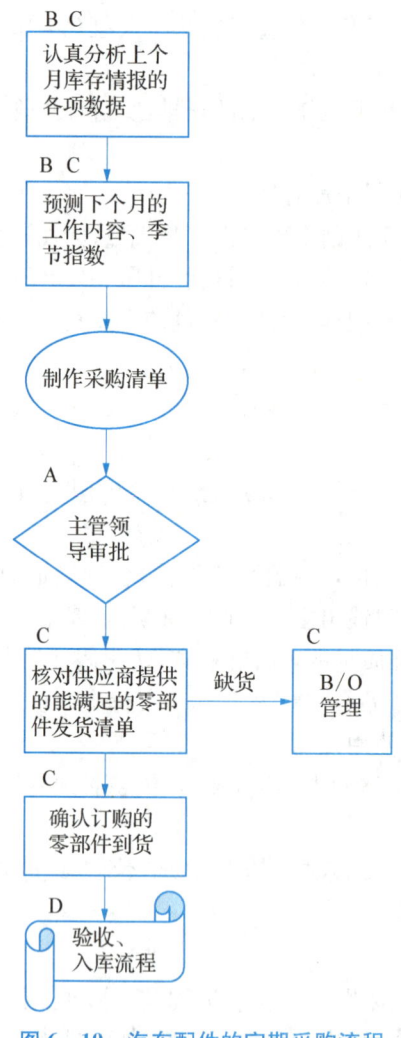

图6-10 汽车配件的定期采购流程

A—店长;B—配件经理;C—业务员;D—仓管员;
季节指数—指各单项换季服务,春、秋两季固定免费检查服务;B/O—指订单或库存无法满足对方需求,缺货。

项目六　汽车配件管理

汽车配件补充库存的紧急采购流程如图 6-11 所示。

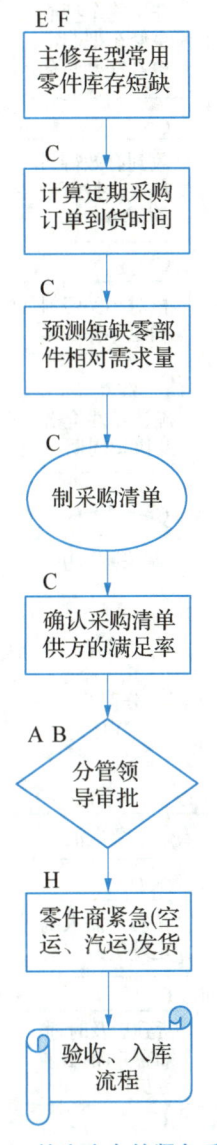

```
E F
 ↓
主修车型常用
零件库存短缺
 ↓ C
计算定期采购
订单到货时间
 ↓ C
预测短缺零部
件相对需求量
 ↓ C
制采购清单
 ↓ C
确认采购清单
供方的满足率
 ↓ A B
分管领
导审批
 ↓ H
零件商紧急(空
运、汽运)发货
 ↓
验收、入库
流程
```

图 6-11　补充库存的紧急采购流程

A—店长;B—配件经理;C—业务员;E—电脑员;F—仓管员;H—供应商

需求量—某一时间段需要某些物品的数量;满足率—指一次性出库能满足一份订单的比例。

汽车配件不备库存的紧急采购流程如图 6-12 所示。

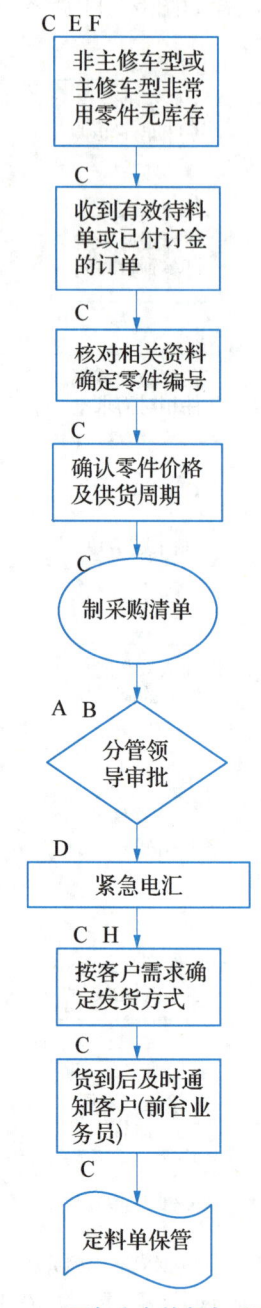

```
                    C E F
                  ┌─────────┐
                  │非主修车型或│
                  │主修车型非常│
                  │用零件无库存│
                  └─────────┘
                       │ C
                  ┌─────────┐
                  │收到有效待料│
                  │单或已付订金│
                  │  的订单  │
                  └─────────┘
                       │ C
                  ┌─────────┐
                  │核对相关资料│
                  │确定零件编号│
                  └─────────┘
                       │ C
                  ┌─────────┐
                  │确认零件价格│
                  │及供货周期 │
                  └─────────┘
                       │ C
                  ╭─────────╮
                  │ 制采购清单 │
                  ╰─────────╯
                     A B
                    ◇分管领◇
                     导审批
                       │ D
                  ┌─────────┐
                  │ 紧急电汇  │
                  └─────────┘
                     C H
                  ┌─────────┐
                  │按客户需求确│
                  │定发货方式 │
                  └─────────┘
                       │ C
                  ┌─────────┐
                  │货到后及时通│
                  │知客户(前台业│
                  │   务员)  │
                  └─────────┘
                       │ C
                  ┌─────────┐
                  │ 定料单保管 │
                  └─────────┘
```

图 6-12 不备库存的紧急采购流程

A—店长；B—配件经理；C—业务员；D—财务；E—电脑员；F—仓管员；H—供应商；
电汇—指通过银行把钱用电传方式传给对方银行。

4. 汽车配件采购人员的基本素质

（1）有一定的政策、法律知识水平和职业道德

采购员不仅要熟知国家和本地区的有关政策、法令和法规，而且要知道本企业、本部门的各项规章制度，使进货工作在国家政策允许的范围内进行。采购员要按规定进货，不进人

情货,更不能在进货中为谋取回扣、礼物等私利,而购进质次价高的商品。

(2) 具备必要的专业知识

采购员不仅要熟知所经营商品的名称、规格、型号、性能、商标和包装等知识,还要懂得商品的结构、使用原理、安装部位、使用寿命及通用互换性等知识。采购员不仅需要精通进货业务的各个环节,还要知道商品进、销、存以及运输、检验、入库保管等各业务环节的过程以及相互间的关系。

(3) 善于进行市场调查分析

采购员正确的预见性来源于对市场的调查。调查的内容主要包括:本地区车型和车数;道路情况;各种车辆零部件的消耗情况;主要用户进货渠道和对配件的需求情况;竞争对手的进货及销路情况。另外还要十分了解配件生产厂家的产品质量、价格和销售策略。要定期对上述资料进行分类、整理、分析,为正确进行市场预测,合理进货提供依据。

(4) 有对市场进行正确预测的能力

汽车配件市场的发展受国民经济诸多因素的影响,如工农业生产发展速度、交通运输发展状况、固定资产投资规模、基本建设投资规模等。这个季度、上半年、今年是畅销的商品,到下个季度、下半年、明年就有可能变成滞销商品。除了偶然因素外,这个变化一般是有规律可循的,是可以预测的。这就要求进货人员根据收集来的各种信息和资料,以及对配件市场调查得到的资料进行分析研究,按照科学的方法预测出一定时期内当地配件市场的发展形势,从而提高进货的准确性,减少盲目性。

(5) 能编制进货计划

采购员要根据自己掌握的资料,编制好进货计划,包括年度、季度和月度进货计划,以及补充进货计划和临时进货计划。在编制进货计划时,要注意考虑如下因素:

① 对本地区汽车配件市场形势的预测;
② 用户的购买意向;
③ 商品库存和用途,以及已签订过的合同的货源情况;
④ 本企业的销售计划;
⑤ 本地区、本企业上年同期的销售业绩。

(6) 能根据市场情况,及时修订订货合同

尽管采购员根据已占有的信息资料对市场进行了预测,编制了比较合适的进货计划,但在商品流通中,常常会遇到难以预料的情况。这就要求采购员能根据变化了的情况,及时修订订货合同,争取减少长线商品,增加短线商品。当然,在修订合同时,必须依法办事,取得对方的理解和支持。

(7) 要有一定的社交能力和择优能力

采购员的工作要同许多企业、各种人打交道,这就要求具有一定的社会交际能力。在各种场合、各种不同情况下协调好各方面的关系,签订好自己所需的商品合同,注销暂不需要的商品合同或修改某些合同条款。要尽最大的努力争取供货方的优惠,如价格、付款方式、运费等方面的优惠。

另外,全国汽车配件生产企业众多,产品品种繁杂,假冒伪劣产品防不胜防。要选择好自己进货计划中所需要的产品,就必须依靠自己的择优能力进货,对进货厂家的产品质量和标识要十分了解,选择名牌、优质、价格合理的产品。

(8) 要善于动脑筋,有吃苦耐劳的精神

采购员不仅要善于动脑筋,摸清生产和销售市场的商情,而且要随时根据市场销售情况组织货源,在竞争中以快取胜。为使企业获得最好的经济效益,采购员常年处于紧张工作状态,因此,还需要有吃苦耐劳的精神。

四、汽车配件质量的鉴别

汽车配件涉及的车型多,品种规格复杂,仅一种车型的配件品种就不下数千种。汽车维修企业和配件经营企业一般没有完备的检测手段,但只要熟悉汽车结构以及制造工艺和材质等方面的知识,正确运用检验标准,凭借积累的经验和一些简单的检测方法,也能识别配件的优劣。汽车配件的鉴别方法可归纳为"五看"和"四法"。

1. 五看

(1) 看商标

要认真查看商标,上面的厂名、厂址、等级和防伪标记是否真实,因为对有短期行为的制假者来说,防伪标志的制作不是一件容易的事,需要一笔不小的支出。另外在商品制作上,正规的厂商在零配件表面有硬印和化学印记,注明了零件的编号、型号、出厂日期,一般采用自动打印,字母排列整齐,字迹清楚,小厂和小作坊一般是做不到的。

(2) 看包装

汽车零配件互换性很强,精度很高,为了能较长时间存放、不变质、不锈蚀,需在产品出厂前用低度酸性油脂涂抹。正规的生产厂家,对包装盒的要求也十分严格,要求无酸性物质,不产生化学反应,有的采用硬型透明塑料抽真空包装。考究的包装能提高产品的附加值和身价,箱、盒大都采用防伪标记,常用的有激光、条码、暗印等,在采购配件时,这些很重要。

(3) 看文件资料

一定要查看汽车配件的产品说明书,产品说明书是生产厂进一步向用户宣传产品,为用户做某些提示,帮助用户正确使用产品的资料。通过产品说明书可增强用户对产品的信任感。一般来说,每个配件都应配一份产品说明书(有的厂家配用户须知)。如果交易量相当大,还必须查询技术鉴定资料,进口配件还要查询海关进口报关资料。国家规定,进口商品应配有中文说明,一些假冒进口配件一般没有中文说明,且包装上的外文,有的文法不通,甚至写错单词,一看便能分辨真伪。

(4) 鉴别金属机械配件,可以查看表面处理

所谓表面处理,即电镀工艺、油漆工艺、电焊工艺、高频热处理工艺。汽车配件的表面处理是配件生产的后道工艺,商品的后道工艺尤其是表面处理涉及很多现代科学技术。国际和国内的名牌大厂在利用先进工艺上投入的资金是很大的,特别对后道工艺更为重视,投入资金少则几百万元,多则上千万元。一些制造假冒伪劣产品的小工厂和手工作坊有一个共同特点,就是采取低投入掠夺式的短期经营行为,很少在产品的后道工艺上投入技术和资金,而且也没有这样的资金投入能力。

看表面处理具体有以下几个方面:

① 镀锌技术和电镀工艺。汽车配件的表面处理,镀锌工艺占的比重较大。一般铸铁件、锻铸件、铸钢件、冷热板材冲压件等大都采用表面镀锌。质量不过关的镀锌,表面一致性很差;镀锌工艺过关的,表面一致性好,而且批量之间一致性也没有变化,有持续稳定性。明

眼人一看,就能分辨真伪优劣。

电镀的其他方面,如镀黑、镀黄等,大工厂在镀前处理的除锈酸洗工艺比较严格,清酸比较彻底,这些工艺要看其是否有泛底现象。镀钼、镀铬、镀镍可看其镀层、镀量和镀面是否均匀,以此来分辨真伪优劣。

② 油漆工艺。现在一般都采用电浸漆、静电喷漆,有的还采用真空手段和高等级静电漆房喷漆。采用先进工艺生产的零部件表面,与采用陈旧落后工艺生产出的零部件表面有很大差异。目测时可以看出,前者表面细腻、有光泽、色质鲜明;而后者则色泽暗淡、无光亮,表面有气泡和"拖鼻涕"现象,用手抚摸有砂粒感觉,相比之下,真假非常分明。

③ 电焊工艺。在汽车配件中,减振器、钢圈、前后桥、大梁、车身等均有电焊焊接工序。汽车厂的专业化程度很高的配套厂,它们的电焊工艺技术大都采用自动化焊接,能定量、定温、定速,有的还使用低温焊接法等先进工艺,产品焊缝整齐、厚度均匀,表面无波纹形、直线性好,即使是点焊,焊点、焊距也很规则,这一点哪怕再好的手工操作也无法做到。

④ 高频热处理工艺。汽车配件产品经过精加工以后才进行高频淬火处理,因此,淬火后各种颜色都原封不动地留在产品上。如汽车万向节内、外球笼经淬火后,就有明显的黑色、青色、黄色和白色,其中白色面是受摩擦面,也是硬度最高的面。目测时,凡是全黑色和无色的,肯定不是高频淬火。

工厂要配备一套高频淬火成套设备,其中包括硬度、金相分析测试仪器和仪表的配套,它的难度高,投入资金多,还要具备供、输、变电设备条件,供电电源在 3 万伏以上。小工厂、手工作坊是不具备这些设备条件的。

(5) 看非使用面的表面伤痕

从汽车配件非使用面的伤痕,也可以分辨是正规厂生产的产品,还是非正规厂生产的产品。

表面伤痕是在中间工艺环节由于产品相互碰撞留下的。优质的产品是靠先进科学的管理和先进的工艺技术制造出来的。生产一个零件要经过几十道甚至上百道工序,而每道工序都要配备工艺装备,其中包括工序运输设备和工序安放的工位器具。高质量的产品由很高的工艺装备系数作保障,所以高水平工厂的产品是不可能在中间工艺过程中互相碰撞的。以此推断,凡在产品不接触面留下伤痕的产品,肯定是小厂、小作坊生产的劣质品。

2. 四法

(1) 检视法

① 表面硬度是否达标。配件表面硬度都有规定的要求,在征得厂家同意后,可用钢锯条的断茬去试划(注意试划时不要划伤工作面)。划时打滑无痕的,说明硬度高;划后稍有浅痕的说明硬度较高;划后有明显划痕的说明硬度低。

② 结合部位是否平整。零配件在搬运、存放过程中,由于振动、磕碰,常会在结合部位产生毛刺、压痕、破损,影响零件使用,选购和检验时要特别注意。

③ 几何尺寸有无变形。有些零件因制造、运输、存放不当,易产生变形。检查时,可将轴类零件沿玻璃板滚动一圈,看零件与玻璃板贴合处有无漏光来判断是否弯曲。选购离合器从动盘钢片或摩擦片时,可将钢片、摩擦片举在眼前,观察其是否翘曲。选购油封时,带骨架的油封端面应呈正圆形,能与平板玻璃贴合无挠曲;无骨架油封外缘应端正,用手握使其变形,松手后应能恢复原状。选购各类衬垫时,也应注意检查其几何尺寸及形状。

④ 总成部件有无缺件。正规的总成部件必须齐全完好，才能保证顺利装配和正常运行。一些总成件上的个别小零件漏装，将使总成部件无法完成工作，甚至报废。

⑤ 转动部件是否灵活。在检验机油泵等转动部件时，用手转动泵轴，应感到灵活无卡滞。检验滚动轴承时，一手支撑轴承内环，另一手打转外环，外环应能快速自如转动，然后逐渐停转。若转动零件发卡、转动不灵，说明内部锈蚀或产生变形。

(2) 敲击法

判定部分壳体和盘形零件是否有裂纹、用铆钉连接的零件有无松动以及轴承合金与钢片的结合是否良好时，可用小锤轻轻敲击并听其声音。

(3) 比较法

用标准零件与被检零件做比较，从中鉴别被检零件的技术状况。例如气门弹簧、离合器弹簧、制动主缸弹簧和轮缸弹簧等，可以用被检弹簧与同型号的标准弹簧比较长短，即可判断被检弹簧是否符合要求。

(4) 测量法

① 检查结合平面的翘曲。采取平板或钢直尺作基准，将其放置在工作面上，然后用塞尺测量被测件与基准面之间的间隙。

② 检查轴类零件。测量曲轴轴颈尺寸的误差，一般用外径千分尺测量，除测量外径，还需测量其圆度和圆柱度。测量时，先在轴颈油孔两侧测量，然后转 90°再测量。

3. 常见汽车配件质量鉴别举例

(1) 燃油滤清器

纯正件特征：材料及工艺考究，滤纸质感好，粗细均匀，有橡胶密封条。能有效过滤汽油中可能存在的杂质颗粒，与燃油管匹配精确。

假冒件特征：构造粗糙，滤纸低劣，疏密不匀，无橡胶密封条。过滤效果差，与燃油管的匹配精度低。

使用假冒件的危害：假冒汽滤过滤效果差，可能会引起汽油泵及喷油嘴等部件的过早损坏，导致发动机出现工况不良、动力不足及油耗增加等情况。

(2) 机油滤清器

纯正件特征：采用专业的滤纸材料，过滤性能良好，有可靠的回流阻止机构。

假冒件特征：内部材料及制造工艺粗糙，过滤性能差，无回流阻止机构或机构不可靠。

使用假冒件的危害：假冒机滤由于过滤效果差，容易引起曲轴及轴瓦等主要部件的过早磨损，大大缩短发动机的使用寿命。

(3) 空气滤清器

纯正件特征：制造材料优质，密封效果好，除尘效率高，为发动机发挥最佳工作性能提供保障。

假冒件特征：材料粗糙，过滤效果差，匹配精度低，不能有效地滤除空气中的悬浮颗粒物。

使用假冒件的危害：假冒空滤密封效果差，杂质颗粒容易被吸进发动机，轻则加速发动机汽缸和活塞的磨损，重则造成汽缸拉伤，缩短发动机的使用寿命。

(4) 火花塞

纯正件特征：采用了优质金属材料，侧面电极是一体加工完成的，并非焊接上去的，间隙

均匀,采用了优质金属材料,导热性能出色,即使在车速到达200千米/小时,电极的温度也只有800℃。内部都会有专门设计的电阻,以减少外界电波的干扰。

假冒件特征:绝缘材质差,甚至有气孔,防导电的性能也相对较弱,并且内部一般不会安装电阻,所以容易受到外界电波干扰。电极间隙一般不够均匀,绝缘体使用的材料也不够好,导热性能差。时速超过130千米/小时后电极温度已到达1 100 ℃,临近电极熔断点。

使用假冒件的危害:由于火花塞的工作环境是高温高压,所以伪劣产品的电极非常容易烧蚀,造成电极间隙过大,火花塞放电能量不足,结果就是冷启动困难,发动机内部积碳增多,起步、加速性能下降,油耗增加。

(5) 制动器摩擦片

纯正件特征:正规厂家生产的制动器摩擦片,包装印刷比较清晰,上有许可证号,还有指定摩擦系数、执行标准等。而包装盒内则有合格证、生产批号、生产日期等。采用先进材料制作而成,可最大限度地降低制动盘的磨损和热损;制动性能稳定可靠保证车辆能安全、精准地停车。

假冒件特征:厚度及形状通常与真品不一致,材质手感粗糙,噪声和振动大,质量和制动性能不稳定。

使用假冒件的危害:使用假冒制动器摩擦片,可能引起制动力不足或制动失灵等情况发生,导致车辆不能正常制动,危害安全行车。

(6) 正时皮带

纯正件特征:采用优质复合材料制作,无明显气味,制造工艺精良,匹配精度高,抗疲劳性能强。

假冒件特征:制造材料及工艺粗糙,有一股臭胶味,匹配精度差,容易磨损和断裂。

使用假冒件的危害:假冒正时皮带使用寿命短,影响发动机工况,高速行驶时安全隐患较大。

(7) 其他常用配件辨别真伪方法

① 大灯

汽配市场上假冒轿车灯比较多,使得部分消费者受骗上当。可用一个简单的方法识别大灯芯:将灯芯放入有水的容器中,过十几分钟,看有无水进入灯芯内,如果有,就是假冒伪劣产品。另外,从外观上看,正品表面光洁,角度准,而假冒品表面粗糙,不易安装。

② 防冻液

假防冻液外包装非常逼真,但在打开瓶盖后瓶颈上有溢漏的痕迹,这是因为制假厂家灌装设备达不到标准。真防冻液无溢漏状况。假防冻液腐蚀性过大,危害严重,甚至出现腐蚀发动机缸体的情况。

③ 制动总泵

正品有色标、生产编号,外观粗糙,内部精细,制动皮碗耐腐蚀,制动性能好。假冒产品则表面光洁内部不精细,无色标,无编号,皮碗耐腐蚀差。

项目七 汽车服务企业内部管理

> 扫码可见本项目微课

任务描述

某 4S 店招聘了一批新员工,招聘的岗位有车间管理员、行政人员、信息员和网络管理员等,需要对招聘的各岗位人员进行业务培训。

能力培养目标

专业能力

1. 能够管理企业的专用工具、设备和资料;
2. 能够管理 4S 店的各类员工培训;
3. 能够进行员工薪酬设计并对其管理;
4. 能够对员工进行绩效考核;
5. 熟悉企业的信息管理和计算机管理。

方法能力

1. 自学能力;
2. 使用企业信息资源的能力;
3. 组织协调管理能力;
4. 相关信息的收集能力;
5. 工作结果的评价与反思。

社会能力

1. 沟通能力;
2. 团队协作能力;
3. 工作责任心;
4. 优质服务意识;
5. 严谨细心的工作作风。

7.1 人力资源管理

汽车 4S 店的生存关键是品牌的质量及售后服务,做好品牌质量的同时,更要注重售后服务管理和培训工作。为了在同行业、同品牌,甚至于同一座城市中更具有竞争力,就必须对从业人员进行职业道德、技能、礼仪等的培训教育,只有培养出一批高素质,真正懂技术、懂经营、懂管理的人才队伍,企业在同行内才有立足之地。

一、员工的招聘与录用

1. 招聘的渠道

内部招聘、报纸广告、广播广告、职业中介、猎头公司、校园招聘、员工推荐、申请人自荐等。岗位不同,招聘渠道也不同。

2. 招聘的流程

申请书筛选→测试申请人→进一步筛选→录用并进入入职培训。测试时可采用面试、笔试、实际操作等方法。

3. 面试技巧

面试时应该问的问题包括家庭状况、学校状况、工作经历、为何离开原单位、为何加入本单位、生涯规划、成长过程等方面。

面试题目的设计通常有以下几种:

(1) 开放型题目

定义:应试者必须加以阐述解释才能圆满回答。

目的:考察应试者的思路和水平。

举例:你在学校里学了哪些汽车方面的专业课?你认为这些课将对工作有什么帮助吗?

(2) 背景型题目

定义:询问应试者的背景资料。

目的:侧重考察回答问题内容的真实性、逻辑上的连续性和合理性。

举例:请用 3 分钟来谈你原来所在单位的服务整体情况和你自己近几年的个人工作情况及表现。

(3) 情景型题目

定义:给应试者假设一个情景,让其解决情景中出现的问题。

目的:可以测定应试者的思考、分析和解决问题的能力。

举例:作为服务专员,你正在接待一个新客户,可你刚办理完结算的一个客户气冲冲地找到你说刚才维修时修理工划伤了他车身的漆。你该怎么处理?

(4) 引导型题目

定义:询问特定的问题,应试者只能做特定的回答。

目的:用于征询面试者的某些意向或了解某些特定方面的情况等等。

举例:"你在那个公司从事机电维修期间,是何种级别,车间有多少机电工人?你的小组有多少人?薪酬分配情况是怎样的?"

(5) 压迫型题目

定义：故意制造一种紧张的气氛，给应试者一定压力的问题。

目的：观察应试者在压力情况下的反应，来测定其反应能力、自制力、情绪稳定性等。

举例：从你的工作经历来看，你似乎不适合这项工作，你认为呢？

(6) 意愿型题目

目的：考查应聘者的求职动机、敬业精神、价值观、情绪稳定等要素。

举例：大多数＊＊公司都不景气，相对来说处于低谷，谈谈你为何选择来＊＊公司。

面试时不仅需要设计合理科学的测评问题，还需要具备高的倾听能力，不放过谈话中的任何对企业招聘有用的信息。

二、员工的培训

(一) 员工培训的必要性

1. 员工培训是提高企业整体素质的主要途径

美国《管理新闻简报》发表的一项调查表明：68%的管理者认为由于员工培训的不充分而导致企业整体素质的下降，失去竞争力。培训可以提高员工的工作和管理水平。每一个人的整体素质提高了，由人组成的企业的整体素质也就相应地提高了。

2. 员工培训是保证高质量维修的基础

通过培训，员工可以掌握新知识、新技术，正确理解新技术的要求。随着人们需求的增加，汽车厂商每一年都会推出新车型，应用新技术来提高市场占有率，这就要求维修服务人员也能够很快掌握这些新技术。

3. 可以提高员工工作的能动性

随着新技术的引进，新车型的推出，如果相应地提供培训，就能够满足维修人员追求自身发展的愿望，也就调动了员工的能动性。

4. 可以促使员工认同企业文化，做到与企业荣辱与共

韩国现代的创始人郑周永说过："一个人、一个团体或一个企业，它克服内外困难的力量来自它本身，来自它的信念。没有这种精神力量和信念，就会被社会淘汰。"这里提到的精神力量和信念就是企业文化，它是企业发展的动力源泉。通过培训，使员工接受企业文化，理解企业文化，执行企业文化。

(二) 员工培训的流程及方式

1. 员工培训的流程

汽车生产企业的培训部门对经销商员工的培训一般按照图7-1所示的流程进行。

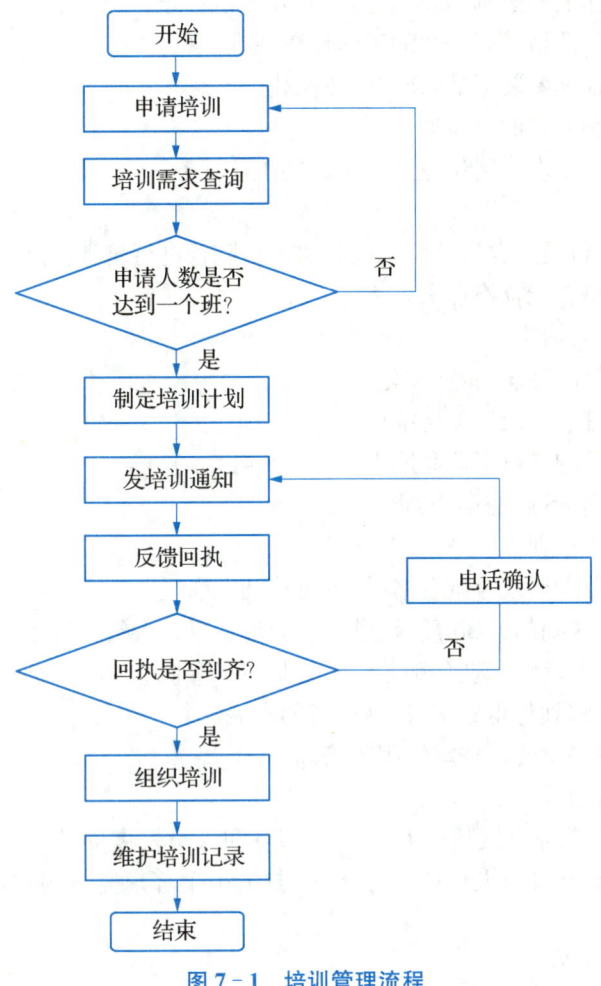

```
            ┌─────────┐
            │  开始   │
            └────┬────┘
                 ↓
            ┌─────────┐
            │ 申请培训 │←──────────┐
            └────┬────┘            │
                 ↓                 │
          ┌───────────┐            │
          │ 培训需求查询│           │
          └─────┬─────┘            │
                ↓                  │
           ╱─────────╲             │
          ╱ 申请人数是否╲   否      │
         ╲ 达到一个班？ ╱──────────┘
          ╲───────────╱
                │是
                ↓
          ┌───────────┐
          │ 制定培训计划│
          └─────┬─────┘
                ↓
          ┌───────────┐
          │ 发培训通知 │←──────────┐
          └─────┬─────┘           │
                ↓            ┌─────────┐
          ┌───────────┐      │ 电话确认 │
          │ 反馈回执  │      └────┬────┘
          └─────┬─────┘           │否
                ↓                 │
           ╱─────────╲            │
          ╱ 回执是否到齐？╲────────┘
          ╲───────────╱
                │是
                ↓
          ┌───────────┐
          │ 组织培训  │
          └─────┬─────┘
                ↓
          ┌───────────┐
          │ 维护培训记录│
          └─────┬─────┘
                ↓
           ┌─────────┐
           │  结束   │
           └─────────┘
```

图 7-1　培训管理流程

2. 员工培训的方式

（1）职前培训

有新员工进入公司，首先的工作就是对新员工进行职前培训。新进员工在接触到陌生环境和生疏的工作时，可能会产生恐慌和紧张情绪。因此，需要指派专人对其进行指导，并在短期内进行跟踪和沟通，使其尽快地适应新的环境和新的工作。

培训的主要内容：

① 使新员工了解企业的运作流程。

② 企业的人事规章制度。

③ 企业政策和经营理念。

④ 对生产厂家品牌车辆的认识。

⑤ 对生产企业品牌政策及经营理念的掌握。

⑥ 对各部门运作流程的了解和介绍认识相关员工。

⑦ 介绍本岗位工作业务及流程。

⑧ 介绍企业员工工作守则和相关规定。

⑨ 介绍岗位工作安全条例，要求新员工必须严格遵守。
⑩ 教育员工必须严格遵守公司的工作流程标准。
⑪ 熟悉相关礼仪和着装标准，介绍企业文化。
⑫ 承诺对公司和客户的忠诚度。
⑬ 熟悉环境保护要求和岗位卫生包干区的工作任务。

(2) 委派培训

委派培训是企业将员工送到总公司或相关高等院校进行培训。这类培训可以提高职工的工作技能，又可获得技能资格证书。

总公司培训的主要内容：
① 介绍公司的核心理念、企业文化。
② 介绍公司品牌意识及运作标准要求。
③ 提升岗位人员的专业素养和能力。
④ 学习怎样提高4S店的竞争力。
⑤ 各岗位的技术培训。

经总公司培训，并考核或考试合格后，方可持证上岗。

有的企业把员工送到相关高等院校进行技能培训以获得资格证书。如丰田公司的做法是寻找优秀的教育资源，就近选择相关汽车专业的高等院校，向学校投资教学器材和教案（教材），这样4S店的培训将得到多、快、好、省的发展。

关键岗位必须参加总公司规定的相关培训。

(3) 4S店的内部培训

4S店应根据企业业务发展情况制定人才储备和人员发展的计划。对员工进行业务培训，不断提高服务人员和维修人员的业务水平，打造一个客户完全满意，并能热忱地为客户服务的4S服务系统。

① 内训师岗位设立

在大型企业中设立有内训师岗位，并建立起有效的内训制度，内训师受人力资源部管辖。内训师分技术类内训师和非技术类内训师，一般情况技术类内训师由车间技术主管（技术总监、工程师）担任，非技术类内训师一般由资深业务员、副店长或店长担任。企业的内训师也可聘请高等院校教师担任。

内训师承担起整个4S店的员工培训任务，制定合理的培训计划，并跟踪监督员工在总公司培训课程的完成情况，及时向店长和总公司相关人员汇报，对企业的培训负相关责任。

对4S的培训效果应制定考核方案，并在培训计划中予以规划，培训成绩将被作为绩效评估的内容记录在案。

② 培训计划的安排

表7-1为企业内训标准，4S企业可根据员工及企业情况安排。

表7-1 4S企业内训标准

时间	培训级别	培训内容	培训课时
新进员工1～3个月内	基础培训	礼仪、素质、企业文化、基本工作技能	至少10小时

续 表

时间	培训级别	培训内容	培训课时
每年至少一次	专项培训	专业知识、工作技能提升的培训	至少15小时
每年至少一次	特别培训	新技能、新理念、新理论	至少15小时

全体员工年度平均内部培训时间不少于 40 小时/人,维修技工技术培训每月应在 8 小时以上。

(三) 员工培训的项目

4S 店员工的培训内容应根据企业的具体情况而定,原则上与企业发展方向、规模相匹配,培训的方法可以多种多样。一般可按照国家有关规定和企业的发展要求对现有岗位分期分批进行。从目前的实际情况来看,考虑到企业的经济效益,大多数企业培训的内容仅仅局限于专业技术的培训。从长远发展来看,具有一定规模的维修企业,培训内容应与员工职业生涯设计结合起来,以培养一个优秀的、具有本企业特色的员工为宗旨。

1. 技术类培训

技术类培训包括提高员工在阅读、写作,进行数学运算方面的能力,学会操作新的仪器设备,运用新的计算机程序,掌握新的工作流程与方法等。现今社会,科技与工作生活结合得越来越紧密,工作内容与方法日新月异,知识更新期缩短,对人的技能要求越来越高。要想保持员工高的工作绩效,就必须不断给其充电,让员工能够跟得上时代发展的步伐。

根据各经销商参加培训的人员素质和技术水平的不同,技术类培训又可分为不同的级别,如初级、高级、专家级等。

(1) 初级技术类培训

初级技术类培训适合刚刚进入汽车售后服务的维修检测人员学习,通常进行汽车维修保养方面的基础培训和汽车电气方面的基础培训。维修保养方面的基础培训一般进行汽车产品结构配置、技术参数、使用要求、拆装注意事项、维护保养知识、售前检查(如 PDI)等内容的培训;电气系统方面一般安排基础测试、调整、电路常识、电路图读解、专用仪器使用等内容的培训。培训内容虽然分成机械和电气两方面,但参加培训的维修人员不一定要分成两方面人员。因为随着科技的发展,汽车先进技术的不断增加,零部件的机电一体化特征非常明显,只懂得机械或只懂得电气这种单一的技术,已经无法适应汽车售后服务的需求,所以对维修检测人员的综合素质要求越来越高,维修人员必须同时具有机械和电气两方面的维修技能。

(2) 高级技术类培训

高级技术类培训一般根据汽车的结构特点按部分系统进行。发动机部分一般安排如下内容:汽油发动机、柴油发动机各系统结构、原理、拆装、调整、常见故障排除、检测等。底盘部分一般安排变速器、ABS 等其他总成的结构、原理、拆装、调整、常见故障排除、检测等。电器部分可安排电子舒适系统(如电动座椅)、空调等系统的结构、原理、拆装、调整、常见故障排除、检测等。车身修复可安排钣金和油漆两方面,钣金可安排车身结构、焊接原理、车身校正系统使用等知识的培训;油漆可安排车辆表面处理、喷涂、常见的缺陷及原因、微调技术、驳口喷涂工艺等。此外,高级技术类培训还包括汽车生产企业的新车型、新技术等方面的专题培训。

高级技术类培训较适合经销商的技术经理(技术总监)和内部培训员参加。经培训后，要求他们回到本单位，举办内部培训班，把学到的知识迅速传播，起到以点带面的作用，从而提高整个经销商的技术水平。

(3) 专家级技术类培训

专家级技术类培训主要侧重于交流、总结多发故障及疑难故障的分析和排除方法，深入了解系统原理，为服务网络提供技术经验。此类培训应选择有一定技术实力和影响力的经销商派技术经理、内部培训员或资深维修人员参加。

2. 人际关系技能培训

在相当程度上，一名员工的工作绩效的高低与其本人在企业中的人际关系的好坏有很大的关系。如果员工善于与上、下级同事相处，能够很好地进行沟通、互动，那么该员工在工作中会得到更多的支持与认可，个人心情更加愉快，对批评意见更为容易接受，工作更加容易获得成功。而那些未能掌握正确的人际交往技巧的员工常常与其他人发生不必要的冲突与摩擦，得到的支持更少，工作开展举步维艰。帮助这些员工改进人际交往，能够创造更多的组织内聚力，提高工作效率，减少人际问题与冲突。常见的培训形式有：沟通技巧训练、人际关系敏感度训练、社交礼仪、工作角色扮演、角色互换等。

3. 管理类培训

安排管理类培训的目的主要是提高经销商的管理水平。根据经销商的具体情况一般可安排管理模式、客户沟通和服务营销三个方面内容的培训。管理模式方面主要安排核心流程，如售后服务工作流程、维修服务工作流程等。客户沟通方面可安排客户关系技巧、客户抱怨与冲突的解决技巧、电话回访的技巧等。服务营销的培训可侧重服务理念、时间控制模式、小组工作模式、经营分析等。管理类培训适合从事服务管理的服务经理、接待员及客户服务人员参加。

4. 计算机业务培训

在现代社会，信息成了主要战略资源。经销商和企业的一切信息沟通都离不开计算机系统，因此，必须做好计算机业务培训。对经销商的计算机业务培训主要是根据汽车生产企业与经销商共同应用的物流、信息管理系统和汽车生产企业要求经销商为加强自身管理而采用的计算机管理系统进行的，计算机培训一般包括企业应用的 ERP 系统(该系统包括人员管理、信息管理、车辆信息反馈等)，以及经销商内部管理软件的安装、调试、使用、维护等。4S 店的索赔员和服务经理必须经过该项培训。

5. 创新技能培训

对于身处那些要求经常处理非常规的、富于变化的问题的岗位上的人，其解决问题、创新应对的能力就非常重要。

(四) 4S 店各岗位人员的培训

1. 前台业务员的培训

前台接待是汽车 4S 店的一个重要窗口，也是售后部的重要组成部分。对前台接待业务人员的培训内容应该包括礼仪接待知识、汽车构造工作原理、汽车配件名称、常用件、常备件的价格、常见故障的分析判断描述、事故理赔知识、车辆保险相关知识等。

2. 维修车间员工的培训

因维修车间所涉及的工种比较多，可以分工种进行专业知识培训，但安全生产、职业道德、服务理念、礼仪等可以组织集中培训。

(1) 机电工的培训

机电工目前在汽车4S店一般分为三个等级，维修技师主修、助理技师副修、学员学徒工。因机电工等级的不同，从业人员所接受的专业知识结构不一，实际操作技能存在着较大的差异。维修技师就好比是医院的"主治医生"，具有一定的汽车故障检测诊断能力；维修助理技师就好比是"护士"，可以对汽车维修技师所做出的故障诊断具体事项进行实际操作以及车辆一些日常保养和维护；而学员则是维修技师、助理技师的助手，在实际工作中只能起到辅助的作用，比如拆拆螺丝、递递工具、清洁卫生等。

汽车维修技师或助理技师一般都具有丰富的理论知识和实际操作能力，在培训内容方面尽可能选择一些专业性、实用性的知识，比如故障检测诊断技巧、维修思路、数据流、各种波形的分析，加强对汽车新技术、新材料、新设备的引进与培训，如新技术的培训等，每次培训后要进行考核，检查培训的效果。对考核成绩优秀的维修技师或助理技师给予一定的物质上和精神上的奖励，这样可以激发维修技师的动力，更好地为客户服务。

(2) 人员素质与职业道德的培训

注重维修从业人员素质教育、职业道德教育。比如工作服的卫生整洁、仪表面貌等。学会与客户交流相关专业知识或汽车质量等问题。

(3) 做好安全生产和使用设备保养的教育

安全生产是企业的重中之重，安全生产包括人身安全（客户及维修从业人员）、维修机械设备的安全、维修车辆的安全、用电用火等的安全。要通过培训，使维修班组增强安全意识，能严格遵守操作规程使用维修设备、工具，并按制度要求进行定期检查与保养、监督与登记。

(4) 学员专业知识的培训

作为维修技师、助理技师，在日常工作中有义务对学员进行传、帮、带，要严格要求，不厌其烦地讲解工作中所遇到的一些问题，使其能够尽早懂得汽车每个系统的构造与工作原理以及日常保养知识等，掌握操作技巧。

3. 钣喷工种的培训

钣金与喷漆两工种就像机电工一样是相辅相成的。在现代汽车维修中，尤其是事故车的修复，钣金工艺的好坏直接影响到喷漆工种的工艺、原材料成本及工期等。应使钣金维修技师在事故车修复中，学会尽可能地去使用一些专用整形设备和仪器（如大梁矫正仪），能够快速地将事故车车身不同的部位、不同的受伤程度尽可能地恢复到原车的技术参数，缩短维修工期。要针对喷漆工艺这一繁琐的工作特点，教会喷漆工比较事故车补漆后出现的色差，掌握繁琐的喷漆工序，如底漆处理、中涂底漆、面漆前处理、喷涂面漆及抛光等。喷漆工艺的好坏以及烤漆房的卫生都是影响喷漆的重要因素。培养员工细致、严谨的工作作风，注重日常工作中每一个细节，包括完工后的车内外卫生清洁。毕竟事故车修复竣工后车身外表是事故车修复后的第一面镜子。

4. 备件部人员的培训

为保证备件订货业务的顺利进行，汽车生产企业的售后服务部门要对经销商的备件订货和管理人员进行培训。备件培训的内容主要根据汽车生产企业与经销商之间的备件业务而制定，一般包括业务培训和网络订货两方面。备件业务培训可安排汽车生产企业的备件系统、备件订货及管理系统、备件管理条例及备件的图册（PDM 图）或电子目录系统等内容，还可增加一些市场营销方面的相关知识。由于目前大多数汽车生产企业与经销商之间采取网络订货的方式，所以计算机网络订货培训可安排电子目录使用，在备件网络系统上建立订单及发送、订货跟踪等内容。备件培训适合经销商的备件经理及备件计划员参加。

对备件部人员的培训，应该将重点放在熟知所做品牌汽车备件的名称及其零件号上，使员工能独立对仓库所有备件进行分类。比如车身钣金件、装饰件、装潢件、车身电器类、发动机类、变速器类等。

5. 索赔员培训

索赔工作是售后服务管理中的一项重要工作。它的物流线既涉及客户、经销商，又涉及汽车生产企业，乃至供应商，而它的责任线涉及更广，所以经销商的基础索赔工作十分重要。由于执行基础索赔工作的是经销商处的索赔人员，所以必须加强对索赔人员的培训。

索赔培训一般可安排索赔工作流程、索赔管理条例、索赔件管理以及《索赔申请单》的填写，在网录入、实时上传、修改《索赔申请单》等项目。由于现在的索赔结算都是在网络上进行的，因此参加培训的人员应具备一定的计算机基础和对索赔件损伤原因的分析能力，即需要有一定的维修基础知识。

参加索赔培训的人员一般为经销商的索赔员和服务经理，并且此类人员的培训必须在开展服务前完成，以免影响售后服务工作的正常开展。

6. 客户服务部人员的培训

由于客户服务部是汽车 4S 店售后服务的一个重要环节，是所有来店维修车辆的档案室，同时也是维系客户的一个重要窗口，要重点培训客服人员善于对黄金客户、重点客户进行定期跟踪回访，要求他们及时了解客户车辆使用情况以及车辆日常维修与保养后的满意度。必须对客服部门从业人员进行文化素质、职业道德教育、礼仪及相关汽车专业知识等的培训，提高从业人员的沟通能力和亲和力。

7. 技术服务部人员的培训

技术服务部成员是售后服务部的重要组成部分。应合理安排技术总监、技术经理参加汽车生产厂家的专业培训、外界的各种新技术培训学习，将所学到的新知识再进行内部转训，起到一个内部培训师的作用，并对下属售后维修从业人员进行技术指导、专业知识的培训以及在日常工作中维修技师遇到疑难问题、维修质量纠纷时帮助分析解决。

三、员工薪酬管理

（一）薪酬设计

1. 薪酬设计目的

建立合理而公正的薪资制度，以调动员工的工作积极性。

合理的薪酬制度可以说是一种最重要的、最易使用的激励方法，它是企业对员工的回报和答谢，以奖励员工对企业所付出的努力、时间、学识、技能、经验和创造，是企业对员工所做贡献的承认。在员工的心目中，薪酬不仅仅是自己的劳动所得，它在一定程度上代表着员工自身的价值，代表企业对员工工作的认同，甚至还代表着员工个人的能力和发展前景。合理的薪酬制度不仅对员工的发展至关重要，对企业的发展更是不可忽视的。特别是一个合理的薪酬体系,对企业管理效率的提升具有不可估量的促进作用,企业薪酬制度的设计和完善,更是人力资源管理提升的一个重要方面。

目前,薪酬已不是单一的工资,也不是纯粹的经济性报酬。从对员工的激励角度上讲,可以将薪酬分为两类:一类是外在激励性因素,如工资、固定津贴、社会强制性福利、公司内部统一的福利项目等;另一类是内在激励性因素,如员工的个人成长、挑战性工作、工作环境、培训等。如果外在性因素达不到员工期望,会使员工感到不安全,出现士气下降、人员流失,甚至招聘不到人员等现象。另一方面,尽管高额工资和多种福利项目能够吸引员工加入并留住员工,但这些有时候常常又被员工视为应得的待遇,难以起到激励作用,因此,内在激励性因素更是至关重要。

2. 薪酬设计的原则

(1) 一致性原则

所有管理服务意识/技能建立都是为了有助于战略目标的实现,激励体系作为行政人事管理服务意识/技能的一部分同样需要在此原则下进行设计。

(2) 竞争性原则

竞争体现在社会上和人才市场上,企业的薪酬标准要有吸引力,但企业应该根据公司所处阶段、付薪能力、战略定位确定合适的市场定位,对于不同的报酬形式在不同时期的定位也是不同的。

(3) 公平性原则

薪酬体系需要体现的是按绩付酬、按劳分配,克服"平均主义""大锅饭"现象,体现差距。

(4) 可操作性原则

薪酬体系是牵涉每一个员工的切实利益,是需要具体实施的体系,因此,可操作性将是对体系最实际的要求。

(5) 合法性原则

符合国家法规、条例。

3. 薪酬体系的设计步骤

薪酬体系的设计步骤见表7-2所示。

表7-2 薪酬体系的设计步骤

薪酬体系设计步骤	问题描述	设计依据
一、级别评定	按公司内各岗位所要求的知识技能、需要的解决问题的能力和承担的职务责任,将各岗位划分级别	国际上通行的职务分析方法
二、各级别的薪酬总量	各级别员工的总薪酬应与市场标准具有可比性	参考省内/地区及本地区类似公司的薪酬水平
三、各级别的薪酬构成	各级别员工总薪酬中固定工资与业绩奖金的比例	结合省内/地区公司的运作方法及公司的实际情况
四、变动收入部分随绩效考核和奖金的变动范围	变动收入随业绩变动的上下限	公司薪酬设计的目的、原则和支付能力

（二）薪酬体系的设计

1. 级别评定

级别评定见表 7-3 所示。

表 7-3 级别评定

级别	部门	职位	级别	部门	职位
1	行政管理部	总经理	4	财务部	会计
2	行政管理部	总经理助理	4	财务部	出纳
2	行政管理部	行政经理	4	财务部	收银员
2	销售部	销售部经理	4	销售部	销售顾问/内勤
2	售后服务部	服务部经理	4	销售部	大客户专员
2	市场部	市场部经理	4	销售部	销售员
2	财务部	财务部经理	4	销售部	信贷员
2	零件部	零件部经理	4	售后服务部	服务顾问
3	售后服务部	车间主任	4	售后服务部	维修中级工
3	销售部	展厅主管	4	市场部	客服代表
3	市场部	客服主管	4	零件部	仓库管理员
3	售后服务部	前台主管	4	零件部	计划采购员
3	售后服务部	机修/钣/喷技师	5	售后服务部	维修学徒工
4	行政管理部	行政文员	5	行政管理部	后勤工作人员
4	行政管理部	网管	6	行政管理部	临时/季节工

2. 级别评定的原则与设计要素

级别评定的原则与设计要素如图 7-2 所示。

原则

1. 将岗位归纳分级，以确保内部一致性。

2. 属于同一级别的不同岗位的价值应符合市场行情及公司实际情况。

3. 应找出岗位价值的关键驱动因素，并以此把岗位分类。

设计要素

1. 根据岗位所需技能将岗位划分级别。

2. 根据岗位对公司业绩的潜在影响力将级别进一步细分为次级。

3. 将岗位分级参照国际标准。

图 7-2 级别评定的原则与设计要素

3. 制定业绩指标的工作流程

制定业绩指标的工作流程如图7-3所示。

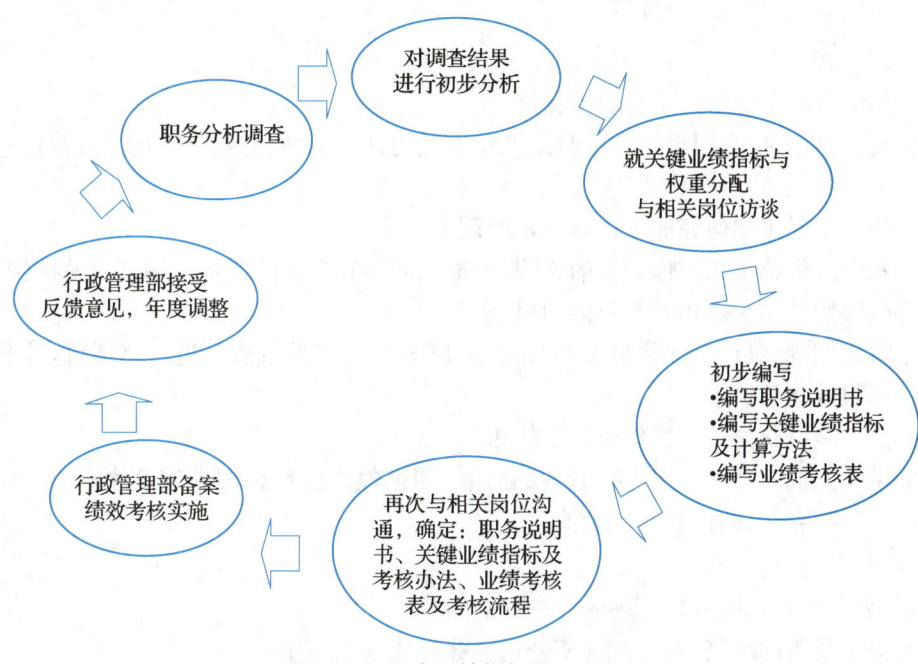

图7-3 制定业绩指标的工作流程

（三）薪酬结构设计

汽车4S店对外采取适度领先策略，保持在人才和劳动力市场中具有一定的竞争性；对内采取按责任与贡献取酬策略，其中售后服务部、销售部采用不同的薪酬方式，而其他职能部门仍采用月薪＝基本工资＋奖金的工资结构，如图7-4所示。

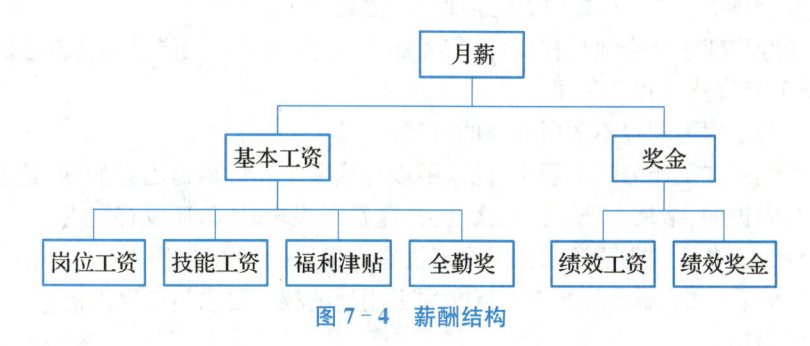

图7-4 薪酬结构

1. 基本工资

基本工资为员工合同工资，根据每位员工的任职岗位、资历、能力等确定。

基本工资＝岗位工资＋职务（技能）工资＋工龄工资＋福利津贴＋全勤奖

2. 奖金

奖金即月奖金，是为体现公司整体效益与员工个人利益相结合的原则，更好地调动员工的工作积极性而设立的。

四、员工绩效管理

(一) 实施绩效管理的好处

1. 对员工的好处

(1) 能够及时了解自己是否表现良好

作为员工自己,他是很想知道平时的工作表现的,所以我们需要及时地把这些信息反馈给员工。

(2) 使员工对于如何完成工作有清楚的认识

因为我们提供给员工工作职责的说明,使员工能明确自己的职责,了解自己的权限。

(3) 能够使员工获得培养新技能的机会

在平时我们观察员工、评估员工的时候,可以知道员工是否需要进行培训,这使员工能够获得培养新技能的机会。

(4) 员工能够获得进行工作所需要的相关信息

比如说在我们对某个员工进行管理的时候,知道他需要什么样的信息才能够把工作做好,这时我们就会把这些信息提供给他。

2. 对公司的好处

同样,公司也从员工人事管理流程中获益匪浅。

(1) 提高员工的士气和生产率,使公司能够有效率地运作;

(2) 能够有效地防范不实的指控。

3. 对服务经理的好处

公司、员工本人都从员工人事管理流程中获益,服务经理也一样。

(1) 可以减少服务经理事必躬亲的工作内容

如果员工的职责不明确,什么事情都需要请示的话,会导致大大小小的事情最后都回到服务经理的办公桌上去了,必须由服务经理自己去处理了。

如果服务经理能够适当地授权,就不需要那么忙碌,也使员工能够具备自己做出决策的能力,这样服务经理就节省了时间。

(2) 减少员工因为职责不清所耗费的时间

有些服务经理在工作分配上职责不清,甲以为这项工作应该是乙做的,但是乙又以为这项工作应该是丙做的,结果一项工作推来推去,耗费了很多时间,还没有完成。

(3) 减少当服务经理需要资讯的时候却没有人提供的情形出现

在员工绩效管理中,服务经理有时候必须运用他的权力要求员工提供信息。

(4) 减少错误

因为与员工不断接触,不断沟通,能够协助服务经理和他的员工找出错误产生的原因,以降低错误出现或重复出现的机会。

(二) 绩效考核办法

主要从工作业绩、能力、态度、知识等几个方面进行考核。

1. 考核方式

上级考核下级。

2. 考核周期

（1）季度考评：一年开展三至四次。

（2）年度考评：一年开展一次。

3. 管理绩效沟通

直接上级必须就考核结果与被考核人面谈，告知被考核人的表现符合公司和部门期望的地方，同时指出被考核人需要提高的方面，并帮助被考核人制订可行的改善计划，指导被考核人提高绩效。最后双方需要在绩效考核表上签名确认。

4. 考核申诉

若考核人与被考核人就考核结果无法达成一致认识，被考核人可以就考核结果向考核人的直接上级进行申诉，由考核人的直接上级做出最终考核。

5. 加、减分

按照4S店有关管理制度的规定，当被考核人对公司有突出的贡献或者做出严重损害公司利益、形象的行为时，直接考核人有权加分或减分。

6. 绩效评估

在每年底召开的绩效评估会上，根据平时收集的员工信息，对员工进行公平公开合理的评估，然后给员工正式的书面反馈。

通过员工预评估表（见表7-4）和员工评估考核表（见表7-5），公司可以定性定量、合理公平地对员工进行评估。

表7-4 员工预评估表

员工年度业绩考核单			
姓名		职别	
1. 你的主要工作内容是什么？（如果你的工作职责不存在，哪些重要项目则将无法完成？）			
2. 过去的一年里哪些工作做得很出色？（实现了工作目标，提高了工作业绩）			
3. 你的事业目标是什么？（包括短期目标和长期目标）			
4. 你还有其他说明吗？（例如一些你想在年度考核中讨论的事情）			
签字		日期	

表7-5 员工评估考核表

<table>
<tr><td colspan="6">员工业绩年度考核单</td></tr>
<tr><td>姓名</td><td colspan="2"></td><td>职别</td><td colspan="2"></td></tr>
<tr><td>考核期限</td><td colspan="5"></td></tr>
<tr><td>考核指标</td><td>优秀</td><td>良好</td><td>一般</td><td>差</td><td>改进措施计划</td></tr>
<tr><td>工作的质量</td><td></td><td></td><td></td><td></td><td></td></tr>
<tr><td>工作的数量</td><td></td><td></td><td></td><td></td><td></td></tr>
<tr><td>安全记录</td><td></td><td></td><td></td><td></td><td></td></tr>
<tr><td>出勤率</td><td></td><td></td><td></td><td></td><td></td></tr>
<tr><td>操行</td><td></td><td></td><td></td><td></td><td></td></tr>
<tr><td>与其他人关系</td><td></td><td></td><td></td><td></td><td></td></tr>
<tr><td colspan="6">1. 经理对员工业绩的评语</td></tr>
<tr><td colspan="6">2. 员工的措施计划</td></tr>
<tr><td colspan="6">3. 经理的措施计划</td></tr>
<tr><td colspan="6">4. 员工的评语</td></tr>
<tr><td colspan="3">经理签字</td><td colspan="3">日期</td></tr>
<tr><td colspan="3">员工签字</td><td colspan="3">日期</td></tr>
</table>

(三) 考核结果应用

1. 在管理绩效工资中的应用

考核分数满分为100分,本月考核的得分数作为绩效工资发放的百分比,违反公司规章制度应该缴纳罚款的,从基本工资中扣除。

2. 优胜劣汰

连续三次考核结果	适用措施
前 20%	升职、加薪、额外奖励等激励措施
中间 70%	维持原职位及待遇不变
后 10%	职位、待遇调整；辞退

五、员工工作效率管理

一个管理比较完善的汽车服务企业，其员工的工作效率及车间生产率应该达到一定的标准。如果工作效率和劳动生产率低下，就应该从多方面寻找原因，并针对这些现象，提出可行性的解决办法进行改进。

维修服务部门有责任采用最有效的方式对客户的车辆进行维修服务。工作效率和生产率非常重要，因为工作效率意味着你是否在有效地利用资源，它关系到企业的总盈利水平。

（一）工作效率和生产率的计算

简单地说，效率就是与给定的时间相比员工实际完成一件工作有多快，即工作效率等于售出工时除以实际维修工时。

$$工作效率 = 售出工时 / 实际工时 \times 100\%$$

车间的生产率是售出的工时除以可用工时。

（二）工作效率和生产率应达到的标准

工作效率和生产率都有一个标准，在国外，维修工必须达到 110%～125% 的工作效率，车间的生产率则必须达到 90%～95%。

工作效率是指工作有多快，产出量有多少。原则上说个人的效率是维修工必须负责的，而生产率是服务经理必须负责的。

但是如果某技工长期超过 125% 的效率，其他的技工都是低于 110%，这时需要和生产调度沟通，是不是调度因为人情关系，把容易的工作都给了那个效率高的技工了，而其他的技工总是拿到难度高的工作。

生产率为什么不能低于 90%，也不能超过 95% 呢？因为超过 95% 是不可能的，技工要休息、喝水、上洗手间，不可能 8 个小时充分利用，所以工作效率和生产率都是有一个标准的。

（三）工作效率与生产率不在规范内的问题所在

在办公室里面，可能会根据报表来看生产率和维修工的工作效率，还可以依据车间的生产率了解车间存在的问题。

1. 工作效率低于 110% 时

当看到员工工作效率低于 110% 的时候，可能存在的问题是：
（1）说明员工需要培训了；
（2）零件延误或者花较多时间在寻找待修车；
（3）设备或者工具短缺；
（4）无计划地分派工作；

（5）维修指示不明确，员工不知道如何修理，然后又跑到前面问你，这些都浪费时间，从而影响效率；

（6）员工健康的问题以及员工积极性不高。

2. 工作效率高于125%时

至于工作效率高于125%的时候，可能存在的问题是：

（1）维修的时间太短，偷工减料；

（2）工作分派中出现人情关系；

（3）夸大销售工时，服务顾问报工时的时候报得过高，当然每一个人效率都很高，但是会引起客户满意度下降；

（4）不顾质量求速度，大家都做得很快，维修质量却降低了。

3. 生产率低于90%的原因

生产率如果低于90%，那是因为工作量不足，具体原因如下：

（1）待修车不足，没有足够的客户源；

（2）工作分派不合理；

（3）员工没有经过同意就擅自休息；

（4）与工作无关的事情太多，比如车间调度总是把技工叫去搬东西，结果整个车间生产率都下降了。

4. 生产率高于95%的原因

如果生产率高于95%，也就相应地说明工作量太大、工位不足、维修人员不足、服务促销太多、工作分派不均衡，这些都是生产率超过95%的原因。

如果车间的生产率上下浮动很明显，基本上是因为工作分派不均匀，对预约系统监管不足造成的，因为预约有时候多，有时候少，没有注意平衡车间的负荷量。

（四）工作效率和生产率低的原因和改善措施

1. 技术水平低

效率低下的第一个原因是技工技术水平太低。针对这个问题，应该制定和检查个人改进的目标。分派工作的时候，为了帮助水平低的技工，可以考虑引入团队合作精神，互帮互助以提高个人技能。

2. 缺乏技术诊断知识

效率低下的第二个原因是缺乏技术诊断方面的知识。解决的方法是设立一个资料室，保证所存的资料、手册、技术通讯等完整，有条理，并不断地更新，同时严格执行外借和归还手续。这样技工在需要资料的时候就能够迅速得到。

除此以外，因为4S店经常会有一些新的维修技术出现，因此，应该定期通报新的技术、信息和专用的工具。每当有新的维修公报、技术通讯或者专用工具到店的时候，必须及时通知技工。

3. 工作分派与技工技能不符

效率低的第三个原因是工作分派与技工技术水平不符合，一个不会做某项工作的人，分配给他那项工作的话，他的效率肯定是很低的。

这种情况的解决方法就是根据员工对工作满意的程度，安排具有相应技术和能力的技工去完成这项工作。这个时候通常用一个表格来统计技工的姓名、工种，记载他曾经接受过的培训,有哪方面的相关经验等等。将这样的技术储备单一份交给员工保存,一份交给调度,一份交给服务顾问。这样在分配工作的时候,调度或者服务顾问就知道这个人可以做这项工作,那个人可以做另一项工作,这样才能将技工工作分配得更好。

4. 对新产品不熟悉

效率低的第四个原因是对新产品或者部件不熟悉。这时候应该评估一下新产品的培训需求,是不是需要把员工送到原制造商去培训新产品知识;或者引入团队精神,让那些懂得这种技术的人帮助那些需要帮助的技工。

5. 缺乏技术通讯和数据

效率低的第五个原因是缺乏技术通讯和数据。如上面所述,这时候可以建立一个技术通讯小图书馆。

6. 缺乏积极性和紧迫感

效率低的第六个原因是员工缺乏积极性和紧迫感。针对这种情况,可以利用定期奖励的方法来激发员工的积极性;或者建立技工效率的记录,并加以评审。

如果员工培训不足,企业就一定要及时更新培训记录,记录员工到底接受过什么培训,哪些项目是员工必须培训而没有培训的。

7. 缺乏专用工具和技术设备

效率低的第七个原因是缺乏专用工具和技术设备,这时候需要建立一个程序,安排和监控专用工具设备使用情况。

8. 等待批准授权或者确认

效率低的第八个原因是等待批准授权或者确认的时间过多。当一辆车进来维修的时候,技工发现还有一个额外的维修必须进行,而这个服务顾问也给客户打电话了,但是客户迟迟没有回答说要不要维修,这时候一定要想办法加快确认的程序。还有,有时候技工不知道可不可以这样做,这时候服务经理应该给他授权,告知他在什么情况下可以这样做,什么情况下不能这样做,而不是事事要先请示。

9. 车间布局不合理

效率低的第九个原因是车间布局不合理。这时候,首先要通知维修经理,告诉他如果不改进车间布局的话将会减少收入,影响工作效率;其次维修工经常将汽车移进移出工作区,这也是影响效率的做法,所以必须建立场地安排程序。

10. 沟通不当或不及时

效率低的第十个原因是沟通不当或不及时。服务顾问、调度、技工之间沟通不当,就会造成时间的浪费,当然也就影响到生产率了。

11. 没有足够的工作可做

效率低的最后一个原因是等待工作的分配。因为技工效率高,达到125%,今天早上来了一辆车,按规定三个工时工作,实际上两个工时就修完了,但修完这辆车以后再也没其他工作了,只能等待。这样生产率自然不会高。

所分配的工作与技工的技能不相符会导致生产率下降,对新车型或者部件不熟悉也会导致生产率下降,部件消耗品供应不及时也会降低生产率。针对这些问题,零件部的管理人员要不断提高自己的管理水平,要知道哪一些部件经常用,要多订一些。

7.2 专用工具、设备和资料的管理

国内多数品牌的汽车生产厂都制定了售后服务维修技术管理要求,对售后服务的技术信息反馈、技术资料利用、专用工具使用以及员工培训等工作进行了规定,以促进售后服务技术管理工作有效进行。

一、汽车维修专用工具和设备的管理

汽车专用工具和设备是指根据某一汽车的结构特点而专门用来维修该汽车的工具和设备。专用工具的用途有三点:第一,用于特殊零件总成的拆装;第二,用于总成或车辆性能的检测和调整;第三,便于工人操作,保证维修的质量和效率。汽车专用工具和设备主要由汽车生产企业指定的厂商负责生产和供货,并随着车型的发展而有所增加和改变。为了提高汽车生产厂家的售后服务质量和服务效率,各经销商均应配备一套完整的专用工具、检测仪器及设备,用于汽车产品的保养、检测及维修。各经销商应使用专用工具、检测仪器及设备并参照有关的汽车维修资料对汽车进行规范化的保养及维修,经销商应对专用工具、检测仪器及设备加强管理,以便最大限度地发挥其作用。

(一)汽车维修专用工具和设备管理的意义和任务

1. 汽车维修专用工具和设备管理的意义

(1)现代的汽车维修作业已经离不开汽车维修专用工具和设备的配合,因此,只有加强设备管理、合理使用、精心维修,保证企业设备技术状况良好,才能够保证汽车维修的正常进行。

(2)加强企业专用工具和设备管理,不仅可以保持汽车维修设备良好的技术状况,而且还可以确保维修设备的安全使用和汽车维修质量,从而保证汽车维修的安全生产,减少安全事故和返工返修。

(3)加强企业专用工具和设备管理,并减少设备维修费用和延长其使用寿命,最终提高企业经济效益。

(4)汽车维修的现代化,主要是维修手段的现代化。因此,加强企业专用工具和设备管理,可以提高汽车维修的机械化程度,加快维修进度,减轻劳动强度和提高劳动效率,有利于实现汽车维修企业的现代化。

2. 汽车维修企业设备管理的任务

国务院《全民所有制工业交通企业设备管理条例》指出:企业设备管理的主要任务,应以促进企业技术进步,提高企业经济效益为目标,坚持以预防为主的方针,坚持技术与经济相结合、专业管理与群众管理相结合,依靠技术进步和促进生产发展相结合的原则,对设备进行择优选购、合理使用、精心维修、合理改造、适时的报废更新的全过程综合性管理,以不断地改善和提高企业的技术装备素质,保持设备状况完好,并充分发挥设备的效能,使企业取得良好的投资效益。

(二)汽车维修专用工具和设备管理工作的内容

(1)建立健全设备管理机构。企业领导要分工负责设备管理,并要根据企业规模,配备

一定数量的专职和兼职设备管理人员,负责设备的规划、选购、日常管理、维护修理以及操作人员技术培训工作。

(2) 建立健全汽车维修设备管理制度。汽车服务企业应当根据国家的法律法规要求以及行业主管部门的具体规定,结合本企业的特点制定企业的设备管理制度,规定设备安装、使用、维修等技术操作的规程,明确设备配置、领用、变更、报废等活动的管理程序,明确设备使用与管理的岗位责任制度与奖罚规定等,使设备管理有章可循,全员参与,各负其责。

(3) 认真做好汽车维修设备管理的基础工作。设备管理的基础工作主要包括设备的调入、调出登记、建档、立账,维修保养,报废及事故处理等,保证设备完好,不断提高设备的利用率。

(4) 认真进行汽车维修设备的规划、配置与选购。根据企业的级别规模和发展前景,合理规划企业设备的配置,要在充分进行技术、经济论证的基础上,认真制定维修设备配置计划,并按照配置计划组织设备选购,要做到技术上能够满足使用要求,并保持一定的先进性,经济上合理核算,保证良好的投资效益。

(5) 加强设备日常使用、保养及维修管理。保证严格执行操作规程,保证设备安全使用。要加强设备日常维护,要求操作人员每日班前对设备进行检查、润滑,下班前对设备进行认真清洁擦拭。定期对设备进行紧固、调整、换油和检修作业,保证设备处于良好技术状态,充分发挥设备的利用效率。

(6) 适时做好汽车维修设备的更新改造工作。为适应新型车辆的维修工作,必须对设备技术上的先进性与经济上的合理性,做到全面考虑,权衡利弊,以提高设备更新改造的经济效益。

(三) 设备管理人员的岗位职责

(1) 建立健全设备管理制度。例如,宣传安全技术操作规程,建立定机、定人、定岗的三定管理制度;推行技术操作证制度等。

(2) 负责设备的日常管理,做好设备管理基础工作。例如,设备的调入调出登记和建档立账等。

(3) 指导设备操作人员合理使用设备,并积极开展技术教育培训和技术考核工作;积极地开展爱护设备的竞赛活动,以提高设备完好率和利用率。

(4) 制定设备维修计划,认真组织实施设备的维护修理,及时恢复设备技术状况和使用效能,并搞好机具设备的机况评定和年度检修,延长设备使用寿命。

(5) 做好设备的改造、报废及更新工作。

(6) 负责处理机具设备的技术责任事故。

(四) 汽车维修专用工具和设备的合理选择与购置

1. 选购专用工具和设备的一般原则

(1) 生产上适用。所选购设备应与所维修的主流车型、企业规模与发展、使用维修能力,以及动力和原材料供应等相适应,并具有较高的生产率和利用率。

(2) 技术上先进。所选购设备的基本性能应能满足提高工效和保证质量的基本要求。

(3) 经济上合理。售价低、性价比高。

(4) 具有较好的安全性、可靠性、维修性、环保性和较长的使用寿命。

(5) 尽可能就近购置。优先选购国产设备或本地设备，且要求设备供应商具有良好的售后服务。

2. 专用工具和设备购置的基本程序

(1) 经销商在规定的时间内填写订购表，订购一套完整的专用工具、检测仪器及设备。

(2) 汽车生产企业的售后服务部根据各个经销商反馈的订货时间，安排订购专用工具及设备。

(3) 经销商接到通知后必须在两周内按通知上的账号及款额汇出专用工具、设备款。汇款后将电汇底联传真给汽车生产企业的售后服务部。

(4) 售后服务部接到经销商电汇底联后将在两天之内通知发货及给经销商开具发票、结清货款及运费，并按经销商汇款额多退少补。规定时间内订购必需的专用工具、检测仪器及设备。

3. 专用工具和设备的安装调试和交付使用

外购设备在选型并购置后，应由设备管理部门负责运输、保管、开箱检查和安装调试。

自制装备也应参照外购设备管理办法，须经鉴定验收及试用合格后移交设备管理部门验收并实行统一管理。

所有设备在交付使用并投产后，均应由设备管理部门负责立卷归档、建立台账卡片及统一登记编号等，并制定该设备的安全技术操作规程、使用纪律及维修制度，以及规定该设备的使用年限和折旧费率等。

4. 专用工具的补订

经销商在使用过程中可能会出现专用工具的丢失及损坏。丢失和损坏的专用工具必须及时补订。经销商将所需补订的专用工具、设备的订货号及名称反馈给服务科。服务科根据经销商所反馈的补订专用工具、设备信息，定期汇总后安排订货。

（五）设备的合理使用和维护保养

1. 设备的合理使用

设备的正确使用，是设备管理中的一个重要环节。具体地应抓好以下几项工作：

(1) 做好设备的安装、调试工作。

(2) 合理安排生产任务。

(3) 切实做好机械操作人员的技术培训工作。

(4) 建立健全一套科学的管理制度。

(5) 创造使用设备的良好工作条件和环境。

2. 设备的维护保养

设备的维护保养应遵循设备自身运转的客观要求。其主要内容包括：清洁、润滑、紧固、调整、防腐等。目前，实行的比较普遍的维护是"三级保养制"，即日常保养（简称"日保"）、一级保养（简称"一保"）和二级保养（简称"二保"）。

(1) 日常保养。日常保养重点进行清洗、润滑、紧固易松动的部位，检查零件的状况，大部分工作在设备的表面进行。这是一种由操作人员负责执行的经常性的工作。

(2) 一级保养。一级保养除普遍地对设备进行紧固、清洗、润滑和检查外，还要部分地进行调整。它是在专职维修工人的指导下,由操作工人承担定期进行保养的职责。

（3）二级保养。二级保养主要是对设备内部进行清洁、润滑、局部解体检查和调整,以及修复和更换易损零件。这项工作应由专职检修人员承担,操作人员协作配合。二级保养也是定期进行的。

（六）工具管理制度

1. 工具的入库

（1）到货的工具,工具管理员必须与采购员当面进行清点,确认无误后填入库单,双方签字确认；

（2）入库工具应存放于工具室相应的位置,并摆放整齐有序；

（3）入库工具必须做唯一性标识,并建立台账。

2. 工具的出库

（1）各班组主修人员在工具室领用常备工具时,要签字确认并存档,常用的专用工具由班组负责人负责领用保管,如有遗失或损坏,由其负责赔偿。

（2）不常用专用工具,每次只能借用,如有丢失或损坏由借用者负责赔偿；每次借用,工具员必须在流水账上登记并要求借用者签字确认,还件时注明归返时间,保管员也须签字收到。

3. 工具使用

（1）严禁违章使用专用检测工具,如用扭力扳手拆卸螺栓等；

（2）未经他人同意,不许滥用他人工具；

（3）严格按检测工具、仪表的使用规定进行使用,严禁野蛮使用和用作其他用途；

（4）凡由个人领用、借用的工具、仪表、工具车,由个人负责保管,正常损坏,以旧换新,如有遗失,由领用人负责按原值赔偿。

4. 工具的归还

（1）工具使用完毕,必须清理整洁、干净,归还库房,所有外界工具必须于当天归还,特殊情况向保管人员说明；

（2）离职人员应于三日内交还所有领借用工具,工具员检查签字确认后方为有效；

（3）工具在保管过程中遗失,由保管员负责赔偿。

二、资料管理

汽车生产企业为保证本品牌汽车的售后服务质量,必须对经销商实施有效的管理,而实施工具是通过下发各种资料来实现的。汽车生产企业为经销商提供的资料包括管理资料、维修技术资料、保养手册和维修手册等资料,对汽车保养维修的操作方法和技术标准都做了详细说明,是维修作业的指导性技术资料。

（一）资料的发放

经销商与汽车生产企业签订意向性合作协议后,就可以到汽车生产企业的售后服务部门领取资料。随着新技术和新车型的增加,售后服务部门将随时为各个经销商邮寄补发新增加的资料。资料一般发放两份,一份作为维修服务人员借用,一份存档备查。

(二) 资料的管理与使用

(1) 资料配置及状态应齐备、完好,可随时借阅。

(2) 资料应由专人(工具资料员)负责,建立资料目录及借阅档案。

(3) 技术总监要考查维修技术资料利用情况,保证维修作业按维修手册的要求进行,要对维修人员进行定期考核,使其掌握维修资料的内容。

(三) 资料管理制度

(1) 生产厂家提供的技术资料到货后,保管员应立即登账入库,分类保管,建立技术资料台账。

(2) 技术资料仅限本公司员工借阅,严禁复印、传抄或将资料带出公司以外。

(3) 每次借阅资料,保管员应在流水账上记录,借阅者签字确认,资料才可借出。

(4) 借阅者应爱惜资料,妥善保管。如有缺损或遗失,将处以一定数额的罚款。

(5) 每次借阅,必须按期归还,如属外出道路救援需车间主管确认。

(6) 资料借还手续同工具管理一致。

7.3 信息和计算机管理

面对瞬息万变的市场,企业要求生存、谋发展,适应这种变化,就要不断地进行市场营销调研和预测。在现代社会中,信息已然成为主要的战略资源,因此,及时掌握信息成了企业具有较强的应变能力和及时做出正确决策的重要优势。来源于全国各地的经销商或者最终用户的产品质量信息、售后服务信息和市场营销信息是汽车生产企业新产品开发、设计,改进产品质量,制定销售服务策略的重要依据之一。同时,汽车生产企业为其特约经销商提供新产品、新技术、销售服务管理及市场开拓等各个方面的信息,能够有效促进其特约经销商技术水平、管理水平的提高,最终达到双赢的目的。当然,信息的内容不单单指汽车生产企业和经销商两者间的信息,宏观环境方面的信息也包含其中。

一、信息部职能

汽车 4S 店,设立了信息部,有信息反馈功能。信息部由经理和若干信息员组成。

1. 信息部职能

(1) 收集客户对所售汽车的反馈意见。协助技术员收集汽车故障情况,统计多发故障的发生率。

(2) 向厂家反馈产品质量情况,并列报故障案例。

(3) 收集客户对汽车售后服务的意见和要求,及时向服务部经理通报并提出相关建议。

(4) 重视客户与各部门的争执、矛盾和冲突,把发生的事件及时向店长汇报。

(5) 收集企业各部门的矛盾以及程序上不协调情况,及时向总经理报告。

(6) 及时整理和上报职工违章、违纪事件,以利于企业制度的完善与执行。

(7) 及时与客户沟通并广泛与客人联络,加强与客人的感情交流。

(8) 追访车辆维修后质量情况,把出现问题的情况向服务经理通报。

(9) 与客户沟通时,及时告知客户的汽车准确进店保养的时间。

（10）策划企业开展营销促产的各类活动。
（11）策划企业广告、印制广告与发放传单，促进企业和产品知名度的提高。
（12）了解市场走势和相关企业动态，为店长出谋划策。
（13）及时检查各部门报表、接单填制情况，纠正报单的违规，督促有关人员及时改正。
（14）接待客户、与客户交谈、为客户服务（引路、倒茶水等）。
（15）接受客户咨询，如汽车销售、售后服务流程、企业组织机构构成、各部工作职能等。

2. 信息员

信息员是企业信息部的成员，负责完成信息部的主要工作。信息员在收集信息时应注意以下注意事项：

（1）信息员在参与与客人的谈判时，无决定权和执行权，即只能听取各方面意见而不能自作主张。
（2）将获得的信息及时向信息部经理汇报，由经理与有关部门协调或向总经理汇报。
（3）提出和策划企业销售有关活动及广告形式、规模，由企业领导做出行动方案。
（4）要研究客户心理活动规律，电话与客户联系要注意技巧。
（5）与客户联系过程中既要尊重客人又要保持自己的身份。

二、信息管理

信息管理是企业管理工作的重要内容与基础。信息为实现管理的目标和职能提供资料依据、共同准则、基本手段和前提条件，各项专业经济管理必须建立在信息处理基础之上。汽车服务企业的生存、发展和壮大所依赖的一个重要方面就是信息。

（一）信息来源

信息的来源主要有以下几个途径：
（1）直接用户、经销商、汽车生产企业内部有关单位；
（2）政府机关的经营决策部门；
（3）有关交通、汽车、能源的科研部门；
（4）当地交通管理部门等。

（二）信息分类及传递方式

下面主要针对汽车生产企业对经销商信息管理要求入手，了解微观环境内汽车生产企业和经销商之间的信息管理。

1. 信息分类

经销商与汽车生产企业之间沟通的信息分为：文件、函电；经销商基础信息；人员信息；服务营销信息；车辆信息反馈；技术服务手册（TSH）；电子服务信息系统（ELSA）；其他信息等。

2. 信息传递的方式

经销商与汽车生产企业之间可以通过内部网络系统进行信息反馈，对于特殊情况无法连通内部网络系统或特殊原因暂时无法通过 Internet 网络来反馈的信息，则通过传真、信件等其他方式反馈信息。

（三）信息管理

1. 文件、函电的管理

汽车生产企业对经销商的管理，经常通过发放文件、业务通知及其他信函等方式进行，对于汽车生产企业给经销商所发的通知或文件全部在内部网络的售后服务通知单列表中；其他的通知或业务信函等通过内部网络的信箱发送。

对于能通过网络传递信息的经销商每天必须查看售后服务通知单列表和收件箱，并按规定进行信息的存档和传递。对于特殊情况无法连通内部网络系统或无法通过网络来反馈信息的经销商则通过传真、信件等其他方式接收文件、函电信息。

2. 基础信息管理

经销商基础信息包括：财务名称、地址；中文名称、地址、邮编；传真；24小时服务电话；经理电话；经销商状态（1.新签协议；2.过渡服务；3.开业）；现场服务代表；是否通过质量体系认证；经销商类别；是否使用销售公司规定的管理软件；内部网络系统是否联网；签约日期；开业日期等。

经销商的基础信息不许任意变更，如特殊情况要进行变更必须经过汽车生产企业的售后服务部门签字确认后反馈给相应的部门处理（财务地址、财务名称反馈给财务部门；24小时服务电话、传真、站长电话、E-mail邮箱、经销商名称、地址、邮编等反馈给售后服务部门）。

3. 人员信息管理

经销商的所有人员信息包括人员编号、姓名、职务、电话、手机、出生日期、性别、工作日期等，必须录入内部网络系统。当人员信息发生变化时，要及时在系统中维护。人员编号由经销商自行定义，一经录入内部网络系统则不能改变，且经销商应让本人熟知自己的人员编号，方便在其他场合使用。

4. 服务营销信息管理

各种服务营销活动如冬季服务行动、夏季服务行动、"3·15"消费者权益活动、厂庆活动等的总结，以及年终经销商的工作总结等都应按照相应的服务活动的要求反馈信息。经销商有义务和责任把当前活动的信息反馈给汽车生产企业的主管部门。汽车生产企业的相关部门有权对经销商信息反馈的及时性、反馈质量等进行监督，并纳入经销商的考核内容。

5. 客户信息和车辆信息管理

客户信息和车辆信息管理主要内容如下：

（1）由业务接待员使用电脑建立客户档案和车辆档案，并使用标准格式。

（2）由信息员对客户档案和车辆档案进行统计管理和维护。

（3）客户档案和车辆档案记录的要求：

① 客户电话、地址正确；

② 车辆底盘号、发动机号等资料完整；

③ 记录车况和车辆维修履历；

④ 客户档案内容必须完整；

⑤ 车辆有维修跟踪记录。

（4）信息员应在车辆维修三天内进行跟踪调查。

(5) 对售后跟踪中发现维修质量问题和服务问题,要详细地记录,并提出整改方案。

(6) 对重大的质量事故和客户投诉应及时向有关领导汇报。

(7) 电话跟踪记录必须要有严格的存档管理。

(8) 应进行定期客户调查和客户访问,并存档。

(9) E-mail 通信:

① 4S 店服务中心应开通电子邮箱;

② 有邮件发送和接收记录清单;

③ 发送和接收邮件应分类、编号和存档;

④ 接收的邮件应及时传阅,并做好记录;

⑤ 4S 店服务中心应向客户公布本公司的电子邮箱,方便与客户之间的交流;

⑥ 应有专人负责与生产商之间的 E-mail 信息交流与及时反馈。

6. 车辆信息反馈管理

(1)《车辆信息反馈单》:售后车辆信息反馈是经销商与汽车生产企业之间进行技术支持、车辆信息反馈等的主要沟通渠道。当经销商需要技术支持或进行车辆信息反馈时必须在系统中录入或传真《车辆信息反馈单》。

经销商应定期(每周)将批量投放的车辆信息汇总、整理,通过内部网络系统中的《车辆信息反馈单》反馈给技术支持人员,要求的信息必须填全。特殊情况允许使用传真等其他手段。

(2) 新产品、新项目的反馈:新产品、新项目首批投放地区的经销商应及时、准确做好售后质量信息快捷反馈工作,反馈方式为通过内部网络系统的《质量信息快速单》反馈给售后服务部门的技术支持人员。

(3) 重大问题处理信息反馈:重大问题处理完毕后,经销商应将总结报告按时通过内部网络信箱或电子邮件方式(特殊情况可以填写《重大问题报告》以传真形式)反馈给售后服务部门的技术支持人员。经销商负责整理并提供维修信息、典型维修案例等方面的技术信息。

(4) 技术疑难问题信息反馈:经销商维修人员解决技术难题问题后,应及时报告给技术经理,技术经理应对故障现象、故障分析、故障排除及建议等内容进行整理,并以典型故障排除报告样式将信息以内部网络信箱、电子邮件或传真方式反馈给汽车生产企业的售后服务部门。

(5) 重点信息的跟踪:经销商在汽车生产企业反馈的信息中有重点跟踪的信息时,一定要进行认真的跟踪,并把跟踪信息的详细过程在系统中录入。

(6) 信息反馈总体要求:经销商在收到汽车生产企业的技术支持信息后一定要进行经销商反馈,把经销商实施情况等信息录入,以便形成信息的闭环。经销商传递给汽车生产企业的车辆信息要求反馈内容应齐全、清晰、详实、完整、及时。经销商应对车辆信息反馈的准确性、及时性、完整性负责。按照汽车生产企业要求的格式将技术疑难问题、典型维修案例等信息反馈给售后服务部门的技术支持人员,同时经销商的技术经理对经销商反馈的信息进行确认并负责对其进行解释。将信息反馈表进行归档管理,以方便查询。

7. 技术服务手册管理

对于已经联网的经销商,技术服务手册由汽车生产企业通过内部网络系统以信息等方式下发,并根据新产品情况在电子信息系统中及时把技术服务手册的内容更新。经销商应及时按相应的规定处理。对于不具备条件的经销商,采取其他方式发放技术服务手册。

8. 电子服务信息系统

电子服务信息系统包括:维修手册、工位工时定额、索赔员工作手册、服务组织管理资料、故障代码、自学手册、技术服务手册、电路图、仪器使用说明、服务款项管理等。先进的企业以光盘的形式下发,经销商应注意保存、保密,并配备计算机合理使用。

9. 其他信息管理

对于培训方面的信息管理、索赔方面的信息管理、备件方面的信息管理等,不同的汽车生产企业有不同的规定,经销商一定要按照厂家关于此方面的规定进行。另外,经销商对于一些突发事件、市场信息、产品性能、产品质量信息、客户信息等的信息反馈要通过信件或传真等方式反馈给汽车生产企业的现场服务代表。

三、计算机管理

汽车生产企业对其4S店要在全国乃至世界范围内进行多方面的统一管理和各项信息交流以及资金结算等任务,如果没有一个使用可靠的计算机管理系统,那么实现上述业务将是一件相当复杂的事情。如果汽车生产企业和4S店都安装了针对汽车生产企业的较先进的内部网络,那么双方就可以快捷方便地进行各项业务。

(一)计算机网络系统管理

汽车售后服务过程中的计算机管理主要包括两方面的内容:一方面是针对4S店内部业务的计算机网络管理系统;另一方面是针对4S店与汽车生产企业之间售后服务业务往来的计算机管理系统。

4S店和汽车生产企业之间的计算机网络管理系统是汽车生产企业内部网络系统的一部分。它们是两个相互独立的计算机管理系统,但为了传递信息的方便,进行软件开发时要求两个系统间的兼容性要特别好,即相互之间的一些数据库、表格内容及数据统计相同或能相互支持。在售后服务工作中,引入计算机管理系统,可以有效地提高4S店和汽车生产企业的工作效率和管理水平以及整体的竞争力,是现代汽车营销和售后服务理念中共赢原则的一种体现。

1. 计算机综合管理系统

完善的售后服务体系是汽车行业的重要特色和核心竞争力的体现。计算机综合管理系统可以帮助企业理顺产品售后服务配件、信息、资金的流程,加强对售后服务工作的管理和监督,明晰相关账目,减轻相关工作人员的压力,提高工作效率,并为供应、生产、质量等相关部门提供评估依据,以达到提高企业的服务质量、降低服务成本的目的,以最小的代价赢得客户最大的满意度。

2. 计算机管理系统的特点

(1) 先进的客户关系管理

管理系统引入先进的客户关系管理理念,全面协助企业管理客户资源。通过对客户资源的有效管理,达到缩短销售周期,提高服务质量,详尽记录客户档案、相关车辆维修档案、联系活动、反馈信息,提升客户满意度与忠诚度,增强企业综合竞争能力。

(2) 全面流畅的业务管理

从接车、估价、在修、派工、检验、完工、结算、结款到车辆出厂，以及汽车保修和保养，流程管理全面流畅，操作可简可繁，各种业务票据可直接打印，如委托书、工作单、派工单、领料单、结算单、保修单等。

(3) 强大的统计查询分析功能

管理系统提供各种业务数据、财务数据的查询统计功能，涵盖维修接车、维修、用料、结算报表，库房入库、出库、库存台账，财务收款、付款、成本核算、工时结算明细报表，各种汇总统计报表，比如按车型、按作业分类、按结算方式、按客户等。通过计算机系统随时可统计查询经营状况、财务状况、客户档案、车辆及维修档案等各种报表，报表数据查看操作简单，数据准确翔实，可运用多种方法进行数据筛选，并可随时将数据打印或导出成 EXCEL 进行编辑。

(4) 灵活的自定义功能

提供较多的个性化功能，允许用户在一定范围内根据自身的需要或喜好自行设计更改系统中常用的表单表格、自由组合数据筛选条件、自行定义常用的基础字典等。

(5) 严密的流程控制

管理系统在业务流程管理上融入了大量优秀的经营理念，不同的维修状态对应着派工、维修、领料、结算等业务操作，流程之间相互关联，思路清晰，控制严谨，帮助企业提高自身的管理与服务水平。

3. 计算机管理系统的主要功能

(1) 客户关系管理

全面集中管理客户资源，包括潜在客户与成交客户；记录客户的基本资料与详细资料，包括与客户接触的完整记录。通过对客户资源和关系的有效管理，从而达到以下目标：

① 防止客源流失：业务员只能看到自己或允许查看的有限的客户资料与业务数据，即使业务员的流动也无法带走其他业务员的客户数据，同时原来的客户数据也完好地保存在数据库内，继续为公司所用。

② 便于业绩考核：管理系统自动通过客户名称、证件号码、联系电话、手机等信息判断提示记录的相同性，有效杜绝业务员间相互争抢客户、争夺销售业绩。

③ 有效监督指导业务员工作：业务员对客户的所有联系活动都有记录，一方面有效监督业务员工作情况，一方面根据业务员联系客户的进展情况予以工作指导。

④ 全面提高服务质量：通过对车辆档案跟踪、特殊日期等资料为客户提供体贴的保养、保险、年检提醒及温馨的节日、生日关怀，从而提高服务质量、提升客户满意度与忠诚度。

⑤ 为营销策划提供准确数据：通过记录分析客户特征、购车意向、意见反馈等数据，为营销策划提供准确的决策数据，比如针对客户来源、客户区域、年龄段、意向价位、关注内容等分布情况制订广告策略、促销政策等。

⑥ 在维修方面，客户前来修车，首先是由本厂有经验的业务员听其陈述故障现象，确定车辆是否应该和可以在本厂修理。然后由客户在接待台的电脑进行基本情况登记和故障现象记录，与客户磋商，确定计划的修理项目和计划用料。

(2) 车辆管理

① 车辆采购：记录车辆采购渠道、所购车型、配置、颜色、数量、价格、选配内容等信息，

随时可查看采购合同履行情况,并且可根据实际情况更改采购合同数据。

② 车辆入库:包括车辆采购入库、销售退货入库、车辆移入入库。详细记录入库车辆基本信息,包括车型、配置、颜色、底盘号、发动机号、保修卡号、合格证号、随车附件、入库仓库等信息,并可打印输出车辆入库单。

③ 车辆出库:包括销售出库、采购退货出库、车辆移出出库等。主要功能是根据业务单据进行出库确认,打印输出出库单,减少车辆库存数量。

④ 车辆库存:查询在库车辆及车辆基本信息。

⑤ 车辆附加:在出厂配置基础上增加或更换某些汽车部件,增加汽车价值。

(3) 销售管理

① 车辆订购:没有现货提供给客户时,管理系统提供车辆订购功能,主要记录需要的车型、配置、颜色等基本信息,记录车辆价格、付款方式、交货时间等基本约定,有代办的要记录代办项目及收费情况,有赠品的还可进行相关数据的录入。系统还提供订购单、订购合同等打印输出功能。

② 车辆销售:记录客户及所购车辆详细信息,以及定价、优惠、合同价与实际价、付款方式、车辆流向、车辆用途、业务员等基本信息,有代办的要记录代办项目及收费情况,有赠品的还可进行相关数据的录入。管理系统还提供销售单、销售合同等打印输出功能。

③ 销售代办:根据合同约定,替客户代办相关项目、登记对方单位、代办成本等数据,便于财务付款及单车收益核算。

④ 合同查询:查询订购合同及销售合同的履行情况,包括是否选车、钱是否付清、销售代办是否完成、发票是否已开、车辆是否出库等。

⑤ 财务管理:根据采购、销售等业务完成定金、车款、代办款等收款工作及车辆采购、车辆附加、销售代办产生的付款工作,对销售车辆开具销售发票及进行收益核算。

(4) 业务管理

① 资料文档:管理公司及业务上的相关资料及文档,支持格式包括 WORD、EXCEL、JEPG、POWERPOINT、BMP 等格式,可以方便管理公司合同、规章制度、车辆信息等资料和文档。

② 商家档案:记录关注商家的基本信息,包括名称、地址、经营车型、联系人、联系电话等信息。

③ 销售询价:记录市场调查的基本信息,包括车辆售价、有无货源、货源基本情况等信息,并可按日期、车型等条件进行查询。

(5) 统计查询

管理系统提供报表涵盖车辆采购、订购、销售、车辆入出库、车辆库存、财务收付、客户管理等相关数据报表,包括采购合同台账、车辆销售台账、车辆入出库明细表、车辆库存报表、客户档案表、车辆库存周期、车辆销售收益、财务收付款明细表、销售业绩统计表等。

(6) 车辆车间修理

客户车辆转入车间后,在车间应确定其故障现象、维修项目及维修中所需的用料信息后,就可进行相应的派工与领料。

(7) 配件进销存管理

① 期初库存。汽车配件管理主要是对配件的销售、进货、退货、维修领料等进行记录和

统计,使繁琐的配件管理业务规范化、透明化。在使用系统的配件管理前,需要先对仓库的配件库存信息进行期初的盘库建档处理,以建立与实际仓库库存相符的真实配件进销存管理。配件的期初盘库建档操作十分简单,只需把汽车配件的名称、数量信息录入相应仓库中即可。

② 入库管理。入库管理包括采购入库、调拨入库、销售退货入库、领料退料、盘盈入库、随进随出入库,录入配件的供应商、配件、价格、数量以及所入的仓库信息,复核后自动进行上账处理,财务管理模块中会生成相应的配件收付款记录。

③ 出库管理。出库管理包括销售出库、领料出库、采购退货出库、调拨出库、盘亏出库、随进随出出库等,录入配件、价格、数量、仓库及相关信息。

④ 库存管理。库存管理包括配件库存查询、盘点、报损、辅料耗用登记、配件价格维护、库存警戒线设置及库存报警等功能。管理员可及时通过管理系统轻松掌握库存资料,制订相应的进货计划。

(8) 保修索赔业务管理

① 售前售后的保修业务处理。对于维修中的特殊情况,比如保修和索赔,系统中专门为此设立了独立的处理方式。保修的客户需在维修中选择"三包"的结算方式,此时管理系统会自动根据已设定好的三包单价计算维修中的工时和用料金额,并根据不同品牌输出不同的保修单格式。

② 索赔业务处理。对于保险索赔的维修客户,同样是在维修中选择"索赔"的结算方式,管理系统会根据已设定好的索赔单价计算维修中的工时和用料金额,维修结算后,财务收款中生成的是向负责赔偿的保险公司的收款记录。

(二) ERP 系统管理

1. ERP 系统的发展历程

ERP 系统起源于制造业的信息计划与管理。从 20 世纪 60 年代发展到今天,经历了不同的阶段,根据时间的先后,一般将其分为五个阶段:经济批量法阶段,物料需求计划(MRP)阶段,闭环 MRP 阶段,制造资源计划(MRP Ⅱ)阶段和企业资源计划(ERP)阶段。这五个阶段的系统虽然名称和内容各有不同,但并不是后面的系统取代了前面的系统,而是后面每一个系统都是对前面系统的扩充和发展。

2. ERP 系统的基本原理

(1) ERP 系统的基本概念

ERP 是一种基于"供应链"的管理思想,它在 MRP、MRP Ⅱ 的基础上扩展了管理范围,给出了新的结构,把客户需求和企业内部的制造活动以及供应商的制造资源整合在一起,以提高企业对各种资源的运作能力。

ERP 的基本思想是将企业的业务流程看作一个紧密连接的供应链,其中包括供应商、制造工厂、分销网络和客户等,并将企业内部划分成几个相互协同作业的支持子系统,如财务、市场营销、生产制造、质量控制、服务维护、工程技术等,还包括对竞争对手的监视管理。

(2) ERP 系统的基本模块结构

根据 ERP 的基本概念和思想,ERP 系统涵盖了整个企业内部和供应链上信息的管理。

在考虑ERP的功能模块时,应该首先意识到ERP是由MRP及MRPⅡ发展而来的,三者的关系是不同层次企业应用的不同解决方案,后者是对企业新需求的补充。ERP系统与MRP和MRPⅡ相比,它在后两者的基础上增加了质量控制、服务与维护、投资管理、风险管理、决策管理、获利分析、人事管理、实验室管理、项目管理、配送管理等,这样就从更广阔的范围和深度上为企业提供了更丰富的管理功能和管理工具,从而实现了全球范围内的多工厂、多地点的跨国经营与运作。

3. ERP系统的主要特征

(1) 体现了供应链管理的思想

ERP除了MRPⅡ系统的制造、分销、财务管理功能外,还支持整个供应链上物料流通体系中供、产、需各个环节之间的运输管理和仓库管理,支持生产保障体系的质量管理、实验室管理、设备维修和产品备件管理,支持对工作流(业务处理流程)的管理。

(2) 扩充了生产方式的支持范围

一般可将企业归类为几种典型的生产方式进行管理,如重复制造、批量生产、按订单生产、按订单装配、按库存生产等,每一种类型都有一套相应的管理标准。

(3) 加强对企业的控制

MRPⅡ是通过计划及时滚动来控制整个生产过程的,实时性较差,一般只能实现事中控制。而ERP系统则支持在线分析处理、售后服务及质量反馈,强调企业的事前控制能力。它可以通过对设计、制造、销售、运输等的集成来并行地进行各种相关作业,为企业提供了对质量、市场变化、客户满意、绩效等关键问题的实时分析功能。

(4) 实现跨国经营和管理

现代企业的发展,使得企业内部各个组织单元之间、企业与外部业务单元之间的协调变得越来越多,越来越重要。ERP系统应用完整的组织构架,可以支持跨国经营多国家(地区)、多工厂、多语种、多币制的应用需求。

(5) 使用先进的信息技术

随着IT技术的飞速发展,网络通信技术的应用,使得ERP系统可以对整个供应链信息进行集成管理。ERP系统采用客户机/服务器体系结构和分布式数据处理技术,可以支持Internet、电子商务、电子数据交换(EDI)的应用,此外,ERP系统还能够实现在不同平台上的交互操作。

4. 售后服务ERP系统

售后服务管理ERP系统是企业整个ERP系统中的一部分,4S店安装售后服务管理ERP系统有利于4S店和汽车生产企业双方的工作,大大提高工作效率和整体竞争力。

(1) 售后服务ERP系统的业务范围

售后服务ERP系统主要管理以下几个方面:4S店基础信息管理;索赔业务管理;备件订货业务;办公自动化等。4S店基础信息管理包括企业基础信息、人员管理、培训管理、技术支持、专用工具订购等。索赔业务管理包括首保、索赔业务处理、索赔款查询、索赔件管理等。备件订货业务包括电子目录、订货清单、订货费用等项目。办公自动化管理包括收发电子邮件等。

(2) 售后服务ERP系统的接入方式

售后服务ERP系统的接入方式有两种。一种是单点拨号方式,即用电话线远程登录到汽车生产企业的 ERP 系统，这种方式费用较高。另一种是 Internet 方式，即利用 Internet 登录到汽车生产企业的 ERP 系统，这种方式较经济。

（3）售后服务 ERP 系统的有关要求

各 4S 店的相关人员必须参加 ERP 系统基础信息管理培训，索赔员及配件订货员必须参加汽车生产企业的索赔及备件培训，培训合格后才能上岗进行相应的业务操作。IT 信息员也必须参加相应的培训。要求所有 4S 店必须使用 ERP 系统录入 4S 店人员信息、培训申请、办理索赔及配件业务等。4S 店可专机专用，也可作为 4S 店经销商内部管理软件的一台工作站使用，但机器应由专人负责，使用 ERP 系统的业务员不能随意将密码、口令告诉其他人。因为密码、口令泄露而给汽车生产企业造成的损失由经销商承担。

参考文献

[1] 朱升高.汽车售后服务与经营管理[M].北京:机械工业出版社,2020.
[2] 赵计平,金明.汽车售后服务企业经营与管理[M].北京:机械工业出版社,2022.
[3] 张燕,刘铭.汽车售后服务接待[M].北京:机械工业出版社,2019.
[4] 徐东.汽车售后服务管理[M].西安:西安交通大学出版社,2018.
[5] 何本琼.汽车售后服务技术[M].北京:人民交通出版社,2019.
[6] 吴敬静.汽车售后服务与管理[M].北京:机械工业出版社,2017.
[7] 丁卓.汽车售后服务管理[M].北京:机械工业出版社,2018.
[8] 国家市场监督管理总局.家用汽车产品修理更换退货责任规定[Z].2021-07-22.

任务工单 1　汽车服务企业

	任务编号：SHFW01		成绩：
	班级：	姓名：	学号：

学习任务：

1. 什么是汽车 4S 店？其特点有哪些？

2. 汽车 4S 店售后服务部有哪些岗位？画图说明。

3. 你将来想从事汽车服务企业的哪个岗位？为什么？

工作任务：

撰写岗位竞聘报告（包括：竞聘岗位、个人介绍、岗位认识、工作目标、优势与不足等）

岗位竞聘报告
竞聘岗位：_____
个人介绍：
_____
_____
_____
岗位认识：
_____
_____
_____
_____
_____
_____
_____
工作目标：
_____
_____
_____
_____
_____
_____
_____
_____
_____
_____
_____
优势与不足：
_____
_____
_____
_____
_____
_____
竞聘人：_____
____年___月___日

任务工单2　汽车售后服务

	任务编号：SHFW02	成绩：
	班级：	姓名：	学号：

学习任务：

1. 汽车售后服务的核心流程是什么？可画图说明。

2. 服务接待的业务要求有哪些？

3. 接待客户时要注意哪些礼仪？

工作任务：

某汽车 4S 店有一位客户，他的车子需要做 15 000 千米保养，该客户未预约。你作为该 4S 店的一名服务顾问，请圆满完成该客户的接待工作。

1. 完成车辆维修保养单

牌照号码		车型代码			车身颜色	
进厂登记时间：	月　　日　　时　　分		预计交车时间		行驶里程	公里
购车日期	年　　月　　日	车身号码		发动机号		
车主名称		通信地址：			邮编	
送修人姓名：	公车（　）私车（　）			联系电话		
客户反映问题	确认维修项目		预计工时费	预计材料费	是否索赔	
快速保养项目	常规 5 000 km 保养（　）换机油/机油滤芯（　）换空气滤芯（　）换汽油滤芯（　）换空调滤芯（　）换防冻液（　）					
物品确认：备胎（　）音响（　）CD（　）天线（　）工具包（　）标志（　）轮圈盖（　）燃油确认：0　1/4　1/2　3/4　1						
附加服务确认：1. 脚踏垫清洁（　）2. 烟灰盒清理（　）3. 仪表板清理（　）4. 洗车服务（　）5. 有无贵重物品（　）						

2. 工作任务实施记录（客户接待业务流程）

216

任务工单3　汽车索赔管理

任务编号：SHFW03		成绩：
班级：	姓名：	学号：

学习任务：

1. 汽车产品保修索赔的前提条件是什么？

2. 假设你是一位索赔员，你的工作职责有哪些？

工作任务：

某品牌汽车4S店（区号：22；序号：76）的一位客户，他的汽车需要做30 000千米保养，保养过程中，发现2023年3月3日在服务站更换过的空气流量计损坏。你作为一名该4S店的索赔员，请圆满完成该客户的索赔工作。（按照索赔流程及索赔要求拟定一套完成的工作方案，包括索赔工作中的注意事项，并完成《索赔登记卡》的填写工作）

* 用户名称：张先生
* 用户电话：××××-××××××××
* 故障描述：空气流量计数值超标更换，用户在服务站购买安装的备件，日期2023年3月3日
* 底盘号：WW000282
* 型号：2020年1月1日前生产的迈腾
* 售出日期：02.02.2020
* 修理日期：07.05.2023
* 公里：28 000（相对里程数）
* 工位：24452800
* 材料编号：L06A 906 571
* 损坏件编号：06A 906 571
* 厂家代码：B00

1. 完成《索赔登记卡》的填写工作

索 赔 登 记 卡

服务站编号 ７５８□□□□	工区 □□□□□□□ □□□□□□□ □□□□□□□ □□□□□□□ □□□□□□□	服务站索赔业务专用章
申请单编号 □□□□□		
任务委托书 □□□□□□□□□		
索赔类别 国产-A□ 进口-C□ CAP-S□		
引导数据 □□□□		
型　　号 □□□□□		
RA 标 记 □		
车辆类别 □		
底 盘 号 □□□□□□□	材料编号	数量
发动机号 □□□□□□□□		
售出日期 □□□□□□		
修理日期 □□□□□□		
公 里 数 □□□□□□		
损坏编号 □□□□□□□□	损坏件	
用户姓名_____ 用户电话_____		
故障描述_____		

2. 工作任务实施记录

218

任务工单 4　客户关系管理

	任务编号：SHFW04	成绩：
班级：	姓名：	学号：

学习任务：

1. 回忆一次不满意的经历，之后你想到如何发泄怒气？

2. 4S 店客户服务人员的技能素质要求有哪些？

工作任务：

某品牌 4S 店接到客户投诉。你作为该 4S 店的客户关系部员工，请模拟圆满完成该客户的投诉处理工作，并完成记录工作。

1. 接受客户投诉的步骤

2. 处理客户投诉的技巧

3. 填写顾客投诉处理表

车辆识别号码		里程数		车型	
车牌号		车主		电话	
特约售后服务中心名称		售后区域经理		状态	
处理人员		联系方式			
投诉内容及时间：					
处理方案：					
最后结果：					

4. 客户投诉处理流程

任务工单5　汽车维修管理

	任务编号：SHFW05		成绩：
	班级：	姓名：	学号：

学习任务：

1. 汽车维修过程质量检验的内容有哪些？

2. 如何进行有效的工作进度控制？

3. 5S的内容及含义是什么？

工作任务：

某4S店计划提升汽车一次修复率，假设你是该4S店的管理人员，请制定一次修复业务流程并简要说明流程操作要点。

一次性修复业务流程：

流程	操作要点

任务工单 6　汽车配件管理

	任务编号：SHFW06	成绩	
	班级：	姓名：	学号：

学习任务：

1. 列出汽车配件的分类方法。

2. 如何识别汽车配件的真伪？

3. 某汽车服务企业每年需要购买 8 000 桶机油，每桶的价格是 100 元，其年储存成本是 3 元/桶，每次订购成本为 30 元。若订购批量小于 600 桶时，运输价格为 2 元/桶，若订购批量大于 600 桶时，运输价格为 1.5 元/桶。问最佳订购批量是多少？

《汽车售后服务与经营管理》任务工单

工作任务：

某汽车经销商配件库存不足，作为一名新入职的配件管理人员，你需要熟悉配件管理的业务流程，完成配件的采购、入库和管理工作。

绘制汽车售后配件管理工作流程图

制定配件验收入库工作计划

任务工单 7　汽车服务企业内部管理

	任务编号：SHFW07		成绩：
	班级：	姓名：	学号：

学习任务：

1. 你作为一名工具管理员，在新车型上市前，如何进行专用工具或者设备的订货？

2. 如果你是资料管理员，你如何进行资料管理？

3. 如果你是 4S 店的信息员，在收集信息时应注意哪些事项？

工作任务：

某4S店招聘了一批新员工，招聘的岗位有维修接待、机电维修工、钣喷工、备件管理员、索赔员和客户管理人员等，需要对招聘的各岗位人员进行业务培训。你作为该4S店的人事经理，请制定上述各岗位人员的培训计划。